冶金工业出版社

普通高等教育“十四五”规划教材

基础会计

主　编　孟冰岚　郭兰华　杨平娥
参　编　杨　帆

北　京
冶金工业出版社
2023

内 容 提 要

本书主要阐述了会计学的基本知识、基本程序、基本方法和基本技能等。全书共分 9 章，主要包括：总论，会计要素和会计等式，会计科目、账户和复式记账原理，会计凭证，会计账簿，企业主要经济业务的核算，会计报表编制前的准备工作，财务报告，会计账务处理程序。

本书可作为高等院校会计学等专业的教材，也可供财政、税务、银行、审计等部门的从业人员、社会自学人员和会计专业教师参考。

图书在版编目(CIP)数据

基础会计/孟冰岚，郭兰华，杨平娥主编．—北京：冶金工业出版社，2023.8

普通高等教育“十四五”规划教材

ISBN 978-7-5024-9596-1

Ⅰ.①基… Ⅱ.①孟… ②郭… ③杨… Ⅲ.①会计学—高等学校—教材 Ⅳ.①F230

中国国家版本馆 CIP 数据核字(2023)第 148429 号

基础会计

出版发行	冶金工业出版社	**电　话**	(010)64027926
地　址	北京市东城区嵩祝院北巷 39 号	**邮　编**	100009
网　址	www.mip1953.com	**电子信箱**	service@mip1953.com

责任编辑 俞跃春 杜婷婷 美术编辑 吕欣童 版式设计 郑小利

责任校对 范天娇 责任印制 窦 唯

北京印刷集团有限责任公司印刷

2023 年 8 月第 1 版，2023 年 8 月第 1 次印刷

787mm×1092mm 1/16；13.25 印张；317 千字；199 页

定价 48.00 元

投稿电话 (010)64027932 投稿信箱 tougao@cnmip.com.cn

营销中心电话 (010)64044283

冶金工业出版社天猫旗舰店 yjgycbs.tmall.com

(本书如有印装质量问题，本社营销中心负责退换)

前　言

基础会计是会计、审计和财务管理等专业的入门课和必修课，也是其他经济管理类专业的一门基础课。基础会计主要阐述会计学的基本知识、基本程序、基本方法和基本技能，目的是让学生在未来的学习和工作中学以致用。

本书具有以下特点。

(1) 将价值观的塑造与专业课程学习相结合。为深入贯彻党的二十大精神，推动党的理论创新最新成果进教材、进课堂、进头脑，本书特别设置了课程思政的内容，将立德树人融入教材内容各层面，充分挖掘课程中蕴含的思想政治教育资源，努力实现全员、全程、全方位育人，强调以学生为中心的编写理念，以学生发展、学生学习和学习成效提升为中心，坚持为党育人，为国育才。

(2) 强调会计理论对会计方法与实务的指导作用。会计理论应是“基础会计”课程内容的核心部分，是学习者必须掌握的重点和难点内容。难度越大，越应当对这部分内容给予特别重视。为此，本书对相关的财务会计理论进行了必要整合，并采用图解、例示及文字描述等多种方式，对财务会计理论内容进行了深入浅出、通俗易懂的阐释，力求做到以会计理论贯穿全书，使其与会计方法和技术的应用等内容有机地融为一体，使学习者处处感受到会计理论对会计实务的巨大影响力及其指导作用，达到对会计既知其然更知其所以然，并能熟练运用的目的。

(3) 树立以人为本和切实为读者着想的理念。本书的读者群主要是讲授这门课程的老师和学习这门课程的学生，教材的编写也是在为这个读者群服务。为此，牢固树立以人为本的理念，从读者群的特殊需要出发进行内容结构体系的安排，力求使教材重点内容突出，好用好学。切实为读者着想，主要体现在为刚刚接触会计课程的学生着想。在本书的编写过程中：一是对内容的文字表述尽量做到言简意赅、准确清楚、通俗易懂；二是在内容的表现形式上尽量做到新颖活泼、直观形象、表义精准。

本书由大连财经学院孟冰岚、山东科技职业学院郭兰华、山东商务职业学院杨平娥担任主编，三亚学院杨帆参编，全书由孟冰岚、郭兰华、杨平娥统编定稿，具体编写分工如下：第一章、第二章、第七章、第九章由孟冰岚编写；第四章、第六章由郭兰华编写；第三章、第八章由杨平娥编写；第五章由杨帆编写。

本书在编写过程中参考了大量文献资料和国内优秀教材，在此谨向这些文献资料和教材的作者表示衷心的感谢！

鉴于编者水平所限，书中不妥之处，恳请广大读者批评指正。

编　者
2023 年 4 月

目 录

第一章　总　　论

【学习目标】

➢ **知识目标**

（1）了解会计的产生与发展。

（2）理解会计的含义和职能，会计信息质量要求。

（3）掌握会计假设及会计核算基础，会计核算方法。

➢ **素养目标**

能够从历史视角、宏观视角分析问题，从纷繁复杂的现象中看透会计的本质。

（1）熟悉国情与中国现代会计发展，坚定制度自信。

（2）理解“经济越发展，会计越重要”的理念，树立正确的价值观和世界观。

（3）增强民族自信和文化自信，提升民族自豪感和爱国情怀。灿烂多彩的中国古代会计文明和新时期中国会计地位的快速提升，彰显了中华文明的博大精深和中华民族的开拓进取精神。

【引导案例】

进入第一堂基础会计课程的学习，请同学们首先考虑三个问题：会计是干什么的；为什么要学会计；学了会计能干什么。

也许你会想到会计就业广泛，几乎每个企业都设有会计相关岗位，不仅是国内，会计技能在国际上也是通用的。

会计是一门博大精深的专业学科，会计专业知识是现代商业语言的最重要内容，会计工作是在国际会计准则的指引下有规则的会计信息管理活动。要想学好会计专业技能，基础会计是我们必须学习的一门基础课程，本章将开启基础会计的“总论”学习。

第一节　概　　述

一、会计的含义

会计是指以货币为主要计量单位，以凭证为依据，借助于专门的技术方法对特定单位的经济活动进行完整、连续、系统、综合的反映，并进行核算和监督的一种经济管理活动。它既是经济管理的重要组成部分，又是经济管理的重要工具。会计具有如下几个特征。

（1）会计以货币作为主要计量单位，但货币并不是唯一的计量单位。

（2）会计拥有一系列专门方法。

(3) 会计具有核算和监督的基本职能，即对发生的经济业务进行确认、记录和计量，并在此过程中对经济业务的合法性和合理性进行审查。

(4) 会计的本质就是经营管理活动。

二、会计的产生和发展

(一) 会计的产生

会计是社会生产发展到一定阶段的产物。在人类历史早期，生产力低下，剩余产品数量很少，也没有太多产品计量与记录的需求。人们仅靠头脑记忆生产中耗费的劳动成本和取得的劳动成果就已能满足日常需要。旧石器时代中晚期，随着生产规模扩大和产品数量增加，人们仅靠头脑记忆和简单计数无法计量和记录数量众多且复杂的事务，一些人开始通过“刻木记事”“结绳记事”等手段把这些经济活动计算和记录下来。但这些人既从事生产劳动，又开展计量活动，因此，他们并不是严格意义上的会计。

真正具有独立职能的会计产生于奴隶社会后期。在那个时期，随着生产力的提高和私有制的出现，剩余产品逐渐增加。当生产力发展到一定程度，奴隶主在占有剩余产品的同时，也需要专门的部门与人员负责管理这些私人财富。在这种情况下，一些专门从事会计活动的人脱离了生产职能，成为独立管理和保护奴隶主私人财富的特殊群体，也就是早期的会计。从此，会计便从生产中独立出来，具有专门的职能。

(二) 会计的发展

按照会计发展的历史，会计可以分为古代会计、近代会计和现代会计三个阶段。

1. 古代会计（会计产生至 1494 年）

古代会计是指从奴隶社会至封建社会这一时期的会计。其主要标志有会计专职人员的出现、会计机构的建立，以及“会计”名词的形成等。

在奴隶社会后期，会计摆脱了生产职能，专门为委托的当事人服务。从那时起到 15 世纪末，为了更好地履行财务管理职责，早期的简单计量和记录行为逐渐发展成为单式簿记体系并得到了广泛应用。

古巴比伦、古埃及、古印度和古代中国是世界公认的四大文明古国。这些国家很早就出现了会计活动。大约公元前 3000 年，古埃及法老（国王）的“录事”，古印度的“记账员”就已具备了会计的某些特征。

“会计”一词，在中国出现在公元前 1100 年至公元前 250 年前后。《周礼》对会计的描述是“会计，以参互考日成，以月要考月成，以岁会考岁成”。这句话的意思是会计每日要有零星核算，每月要有汇总核算，每年要有年终核算。通过这些核算，会计就可以记录和计算财产、物资的收支情况并在此基础上做到收支平衡。

中国的会计制度在唐宋时期有了全面发展。唐朝的“三省六部”制明确了政府机构中会计、出纳及审计的不同职责。宋朝的“三司会计司”设置了会计账簿和会计报表。宋朝使用的“四柱清册”制度，即“四柱结算法”，在当时是非常先进的会计制度。该制度中的四柱指的是旧管、新收、开除、实在四个方面，相当于现代会计术语所说的期初结存、本期收入、本期付出、期末结存。四柱之间的结算关系为：旧管+新收=开除+实在。

自 15 世纪中期开始，随着西方国家的崛起，中国逐渐失去了政治、经济、文化及科技优势。自此，西方国家占据了世界的主导地位。随着西方殖民主义在全世界的扩张，西方会计体系最终成为世界的标准。

2. 近代会计（1494 年至 20 世纪 30 年代）

近代会计的时间跨度标志一般认为应从 1494 年意大利数学家、会计学家卢卡·帕乔利所著《算术、几何、比及比例概要》一书公开出版开始，直至 20 世纪 30 年代末。其显著标志是复式簿记的创建与传播。

卢卡·帕乔利在其著作中不仅介绍了复式簿记的技术方法，还提出会计中心理论、会计主体和会计分期、会计要素等观点，被后人誉为“近代会计之父”。复式簿记是对某一项交易或事项在两个或两个以上相互联系的账户加以记录，对交易或事项的内容反映得更加全面完整，比单式簿记更具优势。复式簿记的创建是会计发展过程中的一个历史性变革。随着《算术、几何、比及比例概要》一书的出版，复式簿记在欧洲乃至全世界得到了迅速、广泛的传播。

我国唐宋时期采用的“四柱清算法”以及明末清初创立的“龙门账”等，都充分体现了复式记账原理的应用。在宋代，我国会计核算中还出现了专用性质的经济凭证，对会计账簿的称呼已改为“账”，采用“中式三账”的账簿体系。宋代对会计文书的上报也有相应的规定，从报告反映的时期来看，分为月报、季报和年报。

3. 现代会计（20 世纪 30 年代至今）

20 世纪 30 年代以后，标准成本会计制度成为通行的会计理论。独立的财务会计、管理会计等会计准则陆续出台。随着 20 世纪 40 年代末计算机在美国问世并引入会计系统，会计信息的收集、分类、处理等操作程序实现了自动化、电子化，建立在计算机基础上的现代会计出现了。1973 年，英、美、德、法、澳、加等国联合成立的国际会计准则委员会标志着会计准则国际化的到来。目前，该委员会制定的《国际会计准则》已成为西方主要发达国家通用的会计准则。

1949 年中华人民共和国成立后，我国全面学习苏联计划经济模式，主要采用政府主导型的会计核算方法。1978 年改革开放以来，为了适应市场经济并与国际会计惯例接轨，我国多次修订原有会计制度。21 世纪以来，我国现行的《企业会计准则》等已与《国际会计准则》高度趋同。

三、会计的基本职能

会计的职能是指会计在企业经营管理过程中所具有的功能，会计的功能就是会计本身所具有的能力。我国《会计法》第五条：会计机构会计人员依照本法规定进行会计核算，实行会计监督。因而，学术界一般认为核算和监督是会计的两个基本职能，这两个职能体现了会计的本质特征。

（一）会计核算职能

会计核算职能是会计人员以货币为主要计量单位，通过确认、计量、记录、计算、报告等环节，对特定主体的经济活动进行记账、算账、报账，为各有关方面提供会计信息的工作。会计核算是会计的首要职能，也是全部会计工作的基础。

会计核算的特点是：第一，会计主要从价值量上反映企业的经济活动状况。经济活动纷繁复杂，涉及生产、生活的方方面面，人们不可能单凭观察和记忆掌握经济活动的全面情况，也不可能简单地将不同类别的经济业务加以计算、汇总，只有通过一定的程序对其加工处理，并以价值量的形式表现，才能掌握经济活动的全过程及其结果。因此，虽然会计上可以采用三种量度（货币量度、实物量度、劳动量度）从数量上反映经济活动，但主要利用货币来计量。第二，会计核算具有完整性、连续性和系统性。完整性是指对所有的会计对象都要进行计量、记录、报告，无一遗漏；连续性是指对会计对象的计量、记录、报告要连续进行，不能有任何中断；系统性则指应采用科学的核算方法对会计信息进行加工处理，保证所提供的会计数据成为一个有序的整体，揭示客观经济活动的规律性。第三，会计核算要对企业的经济活动全过程进行反映。会计核算不仅要对过去的经济业务进行完整、连续和系统的反映，还要对未来的经济事项进行预测和分析，为经营管理决策提供更多的经济信息。

（二）会计监督职能

会计监督职能是利用会计核算提供的信息，对经济业务的合法性、合理性进行的监督，包括分析会计资料、检查遵纪守法情况、评价活动成果、调整行动计划等内容，是整个社会监督体系的重要组成部分。

会计监督作为一种专门的经济监督，具有如下特点。第一，会计监督主要通过价值量指标进行，具有完整性、连续性、系统性。因为会计核算主要从价值量上反映企业的经济活动状况，会计监督以会计核算所提供的信息为基础，也主要通过价值量的指标进行；另外，为了便于监督，很多企业事先都制定了可供检查、分析的价值指标，如企业的目标、规划等，用来监督和控制有关的经济活动。通过价值量指标进行监督，可以全面、及时、有效地控制企业的经济活动。第二，会计监督对经济业务的合法性、合理性进行审查。会计监督以国家颁布的会计法律法规为准绳，对经济业务的合法性进行评价；以客观经济规律和经营管理的要求为依据，对经济业务的合理性进行审查。第三，会计监督是一种全过程的监督。会计监督包括事前、事中、事后的监督。事前监督在经济活动开始前实施，对未来经济业务是否符合有关法令、政策规定，在经济上是否可行进行审查；事中监督对正在发生的经济活动及取得的核算资料进行审查，纠正经济活动中的失误及偏差，促使有关部门合理组织经济活动，使其按照预定目标及规定要求进行，发挥控制作用；事后监督对已经发生的经济活动及其相应核算资料进行审查和分析。

会计核算与会计监督这两种基本职能之间存在相辅相成、辩证统一的关系。会计核算是会计监督的基础，没有会计核算所提供的各种信息，监督就失去了依据；会计监督是会计核算的保障，没有会计监督，就难以保证会计核算所提供信息的真实性和可靠性。

会计除了核算和监督两个基本职能之外，还有会计预测和决策、会计规划和控制、会计分析和评价等扩展职能。

第二节 会计信息质量要求

一、会计信息

会计信息有狭义与广义之分。狭义的会计信息是指某一会计主体（如某一企业）所提供的财务状况、经营成果和现金流量等方面的财务会计信息。这类会计信息是由会计人员通过编制有关会计报表，如资产负债表、利润表和现金流量表等对外提供的会计信息。广义的会计信息除上述信息外，还包括处于加工整理过程中的会计信息，如在会计记录环节生成的呈现于会计凭证和账簿等载体中的信息等。本书重点介绍企业对外提供的财务会计信息。

二、会计信息质量要求

会计信息质量要求是对企业财务报告所提供会计信息的基本质量要求，是使财务报告所提供的会计信息对投资者等信息使用者有用应具备的基本特征。根据《企业会计准则——基本准则》的规定，它包括可靠性、相关性、可理解性、可比性、实质重于形式、重要性、谨慎性、及时性。

（一）可靠性

可靠性也称真实性或客观性，是指企业应当以实际发生的交易或者事项为依据进行会计确认、计量和报告，如实反映符合确认和计量要求的各项会计要素及其他相关信息，保证会计信息真实可靠、内容完整。会计信息要有用，必须以可靠为基础。如果财务报告所提供的会计信息不可靠，就会对投资者等信息使用者的决策产生误导。

为了贯彻可靠性要求，企业应当做到：以实际发生的交易或事项为依据进行确认、计量，将符合会计要素定义及其确认条件的资产、负债、所有者权益、收入、费用和利润等如实反映在财务报告中，不得根据虚构的、没有发生的或者尚未发生的交易或事项进行确认、计量和报告，以保证会计提供信息的真实可靠。

（二）相关性

相关性也称有用性，是指企业提供的会计信息应当与财务报告使用者的经济决策需要相关，有助于财务报告使用者对企业过去、现在或者未来的情况做出评价或者预测。

会计信息质量的相关性要求，需要企业在确认、计量和报告会计信息的过程中充分考虑使用者的决策模式和信息需要。但是，相关性是以可靠性为基础的，两者之间并不矛盾，不应将两者对立起来。企业所提供的会计信息应当在可靠的前提下，尽可能做到相关，以满足投资者等财务报告使用者的需要。

（三）可理解性

可理解性是指企业提供的会计信息应当清晰明了，便于财务报告使用者理解和使用。

企业提供会计信息的目的在于帮助信息的使用者做出合理的经济决策。这就要求企业所提供的会计信息清晰明了，以便于信息的使用者充分理解会计信息的内容。只有这样，才能增强会计信息的有用性，满足财务报告使用者进行经济决策的需要。

（四）可比性

可比性是指企业提供的会计信息应当具有可比性。这主要包括两层含义。

（1）同一企业不同时期的会计信息可比，是指同一企业不同时期发生的相同或者相似的交易或事项，应当采用一致的会计政策，不得随意变更；确需变更的，应当在附注中说明。

（2）不同企业相同会计期间的信息可比，是指不同企业同一会计期间发生的相同或者相似的交易或事项，应当采用规定的会计政策，确保会计信息口径一致、相互可比，以使不同企业按照一致的确认、计量和报告要求提供有关的会计信息。

（五）实质重于形式

实质是指交易或事项的经济实质，形式是指会计核算依据的法律形式。实质重于形式是指企业应当按照交易或者事项的经济实质进行会计确认、计量和报告，不应仅以交易或事项的法律形式为依据。

企业发生的交易或事项在大多数情况下其经济实质和法律形式是一致的，但在有些情况下，交易或事项的外在法律形式不能反映其经济实质，此时会计核算应超越法律形式，按照交易或事项的经济实质进行核算。如企业按销售合同销售商品但又签订了售后回购协议，虽然从法律形式上实现了销售，但如果企业没有将商品所有权上的主要风险和报酬转移给购买方，不满足收入确认的各项条件，即使签订了商品销售合同或者已将商品交付给购买方，也不应确认销售收入。

（六）重要性

重要性原则是指企业提供的会计信息应当反映与企业财务状况、经营成果和现金流量等有关的所有重要交易或事项。

在实务中，如果会计信息的缺失或者错报会影响财务报告使用者据此做出决策的，该会计信息就具有重要性。企业应当依赖会计职业判断来应用重要性，应当根据其所处环境和具体实际情况，从项目的性质及金额大小两方面来判断会计信息是否具有重要性。

（七）谨慎性

谨慎性又称稳健性，是指企业对交易或者事项进行会计确认、计量和报告时应当保持应有的谨慎，不应高估资产或收益，也不应该低估负债或费用。

会计信息质量的谨慎性要求，需要在企业发生的经济事项具有不确定性或存在两种以上会计处理方法可供选择时，会计人员在不影响合理选择的前提下，保持应有的谨慎，充分估计各种风险和损失，尽可能选择一种不虚增利润和夸大所有者权益的会计处理方法和程序，合理核算可能发生的损益和费用。如要求企业对可能发生的资产减值损失计提资产减值准备、对售出商品可能发生的保修义务确认预计负债等，都体现了对谨慎性要求的运用。

（八）及时性

及时性是指企业对于已经发生的交易或者事项，应当及时进行会计确认、计量和报告，不得提前或者延后。

会计信息的价值在于帮助会计信息使用者做出经济决策，具有时效性。在会计确认、计量和报告过程中贯彻及时性，要求及时收集、处理和传递会计信息。

第三节　会计基本假设及会计核算基础

一、会计基本假设

会计核算的基本假设是会计确认、计量和报告的前提，是根据会计核算所处的时间、空间环境做出的合理设定，主要有会计主体、持续经营、会计分期和货币计量四个假设。

（一）会计主体

会计主体也称会计实体、会计个体，是指会计核算和监督的特定单位，是会计确认、计量、记录、报告的空间范围，即会计为其服务的单位。成为会计主体的单位一般需要具备资金独立、自主经营、独立核算、自负盈亏等条件。

对空间范围的限定，一要分清单位与单位的界限，二要公私分明。

需要注意的是：法律主体与会计主体不是同一个概念。法律主体一般是会计主体，但会计主体不一定是法律主体。例如，母公司与子公司都是会计主体，同时也都是法律主体。而总公司和分公司不同，前者是法律主体与会计主体，后者只是会计主体，即企业内部单独核算的部门可以是一个会计主体，但这个部门并不是一个法律主体。

（二）持续经营

持续经营是指在可以预见的未来，企业将会按当前的规模和状态继续经营下去，不会停业，也不会大规模削减业务。持续经营假设强调，会计确认、计量和报告应当以企业持续、正常的经营活动为前提。尽管企业的生产经营活动随时面临激烈的市场竞争，甚至会遭遇停业清理和破产清算等经营风险，但会计确认、计量和报告不应以这种异常的经营趋势为前提，而应以企业持续经营这种正常的经营趋势为前提。我国的企业会计准则体系就是以企业持续经营为前提而建立的，适用于持续经营企业的会计确认、计量和报告。

（三）会计分期

会计分期是指将一个企业持续经营的生产经营活动划分为一个个连续的长短相同的期间。这种为了会计核算需要而人为划分的相等时间单位，称为会计期间。会计期间分为年度和中期，最基本的会计期间是会计年度。会计年度可以采用公历年度，也可以采用财政年度，我国规定会计年度采用公历年度，为每年的 1 月 1 日至 12 月 31 日；中期是指短于一个完整的会计年度的报告期间，如月份、季度、半年度等。

会计分期假设是持续经营假设的延续。因为按照持续经营假设，企业将按当前规模和状态持续经营下去，所以投资者投入资金的盈利状况也只有到企业清算时才能够知晓，这显然不能满足投资者及时了解会计信息的需要，不利于投资者进行投资决策。为了及时提供决策所需要的会计信息，为提高经济效益服务，需要人为地将持续不断的企业的经营活动划分为若干长度相等的会计期间，以分期结算账目和编制财务报告，为利益相关者提供所需要的会计信息，更好地为经济管理服务。

（四）货币计量

货币计量是指会计主体在财务会计确认、计量和报告时以货币计量，反映会计主体的生产经营活动。

按照我国《会计法》和会计准则的规定，企业日常经营活动应选择人民币作为记账本位币。业务收支以人民币以外的货币为主的企业，可以选定其中的一种外币作为记账本位币，但编报的财务报表应当折算为人民币。

二、会计核算基础

目前通用的会计核算基础有权责发生制和收付实现制两种。我国《企业会计准则——基本准则》规定，企业应当以权责发生制为基础进行会计确认、计量和报告。

权责发生制是指收入、费用的确认应当以收入、费用的实际发生为确认的标准。即凡是当期已经实现的收入和已经发生或应当负担的费用，不论款项是否收付，都应作为当期的收入或费用处理；凡是不属于当期的收入和费用，即使款项已经在当期收付，也不作为当期的收入和费用。在实务中，企业交易或事项的发生时间与相关货币收支时间可能并不完全一致。有时款项已经收到但销售并未实现；有时款项已经支付，但并不是因本期生产经营活动而发生的。为了更加真实、公允地反映特定会计期间的财务状况或经营成果，会计准则明确规定，企业在会计确认、计量和报告中应当以权责发生制为基础。

与权责发生制相对应的会计基础是收付实现制，它以收到或支付现金的时间作为确认收入或费用等的依据。目前，我国行政单位会计采用收付实现制，事业单位会计除经营业务可以采用权责发生制外，其他大部分业务采用收付实现制。

下面举例说明二者的区别。

【例 1-1】 某企业 20××年 6 月发生如下业务，假定不考虑流转税因素。

(1) 销售商品 10 000 元，当月收到货款 8 000 元，另 2 000 元货款于下月收讫。

(2) 预收商品销售款 3 000 元，商品于下月发出。

(3) 销售商品 5 000 元，款项收到存入银行。

(4) 收到客户支付的上月购货欠款 3 000 元。

(5) 支付本月短期借款利息 2 000 元。

(6) 计算本月应负担的分期付息到期还本的长期借款利息 6 000 元。

不同会计基础下确认的本月收入和费用见表 1-1。

表 1-1 两种会计基础的比较

单位：元

业务	权责发生制		收付实现制	
	收入	费用	收入	费用
1	10 000		8 000	
2			3 000	
3	5 000		5 000	
4			3 000	
5		2 000		2 000
6		6 000		
合计	15 000	8 000	19 000	2 000

第四节 会计核算方法

一、会计方法

会计方法是指为完成会计的任务、实现会计的职能、达到会计的目标，所采用的手段和技术。会计方法包括会计核算方法、会计监督方法、会计分析方法、会计考核方法、会计预测方法等。

学习会计首先应从基础开始，即要从掌握会计核算方法入手。在“基础会计”这门课程中主要是学习会计核算方法，至于其他会计方法将在以后的专业课中陆续学习。

二、会计核算方法

会计核算方法是以货币为主要计量单位，对各单位已发生的交易或事项进行确认、计量、记录和报告的一系列专门方法，通常包括设置账户、复式记账、填制和审核凭证、登记账簿、成本计算、财产清查和编制会计报告七种。

（一）设置账户

账户是对会计对象的具体内容，按其不同的特点和经济管理的需要，分门别类地进行反映的项目。设置账户就是根据会计对象的特点和经济管理的要求，科学地确定这些项目的过程。进行会计核算之前，首先应将多种多样、错综复杂的会计对象的具体内容进行科学的分类，通过分类反映和监督，才能提供管理所需要的各种指标。每个会计账户只能反映一定的经济内容，将会计对象的具体内容划分为若干项目，即设置若干个会计账户，就可以使所设置的账户既有分工又有联系地反映整个会计对象的内容，提供管理所需要的各种信息。

（二）复式记账

复式记账是指对发生的每一笔经济业务，都要以相等的金额同时在两个或两个以上相互联系的账户中进行登记的一种记账方法。按复式记账法的要求，对每项经济业务都要以相等的金额在两个或两个以上相互联系的账户中进行记录，从而形成一定的平衡关系，据以进行试算平衡，检查账户记录的正确性。另外，采用复式记账法记录各项经济业务，有利于全面、系统地反映各项经济业务之间的联系，反映经济活动的全貌。

（三）填制和审核凭证

会计凭证是记录经济业务，明确经济责任，按一定格式编制的据以登记会计账簿的书面证明。填制和审核凭证是为会计记录提供完整、真实的原始资料，保证账簿记录正确、完整的方法。任何经济业务的发生都需要通过一定的介质对其进行记录，这就是凭证。填制和审核凭证是保证会计资料真实正确的有效手段。

（四）登记账簿

会计账簿简称账簿，是由具有一定格式、相互联结的账页组成，以会计凭证为依据，全面、连续、系统地记录各项经济业务的簿籍。登记账簿是会计人员根据审核无误的记账凭证，在账簿上进行全面、连续、系统记录的方法。通过登记账簿可以对凭证中分散的经济业务内容进行分类、汇总，使之系统化，更能满足管理的需要。账簿是编制财务报表的重要依据。

（五）成本计算

成本计算是对应计入一定对象的全部费用进行归集、计算，并确定该对象的总成本和单位成本的会计方法。通过成本计算可以正确地对会计对象进行计价，考核经济活动中的耗费，为正确计算盈亏提供数据资料。

(六) 财产清查

财产清查是指通过对各项财产物资的实地盘点、款项查询和核对，查明其某一时点的实有数额，检查其实存数与账存数是否相符的专门方法。对于财产清查过程中发现的账实不符，应及时调整账簿记录，并查明原因，明确责任，加强管理。所以，财产清查可以保证账面价值与实存数相符，从而确保会计资料的真实正确。

(七) 编制会计报告

编制财务报告是利用账簿记录的数据资料，采用一定的表格形式，概括、综合地反映企业在一定时期内经济活动过程和结果的方法。编制财务报告是对日常核算的总结，是对会计核算资料的进一步加工整理。

上述方法相辅相成、密切相关，共同构成完整的会计核算方法体系。设置账户是会计核算的前提和基础，复式记账是凭证编制和账簿记录的理论依据，成本计算、财产清查和账项调整的结果要通过凭证和账簿记录予以反映，财务报告以审核无误的会计账簿为依据进行编制。

【思政案例】

新中国经济建设的伟大成就与中国会计发展

任何时期的会计发展都会受到政治、经济、科技、文化、道德等多种因素的影响和制约，其中核心是经济因素。通常，影响会计发展的经济因素又可以分为经济体制和经济发展水平两大方面，尤其是国家经济发展水平（社会化大生产的程度与水平）直接影响并制约着会计的诸多方面。

新中国成立以后，中国社会的政治制度、经济制度发生了根本性变化。在中国共产党的领导下，我国国内生产总值（GDP）由1952年的679.1亿元发展到2020年的101 598.6万亿元，增长约1 495倍，中国经济实现了历史性的飞跃，我国也全面进入小康社会，并向现代化强国迈进。

改革开放后，我国国内生产总值一直保持高速增长。2011年，我国成为世界第二大经济体，国内生产总值基数已经较大，还能持续保持高速增长实属不易。可以说，中国经济的稳定增长对世界经济也是一个巨大贡献。

新中国的经济建设和社会发展成就充分证明："没有共产党就没有新中国，只有社会主义才能救中国，只有中国特色社会主义才能发展中国"，中国共产党是中国革命和社会主义现代化建设的领导核心。新中国的会计事业就是在这样的历史背景下建立、成长和发展的，没有新中国经济建设所取得的伟大成就，就不可能有中国会计事业的大发展。

可以说，新中国会计事业的发展是建立在我国经济建设取得的巨大成就基础上的。1949年中华人民共和国的成立，标志着我国建立社会主义会计的伟大事业拉开了序幕，中国会计从此进入崭新的历史阶段。

新中国会计事业发展的巨大成就包括：构建了与中国政治经济体制相适应的中国特色会计管理体制；建立了完善的会计法律规范体系，并成为中国法律规范体系的重要组成部分；我国会计事务主管机构财政部以及广大会计工作者开展了大量工作，在会计学术团体建设领域取得了不少成就，很多工作具有开创性。

其中，完善的会计法律规范体系，对规范会计行为、评价会计工作业绩、保证会计职能发挥、完成会计任务、推动中国特色社会主义经济建设具有重要意义。会计法律规范体系是指由会计法律、会计行政法规、会计行政规章制度、会计惯例和会计职业道德等组成的规范体系的总称。截至2020年末，我国会计法律规范体系包括《中华人民共和国会计法》(简称《会计法》)、《企业会计准则——基本准则》、42项企业具体会计准则及应用指南、14项《企业会计准则解释》《政府会计准则——基本准则》《政府会计制度——行政事业单位会计科目和报表》、10项政府具体会计准则、4项政府会计准则制度解释，等等。

(资料来源：田昆偶，在历史坐标中认识新中国会计的发展——为庆祝中国共产党成立100周年而作，财会月刊，2021 (13).)

【思政说明】

回顾新中国成立70多年来，党的领导，党的路线、方针、政策与共产党人的初心和使命一脉相承，与为中国人民谋幸福、为中华民族谋复兴的思想光芒一以贯之，体现在党和国家的大政方针之中。会计法律规范体系建立完善，也是国家财政落实党的大政方针的具体体现，它符合中国特色社会主义制度的要求，对促进国民经济发展、促进企业发展、促进改革开放做出了重大贡献。

新中国会计事业发展与国家发展进程高度一致，并与国家经济体制高度契合。新中国社会发展与经济建设的伟大成就，离不开新中国会计人的巨大贡献。随着中国经济的强劲发展、中华民族的伟大复兴以及中国在世界会计领域话语权的提升，中国会计发展成就在世界范围内受到越来越多会计学者的关注。我们坚信，新中国的会计学者和实际工作者坚持正确的政治方向，努力学习，勤奋工作，勇于创新，继往开来，定会继续开创中国特色社会主义会计工作的新局面。

【自测题】

一、单项选择题

(1) 会计主体是指会计所服务的（　　）。

A. 特定单位　　B. 投资者　　C. 债权人　　D. 管理当局

(2) 会计的基本职能是（　　）。

A. 预测和决策　　B. 控制和考核　　C. 核算和监督　　D. 分析和判断

(3) 会计的产生是由于（　　）。

A. 技术进步的需要　　B. 社会分工的需要

C. 生产关系变革的需求　　D. 管理社会生产活动的需要

(4) 现代会计以（　　）作为主要的计量单位。

A. 实物量度　　B. 劳动工时量度

C. 货币量度　　D. 以上任何一种都可以

(5) 在我国，制定会计准则和会计制度的机构是（　　）。

A. 国家税务总局　　B. 财政部　　C. 主管部门　　D. 企业自身

(6) 持续经营假设的确立明确了会计核算的（　　）。

A. 空间范围　　B. 业务范围　　C. 职能范围　　D. 时间范围

(7) 企业对于已经发生的交易或者事项进行会计确认、计量和报告，不得提前或者延后，体现的是（ ）。

A. 相关性 B. 及时性 C. 重要性 D. 可理解性

(8) 权责发生制下确认本期收入和费用的标准是（ ）。

A. 实收实付 B. 实付应收 C. 应收应付 D. 实收应付

(9) 根据权责发生制原则，以下属于本期的收入和费用的是（ ）。

A. 支付明年的房屋租金 B. 本期已经收款，但商品尚未制造完成

C. 当期按照税法规定预缴的水费 D. 商品在本期销售，但货款尚未收到

(10) 某厂今年5月销售A产品一批，货款计20 000元，下月才能收回。5月销售B产品一批，货款15 000元已收讫。5月收回上月赊销给荣华公司的A产品货款30 000元。按照权责发生制，该厂今年5月的收入应为（ ）元。

A. 65 000 B. 45 000 C. 35 000 D. 50 000

二、多项选择题

(1) 与会计信息质量要求有关的有（ ）。

A. 重要性 B. 可比性 C. 权责发生制 D. 实质重于形式

(2) 企业在组织会计核算时，应遵循的会计假设包括（ ）。

A. 会计主体假设 B. 持续经营假设

C. 会计分期假设 D. 货币计量假设

(3) 会计的基本特征是（ ）。

A. 对企业未来进行预测 B. 以原始凭证为依据

C. 以货币作为主要计量单位 D. 连续、系统、全面、综合反映和监督

(4) 属于企业会计的是（ ）。

A. 财务会计 B. 管理会计

C. 财政总预算会计 D. 行政事业单位会计

(5) 会计的目标是（ ）。

A. 向会计信息使用者提供对决策有用的信息

B. 反映企业管理层的受托责任的履行情况

C. 提供企业非货币性的技术信息

D. 提供企业非货币性的人员信息

(6) 会计的扩展职能包括（ ）。

A. 会计预测和决策 B. 会计监督

C. 会计规划和控制 D. 会计分析

E. 会计评价

(7) 下列各项中，属于会计核算方法的有（ ）。

A. 复式记账 B. 登记账簿

C. 成本计算 D. 财产清查

E. 编制财务报表

三、判断题

(1) 资产是一种经济资源，具体表现为具有各种实物形态的财产。（ ）

(2) 会计的职能只有两个，即核算职能和监督职能。（ ）

(3) 会计以货币计量为主，同时可以适当地运用其他计量单位。（　）
(4) 会计的基本职能既能反映过去，又能控制现在，还能预测未来。（　）
(5) 财务会计主要提供对外的会计信息，管理会计主要提供对内的会计信息。（　）
(6) 法律主体并不必然是会计主体，但会计主体必然是法律主体。（　）
(7) 会计质量谨慎性的特征指不应高估资产或者收益，不应低估负债或者费用。（　）

【综合实训】

综合实训 1

［目的］练习权责发生制、收付实现制的核算。

［资料］假设××有限责任公司20××年12月份发生以下业务：

(1) 1日，收到上月货款1 000 000元；

(2) 5日，预付下年度财产保险费80 000元；

(3) 8日，赊销商品2 000 000元；

(4) 15日，支付设备日常修理费120 000元；

(5) 18日，计提本月短期借款利息50 000元；

(6) 25日，计提产品质量保证费用100 000元；

(7) 30日，收到本月8日赊销商品款1 200 000元；

(8) 31日，支付本季度短期借款利息150 000元；

(9) 31日，销售原材料一批，售价400 000元，价款约定下月结算。

［要求］分别采用权责发生制、收付实现制计算本月收入和费用。

综合实训 2

［目的］练习会计假设的处理。

［资料］××有限责任公司是一家制造业企业，生产A产品，适用权责发生制。刘某为公司聘用的会计人员，他对该公司7月份发生的经济业务进行如下处理：

(1) 原以直线法计提折旧，2022年为少计利润、少交税改为双倍余额递减法；

(2) 经营租赁一台生产用设备，视为企业自有的固定资产进行核算；

(3) 结转上月销售的A产品的成本，已于上月确认收入；

(4) C企业前欠货款10 000元，已接到通知C企业经营情况不佳，货款大部分不能收回，之前未计提坏账准备；

(5) 收到B企业因违约而支付的罚款5 000元，计入其他业务收入；

(6) 购入管理用固定资产，价值50 000元，计入管理费用；

(7) 预付下半年的财产保险费，全部计入本月费用；

(8) 销售A产品100件，货款将于2023年3月份支付，故作为2023年3月份的收入；

(9) 融资租入一台设备，不入账。

［要求］请问会计人员刘某对上述业务处理正确与否，并说明理由。若涉及会计假设或会计原则，请说明刘某的会计处理遵循或违反了哪项会计假设或会计原则。

第二章　会计要素和会计等式

【学习目标】

➢ **知识目标**

(1) 掌握会计对象、会计要素的概念及特点，计量属性和会计等式。

(2) 理解不同会计要素之间的基本关系。

(3) 了解经济业务对会计等式的影响。

➢ **素养目标**

树立受托责任意识，培养经世济民、报效祖国的情怀。

(1) 倡导社会主义核心价值观，增强诚信观念和法制意识。

(2) 遵循能量守恒定律，通过掌握会计恒等式理解世间万物的普遍联系和相互平衡的关系。

(3) 关注现实社会问题，践行社会主义核心价值观：诚信为本，不做假账。

【引导案例】

某初创企业由三人凑款300万元，因资金不足又向银行贷款，然后租赁厂房、仓库、办公室，购买了机器设备，开始生产经营。该企业基本的业务活动是购买各种原材料，生产产品、对产品进行包装及入出库处理、对外销售产品，对设备进行维护保养，按月发放职工薪酬，如期上缴国家税金，定期同银行结算利息，到期归还银行贷款，年终给投资人分配利润等。

这么多业务，会计部门是如何组织核算的，每天几百笔业务，一笔一笔记账多麻烦，要不要想个办法分类。

第一节　会计对象

一、会计对象的概念

会计对象是指会计核算和会计监督的内容。一般认为，会计对象的基本内容是社会再生产过程中的资金运动，在企业中则是指企业经营资金的运动。在商品经济条件下，凡是能够以货币表现的经济活动通常均被称为资金运动，也称为会计对象。

二、会计对象的基本内容

对于一个企业而言，会计对象的基本内容是其经营资金的运动。经营资金是指企业所拥有和控制的各种财产物资的货币表现。随着企业经营活动的进行，这些资金相应地会发生价值以及形态上的变化。当资金被用于生产经营活动时，会产生资金的消耗，例如，企业用筹集到的资金购买材料、设备和支付员工薪酬时，会引起企业资金的减少。企业资金的减少或转化为一种新的资产，或直接形成费用。而在有些情况下，企业的资金在被消耗之后会带来其他资产，引起企业资金的增加。例如，企业将生产的产品对外销售收回现金时，一方面会使库存商品这种资产减少，另一方面会使现金这种资产增加。事实上，对于持续经营的企业来说，其经营资金总是处在不断的运动和变化之中的。

在会计上，一般把交易或事项发生以后所引起的资金的增减变动称为资金运动。企业的经营活动不是孤立进行的，任何一个企业的经营活动都与整个社会再生产过程中的资金运动有着密切联系，是构成整个社会再生产过程中的资金运动的一个有机组成部分。

三、企业资金运动形态

产品生产企业的资金运动过程可划分为资金投入、资金使用和资金退出三个阶段。

在资金筹集阶段，企业通过吸引投资者向企业投资或从银行借款等方式获取经营所需资金。一般而言，企业筹集的资金最初是以货币资金形态进入企业的，具体表现为库存现金或银行存款等。

资金使用阶段可分为供应、生产和销售三个过程。供应过程也称生产准备过程，企业运用筹集的资金进行产品生产的各项准备，包括购买产品生产所需材料和设备等，在这一过程中，货币资金形态会转化为储备资金和固定资金等形态。在生产过程中，企业要用货币资金支付生产经营的有关费用，利用储备的材料和购入的设备等进行产品生产，货币资金、储备资金和固定资金等会相应地转化为生产资金形态。产品生产完工以后，生产资金会转化为成品资金形态。在销售过程中，企业销售产品并收回货币资金，成品资金又转化为货币资金形态。

资金的退出主要是由企业依法缴纳税费、按约定偿还债务和向投资者分配利润等引起的，这些交易或事项的发生会导致一部分资金退出企业资金运动过程。

制造业企业资金运动形态如图 2-1 所示。

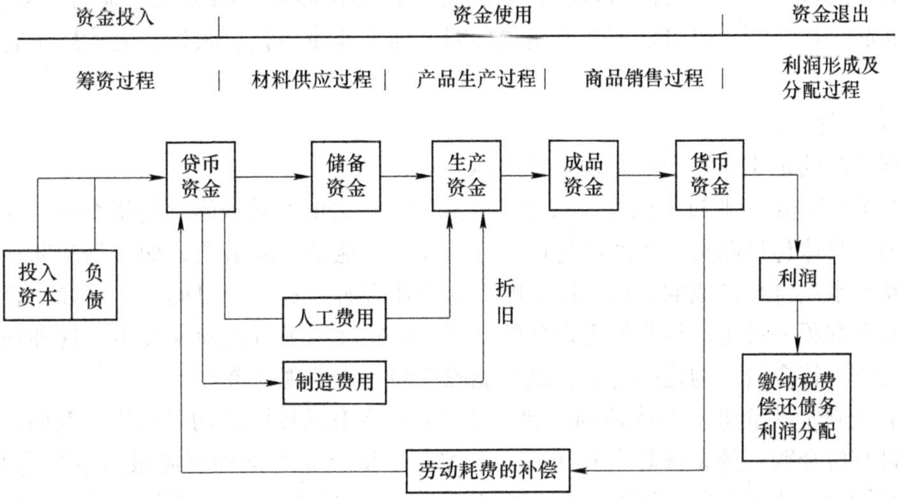

图 2-1 制造业企业资金运动形态

通过图 2-1 可以看出，制造业企业资金运动的形态包括资金投入、资金使用、资金退出三个阶段，筹资、材料供应、产品生产、商品销售和利润形成及分配五个过程，以及若干种资金形态变化。

第二节 会计要素

一、会计要素的概念

会计对象是会计监督和核算的内容。会计对象反映的是企业的资金运动。由于企业的资金运动种类很多，如果仅关注会计对象，那么就无法对各种资金运动进行核算。因此，有必要根据会计对象的经济特征做出基本的分类，这种分类就是会计要素。即会计要素是根据交易或事项的经济特征确定的财务会计对象的基本内容，它是会计确认和计量的基础，也是设定会计报表结构和内容的依据。

我国现行《企业会计准则》将会计要素分为六大部分，即资产、负债、所有者权益、收入、费用和利润。

根据各会计要素在企业资金运动中的作用和存在形式，可以将六大会计要素分为两类。

资产、负债和所有者权益构成了企业资产负债表的基本内容，用来反映企业在某一特定日期的财务状况，被称作“资产负债表要素”，又被称作“静态会计要素”。

收入、费用和利润构成企业利润表的基本内容，用来反映企业在某一特定期间的经营成果，被称作“利润表要素”，又被称作“动态会计要素”。

二、会计要素的内容

(一) 资产

资产是指企业过去的交易或者事项形成的、由企业拥有或者控制的、预期会给企业带来经济利益的资源。这些资源可以具体表现为各种实物形态，如房屋建筑物、机器设备、材料、商品、现金等，也可以不具有实物形态，如土地使用权、版权、应该属于企业的债权等。

1. 资产的特点

根据资产的定义，资产具有以下特点。

(1) 资产是由企业过去的交易或事项形成的。过去的交易或事项是指企业已完成的交易或事项，具体包括购买、生产和建造等行为以及其他交易或事项。如果是预期在未来发生的交易或事项将会形成的资源，则不能作为企业现时的资产予以确认。例如，企业制定了一项准备购买一批生产经营所需设备的计划，但实际购买行为尚未发生。这种预期可能增加的设备不符合资产的这一特征，就不能确认为企业的现时资产。

(2) 资产应为企业拥有或控制。拥有是指企业享有某项资源的所有权。例如，企业对于用其自有资金购入的设备等享有所有权。控制是指企业对某些资源虽然不享有所有权，但该资源能为企业所控制。例如，企业租赁设备，租期超过一年，即认为承租人在一定期间控制该设备使用的权利，即控制了该设备在一定时期的使用权，这种情况下，确认为承租企业的使用权资产。融资租赁的设备，其所有权属于出租方，但因与使用权有关的几乎全部风险和报酬转移给了承租方，出租方不再拥有该设备的控制权，也就不再是出租方的资产。

（3）资产预期会给企业带来经济利益。即资产具有在未来直接或间接导致现金和现金等价物流入企业的潜力，这是资产的本质特征。例如，企业购入的材料和设备可用于产品生产，产品出售以后可收回货款等。如果某些项目预期不能给企业带来经济利益，就不能再确认为企业的资产。例如，企业在财产清查过程中发现的已经毁损的设备或材料，就不再符合资产的这一特征，应从企业现有的资产中予以剔除。

2. 资产的分类

企业的资产按其流动性可分为流动资产和非流动资产两类。

（1）流动资产。流动资产是指企业可以在一年或者超过一年的一个营业周期内变现或耗用的资产。具体包括库存现金、银行存款、交易性金融资产、应收票据、应收账款、合同资产、其他应收款、预付账款、原材料和库存商品等。

库存现金是指存放在企业准备随时支用的现款，主要用于企业日常经营活动中发生的小额零星支出，如支付因公出差职工的借款，支付小额的办公费用支出等。

银行存款是指企业存放在其开户银行的款项，这些款项主要来自投资者投入企业的资本、通过负债借入的款项和销售产品收到的货款等。银行存款可用于企业在其日常经营活动中发生的大额支出，如购买材料、购买设备和支付职工薪酬等。

交易性金融资产是指企业持有的以公允价值计量且其变动计入当期损益的金融资产。例如，企业购入以交易为目的而持有的债券投资、股票投资和基金投资。

应收票据是指企业由于销售产品或提供劳务而收到的商业汇票，包括银行承兑汇票和商业承兑汇票。

应收账款是指企业因销售商品或提供劳务应收取而尚未收到的款项。应收账款是企业的一项债权。合同资产是企业已向客户转让商品而有权收取对价的权利，且该权利取决于时间流逝之外的其他因素。

其他应收款是指企业在日常生产经营过程中产生的，除了销售、购货、对外投资等业务环节产生的债权以外的其他应收款项。

预付账款是指企业由于购买销售方的产品等，按照合同规定预先支付给供应商的款项。

原材料是指企业库存的各种材料，包括原料及主要材料和辅助材料等。

库存商品是指企业库存的各种商品，包括产成品、外购商品、存放在门市部准备出售的商品、发出展览的商品以及寄存在外的商品等。

（2）非流动资产。非流动资产是指企业不能在一年或者超过一年的一个营业周期内变现或耗用的资产，包括长期股权投资、固定资产、无形资产和长期待摊费用等。

长期股权投资是指企业在对外投资过程中，以获取对被投资方的控制权，或对被投资方产生重大影响为目的而进行的权益性投资。企业持有长期股权投资的时间往往超过一个会计年度，是企业的一种长期投资行为。

固定资产是指使用年限在一年以上，单位价值在规定标准以上，并在使用过程中保持原来物质形态的资产，包括房屋、建筑物、机器设备、运输设备、工具器具等。

无形资产是指企业在生产经营过程中拥有或控制的没有实物形态的可辨认非货币性资产，主要包括专利权、非专利技术、商标权和土地使用权等。

长期待摊费用是指企业已经发生（一般是指已经实际支付货币资金）但应由本期和以后各期负担的分摊期限在一年以上的各项支出。如企业租入固定资产发生的改良支出等。

3. 资产的确认

资产是会计要素的核心，是企业赖以生存的基础。负债需要用资产来偿还，所有者权益为资产减去负债后的余额，收入表现为资产的增加或负债的减少，费用是资产的耗费或转化，可以说资产的正确确认是其他会计要素得以确认的基础。

将一项资源确认为资产，除了需要符合资产的定义，还需要同时满足以下两个标准。

（1）与该资源有关的经济利益很可能流入企业。资产的确认应与对经济利益流入的不确定性程度的判断结合进行，如果编制财务报表时，与资源有关的经济利益很可能流入企业，则应当将其作为资产确认；如果一项支出已经发生，但在本会计期间以及以后的会计期间都不会形成经济利益流入企业，这项支出就不能作为一项资产确认，而只能将其作为费用。

（2）该资源的成本或者价值能够可靠地计量。在实务中，企业取得的许多资源都付出了一定的代价，如企业购买的材料、生产的产品、购置的机器设备、自建的厂房建筑物等，只要其实际购买成本或生产成本能够可靠计量，就可以作为资产确认；对于某些情况下企业取得的没有发生实际成本或实际成本很小的资产，如企业持有的某些衍生金融工具，只要其公允价值能够可靠计量就应确认为资产。如果企业持有的某项经济资源的成本或价值不能准确计量，就不应该将其确认为资产。

（二）负债

负债是指企业过去的交易或者事项形成的、预期会导致经济利益流出企业的现时义务。负债反映的是企业债权人对企业资产的索取权，因此也称债权人权益。

1. 负债的特点

根据负债的定义，该要素具有如下特征。

（1）负债由企业过去的交易或事项形成。如果不是由企业过去的交易或事项形成的义务，就不能确认为其现时的负债。例如，企业计划从银行借入一笔新的借款，计划从供应商处再赊购一批产品，由于交易尚未实际发生，因此不能确认为企业的负债。

（2）负债是企业应当承担的现时义务。现时义务是指企业在现行条件下已承担的义务。如通过与银行签订合同已经借入和使用借款，通过与供应商签订合同赊购了产品产生的应付账款等，都属于企业在某种约定条件下应予承担的现时义务。未来发生的交易或事项可能形成的负债不属于现时义务。

（3）负债预期会导致经济利益流出企业。预期会导致经济利益流出企业是负债的本质特征。例如，企业在偿还借款和应付账款时，可以用其现金偿还，也可以用其实物资产偿还。不管采用何种偿还方式，最终都会导致经济利益流出企业。

2. 负债的分类

企业的负债按其流动性可分为流动负债和非流动负债两类。

（1）流动负债。流动负债是指企业将在一年或者超过一年的一个营业周期内偿还的债务。包括短期借款、应付票据、应付账款、预收账款、合同负债、应付职工薪酬、应交税费、应付股利（或应付利润）和其他应付款等。

短期借款是指企业从银行或其他金融机构借入的偿还期在一年以内（含一年）的各种

借款。企业借入短期借款的主要用途是满足临时性支出的需要。

应付票据是指企业因购买商品等开出并承兑的交由销售方持有的商业汇票而承担的债务。

应付账款是指企业由于赊购商品等而产生的应向销售方支付但暂未支付的款项。

预收账款是指企业由于销售商品等根据有关协议预先向购买方收取款项而形成的债务。

合同负债是指企业已收或应收客户对价而应向客户转让商品的义务。

应付职工薪酬是指企业根据有关规定应付给本企业职工的薪酬。如应付工资和福利费等。

应交税费是指企业按照税法规定应缴纳的各种税费。如应交增值税和应交所得税等。

应付股利是指股份企业应支付给股东的现金股利（在非股份制企业，应支付给投资者的利润称为应付利润）。

其他应付款是指企业除上述各种应付款项以外的其他各种应付和暂收款项。

（2）非流动负债。非流动负债是指企业将在一年或者超过一年的一个营业周期以上偿还的债务。包括长期借款、应付债券、长期应付款和预计负债等。

长期借款是指企业从银行或其他金融机构借入的期限在一年以上（不含一年）的各种借款。企业借入长期借款的主要用途是进行施工期比较长的工程项目建设。

应付债券是指企业在采用发行企业债券方式筹集经营资金时，按规定应付给购买者的本金和利息而形成的负债。债券的发行往往有一定的期限，为此，企业在既定的债券发行期满后应将债券本金归还给债券的持有者；此外，在债券发行期间，发行债券的企业还应按规定的债券利率向债券持有者支付利息。以上两项均构成企业对债券购买者的负债。

长期应付款是指企业除长期借款和应付债券以外的各种长期应付款项。

预计负债是指企业确认的对外提供担保，未决诉讼和产品质量保证等产生的预计负债。

3. 负债的确认

将一项现时义务确认为负债，除符合负债的定义外，还应同时满足以下条件。

（1）与该义务有关的经济利益很可能流出企业。如果有确凿证据表明，与现时义务有关的经济利益很可能流出企业，就应当将其作为负债予以确认；相反，如果企业已经承担了现时义务，但导致经济利益流出企业的可能性不复存在，就不符合负债确认条件，不应将其作为负债确认。

（2）未来流出的经济利益的金额能够可靠地计量。对于与法定义务有关的经济利益的流出金额，通常可以根据合同或法律规定的金额予以确定，考虑到经济利益流出的金额通常在未来期间，有时未来期间较长，有关金额的计量需考虑货币时间价值等因素的影响；对于与推定义务有关的经济利益流出金额，企业应当根据履行相关义务所需支出的最佳估计数确定，并综合考虑货币时间价值、风险等因素的影响。

（三）所有者权益

所有者权益是指企业资产扣除负债后由所有者享有的剩余权益，又称净资产。股份制公司的所有者权益又称股东权益。

1. 所有者权益的特点

（1）所有者权益是剩余权益，所有者仅对企业的净资产享有所有权，净资产是资产减去负债后的余额。

（2）所有者权益的金额不能单独计量，须依赖资产和负债来计量。可用公式表示为：

$$所有者权益 = 资产 - 负债$$

（3）当企业发生清算时，债权人拥有优先清偿权，所有者的清偿权居于次位。

2. 所有者权益的分类

企业的所有者权益包括投入资本、直接计入所有者权益的利得和损失、留存收益等，通常由实收资本（或股本）、资本公积（含资本溢价或股本溢价等）、其他综合收益、盈余公积和未分配利润等构成。其中，实收资本和资本公积统称为投入资本；盈余公积和未分配利润统称为留存收益。

实收资本是指所有者投入企业的资本中构成企业注册资本（或股本）的部分。

资本公积是指所有者投入企业的资本超过注册资本（或股本）的部分，即资本（或股本）溢价。这部分投入资本可按规定的程序转增资本金。

其他综合收益，是指按照规定应直接计入所有者权益的利得和损失，这部分利得和损失不计入当期利润，而是直接增加或减少所有者权益。

盈余公积是指企业从实现的利润中提取后留存于企业的部分。包括法定盈余公积和任意盈余公积。盈余公积可按规定的程序转增资本金，或用于弥补亏损。

未分配利润是指企业已经实现但本年度尚未分配而留待以后年度分配的利润。

3. 所有者权益的确认

所有者权益的确认主要依赖于其他会计要素，尤其是：资产和负债的确认；所有者权益金额的确定主要取决于资产和负债的计量。例如，企业接受投资者投入的经济资源，若该资源符合资产的确认条件，相应地也符合所有者权益的确认条件；若该资产的价值能够可靠计量，那么所有者权益的金额也可以合理确定。

（四）收入

收入是指企业在日常生活中形成的、会导致所有者权益增加的、与所有者投入资本无关的经济利益的总流入

1. 收入的特点

根据收入的定义，收入具有以下特点。

（1）收入是企业在日常活动中形成的。日常活动是指企业为完成其经营目标所从事的经常性活动以及与之相关的活动。例如，工业企业制造并销售产品，商品流通企业销售商品，保险公司签发保单，咨询公司提供咨询服务，软件企业为客户开发软件，安装公司提供安装服务，商业银行对外贷款，租赁公司出租资产等，均属于企业为完成其经营目标所从事的经常性活动，由此产生的经济利益的总流入构成收入。

（2）收入会导致所有者权益增加。与收入相关的经济利益流入必然带来资产增加或负债减少，或两者兼而有之。资产增加、负债减少最终会导致所有者权益增加。

（3）收入带来的经济利益流入与所有者投入资本无关。收入往往是由于企业对外销售商品、产品或提供劳务获取的，应当会导致经济利益流入，从而导致资产增加，但该经济利益流入与投资者对企业的资本投入无关；投资者追加投资产生的经济利益流入，应计入所有者权益。

2. 收入的分类

收入有狭义和广义之分。狭义的收入即企业的日常活动带来的经济利益流入，主要包括企业的主营业务收入、其他业务收入和投资收益。其中，主营业务收入和其他业务收入

统称为营业收入。广义的收入除以上内容外，还包括企业非日常活动产生的非经常性经济利益流入，即营业外收入，也称利得。

主营业务收入是指企业在其主营业务活动中实现的收入，如产品生产企业销售产品所获取的收入。主营业务收入在企业的收入中所占比重较大，是企业主要的经济利益流入。

其他业务收入是指企业主营业务以外的其他日常活动所获取的收入，如企业销售积压材料、出租产品包装物等所获得的收入。其他业务收入一般金额较少，在企业的收入中所占的比重较小。

投资收益是指企业对外投资等带来的收益，如从被投资企业分得的利润等。投资收益属于让渡资产使用权而给企业带来的经济利益流入。

营业外收入通常是企业从偶发的交易或事项中获得的经济利益流入，按规定应计入当期利润，如企业在财产清查中发现的无法查明原因的现金盘盈、获得的捐赠收入等。

3. 收入的确认

收入只有在经济利益很可能流入从而导致企业资产增加或者负债减少，且经济利益的流入额能够可靠计量时才能予以确认。当企业与客户之间的合同同时满足下列条件时，企业应当在客户取得相关商品控制权时确认收入：第一，合同各方已批准该合同并承诺将履行各自义务；第二，该合同明确了合同各方与所转让商品或提供劳务（简称“转让商品”）相关的权利和义务；第三，该合同有明确的与所转让商品相关的支付条款；第四，该合同具有商业实质，即履行该合同将改变企业未来现金流量的风险、时间分布或金额；第五，企业因向客户转让商品而有权取得的对价很可能收回。

（五）费用

费用是指企业在日常活动中发生的、会导致所有者权益减少的、与向所有者分配利润无关的经济利益的总流出。费用是与收入相对应的概念，是企业为取得收入而付出的代价，是企业在生产经营过程中发生的耗费。

1. 费用的特点

根据费用的定义，费用具有以下特点。

（1）费用是企业在日常活动中发生的。日常活动的界定与收入定义中涉及的日常活动的界定相一致。日常活动所产生的费用通常包括销售成本（营业成本）、管理费用等。只有在日常生产经营活动中形成的经济利益的流出才称为费用；非日常活动中形成的经济利益的流出只能称为损失，而不是费用。

（2）费用会导致所有者权益的减少。费用的本质是资产的转化形式，是企业资产的耗费，是企业经济利益的流出，而且这种流出会导致所有者权益的减少。不会导致所有者权益减少的经济利益流出不符合费用定义，不应确认为费用。

（3）费用是与向所有者分配利润无关的经济利益总流出。费用的发生应当会导致经济利益的流出，从而导致资产的减少或负债的增加，其表现形式可以是现金或现金等价物的流出，存货、固定资产和无形资产等的流出或者消耗等，但这种经济利益的流出与向所有者分配利润无关。

2. 费用的分类

费用也有狭义和广义之分。狭义的费用即企业在其日常活动中形成的经济利益流出，主要包括主营业务成本、其他业务成本、税金及附加、投资损失、销售费用、管理费用、财务费用和所得税费用等。其中，主营业务成本和其他业务成本统称为营业成本。广义的费用除以上内容外，还包括企业在非日常活动中产生的计入当期损益的非经常性经济利益流出，即营业外支出，也称计入当期损益的损失。

主营业务成本是指企业在其主营业务活动中产生的成本，属于与主营业务收入相匹配的费用。例如，企业在销售产品后确认的已销售产品的成本，即属于主营业务成本。在产品生产企业，主营业务成本是根据产品在生产过程中发生的各种费用计算确定的，是生产成本的一种转化形式。主营业务成本在企业的全部费用中所占比重较大。

税金及附加是指企业开展经营活动依法应当缴纳的除企业所得税和增值税以外的其他各种税费，包括消费税、城市维护建设税、教育费附加、房产税、土地使用税、车船税和印花税等相关税费。

其他业务成本是指企业在开展其他业务活动中产生的成本，属于与其他业务收入相匹配的费用。例如，企业在销售积压材料、出租包装物后确定的材料或包装物本身的成本。其他业务成本实质上是已销售材料、已出租包装物的买价或制作成本。其他业务成本在企业的费用中所占的比重一般较小。

销售费用、管理费用和财务费用统称为期间费用，是指企业在日常活动中发生的不能计入有关成本，而直接计入所发生会计期间费用的各种耗费。

（1）销售费用，是指企业在销售产品过程中发生的各种费用。包括专设销售机构人员的工资及福利费，为推销产品而发生的广告费和展销费等。

（2）管理费用，是指企业为组织和管理整个企业的生产经营活动而发生的各种费用。包括企业在筹建期间发生的开办费、公司经费（包括行政管理部门职工工资及福利费等职工薪酬、物料消耗、低值易耗品摊销、办公费和差旅费等）、董事会费（包括董事会成员津贴、会议费和差旅费等）、聘请中介机构费、咨询费（含顾问费）、诉讼费、业务招待费、技术转让费、矿产资源补偿费、研究费用等。

（3）财务费用，是指企业为筹集和使用生产经营资金而发生的各种费用。包括利息支出（减利息收入）、汇兑损益以及相关的手续费等。

投资损失是指企业对外投资时所产生的损失。在发生投资损失时，应冲减投资收益。

所得税费用是指企业根据其经营所得采用适用的税率计算确定的税金。缴纳所得税会引起经济利益流出企业，是企业的一种主要费用。

营业外支出是指企业发生的与日常经营活动无关的一些偶发事项所产生的支出，按规定应计入当期利润，如固定资产报废的净损失、由自然灾害等原因造成的非常损失等。

3. 费用的确认

将一项经济利益流出确认为企业的费用，除应符合费用的定义外，至少还应当满足三个条件。一是与费用相关的经济利益很可能流出企业。二是该经济利益流出企业的结果会导致资产减少或者负债增加。前一种情况，如企业用现金支付销售费用和管理费用等，一方面表现为费用增加，另一方面表现为资产减少；后一种情况，如企业本期应当负担的短期借款利息可能是在下一个会计期间支付，应将这部分应付利息确认为本期费用的同时又确认为企业的负债。三是经济利益的流出金额能够可靠计量。

（六）利润

利润是指企业在一定会计期间的经营成果，是企业在一定期间所有收入与所有费用之间的差额，包括经营业务带来的利润和非经营业务带来的利润。经营业务带来的利润是收入减去费用后的净额，非经营业务带来的利润是直接计入当期利润的利得（营业外收入）和损失（营业外支出）等。

1. 利润的特点

（1）利润是企业在一定期间的经营成果。经营成果可能盈利，也可能亏损。

（2）利润是企业日常经营活动的结果。会计将日常活动取得的经济利益流入称为收入，将日常经营活动产生的经济利益流出称为费用。收入大于费用则盈利；收入小于费用则亏损。收入与费用之间有因果关系，具有可重复性。

（3）直接计入当期利润的利得和损失是企业非日常活动的结果。非日常活动取得的经济利益流入称为利得，非日常经营活动产生的经济利益流出称为损失。利得与损失之间没有因果关系，因此不用进行配比。发生利得直接计入当期利润，发生损失直接抵减当期利润。利得和损失是偶发的，不具有重复性，一般在报表中按净额进行披露。

（4）利润不单独计量。利润金额取决于收入和费用、直接计入当期利润的利得和损失金额的计量。

2. 利润的分类

利润包括收入减去费用后的净额、计入当期利润的利得和损失。

收入减去费用后的净额，是指企业在其日常活动的一定会计期间实现的全部收入减去该期间发生的全部相关费用后的差额，即营业利润，反映了企业进行日常活动创造的业绩。

计入当期利润的利得和损失，是指企业在非日常活动中产生的应当计入当期损益（收入或费用）的、最终会引起所有者权益发生增减变动的、与所有者投入资本或向所有者分配利润无关的利得（即营业外收入）和损失（即营业外支出）。

企业应严格区分收入、费用与利得、损失，以便清晰地反映企业经营业绩的构成内容。当然，利得与损失对当期利润的影响后果是完全不同的。当利得大于损失时，当期利润增加；反之，当期利润减少。

3. 利润的确认

利润反映的是企业一定会计期间的收入减去费用后的净额加上当期利得、减去当期损失的最终结果。因此，利润的确认主要依赖于收入和费用的确认，以及利得和损失的确认。利润金额的确定也主要取决于收入、费用、利得和损失金额的计量。

第三节　会计要素计量

一、会计要素计量的概念

会计要素计量简称会计计量是将符合确认条件的会计要素进行会计记录继而列报于财务报表文件并确定其金额的过程。

二、会计要素的计量单位与计量属性

（一）计量单位

会计要素的计量应以货币作为主要计量单位。

（二）计量属性

会计计量属性也称计量基础，是指所用量度的经济属性，即按什么标准、什么角度来计量，是从不同的会计角度反映会计要素金额的确认基础。主要包括历史成本、重置成本、可变现净值、现值和公允价值等。

1. 历史成本

历史成本又称实际成本。在历史成本计量属性下，资产按照取得或制造时所实际支付的现金或者现金等价物的金额计量，或按照购置资产时付出的对价的公允价值进行计量；负债按照因承担现时义务而实际收到的款项或资产的金额，或承担现时义务的合同金额，或日常活动中为偿还负债预期需要支付的现金或现金等价物的金额计量。

2. 重置成本

重置成本又称现行成本，是指按照当前市场条件重新取得同样资产所需支付的现金或现金等价物的金额。在重置成本计量属性下，资产按照现在购买相同或者相似资产所需支付的现金或现金等价物的金额计量；负债按照现在偿付该项债务所需支付的现金或者现金等价物的金额计量。重置成本多用于盘盈固定资产的计量。

3. 可变现净值

在可变现净值计量属性下，资产按照其正常对外销售能收到的现金或现金等价物的金额扣减该资产至完工时估计要发生的成本、估计的销售费用以及相关税费后的金额计量。可变现净值通常用于存货资产减值等情况下的后续计量。

4. 现值

现值是指对未来现金流量以恰当的折现率进行折现后的价值，是考虑货币时间价值的一种计量属性。在现值计量属性下，资产按照预计从其持续使用和最终处置中产生的未来净现金流入量的折现金额计量；负债按照预计期限内需要偿还的未来净现金流出量的折现金额计量。现值通常用于非流动资产（如固定资产、无形资产）可收回金额的确定。

5. 公允价值

公允价值是指资产和负债按照市场交易者在计量日发生的有序交易中，出售资产所能收到的或者转移负债所需支付的价格计量。在公允价值计量属性下，资产按其在有序交易中出售资产所能收到的价格计量，负债按其在有序交易中所需支付的价格计量。

我国现行《企业会计准则》要求：“企业在对会计要素进行计量时，一般应当采用历史成本，采用重置成本、可变现净值、现值、公允价值计量的，应当保证所确定的会计要素金额能够取得并可靠计量。”

【例 2-1】某企业 2018 年 1 月 1 日购买一台设备，设备预计使用 10 年，截至 2022 年 12 月 31 日，该设备可能涉及的计量属性见表 2-1。

表 2-1　设备的计量属性

内　容	金额/万元	计时属性
2020 年 1 月 1 日，以银行存款 100 万元购进一台设备	100	历史成本
2022 年 12 月 31 日，如果重新购买一台已使用 3 年的设备，预计应支付的全部款项为 73 万元	73	重置成本
2022 年 12 月 31 日，如果将该设备出售，预计售价为 72 万元，出售时支付的各项费用合计为 2 万元	70	可变现净值
该设备可以继续使用 7 年，预计每年带来的收益为 1.3 万元，共计 9.1 万元，将未来的收益折算为 2022 年 12 月 31 日的价值为 80 万元	80	现值
该设备在类似的市场上，双方自愿交易的价格为 77 万元	77	公允价值

第四节　会 计 等 式

一、会计等式的概念

会计等式也称会计恒等式，或会计方程式，是运用数学方程的原理描述会计要素之间数额相等关系的表达式。

各种会计要素既是各自独立的，相互之间也有着密切关系。这种关系不仅体现在交易或事项发生时会导致相关要素之间产生此增彼减或同增同减等变化，而且体现在它们在一定时点或一定会计期间的金额相等。利用数学方程原理，将会计要素之间的数额相等关系加以描述，就形成了各种非常具有实用价值的会计等式。

二、会计等式的种类

（一）静态会计要素之间的会计等式

反映企业财务状况的会计要素称为静态会计要素，它们反映的是企业在某一时点或某一特定日期的资产、负债和所有者权益的状况。

静态会计要素之间的平衡关系为：

资产 = 负债 + 所有者权益

企业开展生产经营活动需要一定的经济资源，这些经济资源首先来源于投资者的投入，当投资者投入的经济资源符合资产的定义时，一方面企业资产会增加，另一方面投资者在企业享有的索取权增加，所有者权益增加；若投资者投入的资金不能满足企业的生产经营所需，企业可能会从债权人取得部分借款，这一经济业务或事项一方面会导致企业资产的增加，另一方面也增加了企业的现时义务，即增加了企业的负债。所以，无论是投资者投入的还是借入的资金均会导致企业资产的增加，而且资产增加的价值一定等于负债或所有者权益价值的增加。

【例 2-2】张××及其同学投资 50 000 元创办了××数码公司。

该例中，企业收到了投资者张××及其同学的投资 50 000 元，资产增加 50 000 元，同时张××及其同学在企业享有的权益也为 50 000 元。

因此，资产 50 000 元=所有者权益 50 000 元

【例 2-3】开业一个月之后，为增加产品品种，扩大企业在学校的知名度，张××向同学借入 20 000 元资金用于广告宣传、增加商品品种和数量。

此项经济业务导致企业的资产增加了 20 000 元，变为 70 000 元，企业对外的负债也增加了 20 000 元，而投资者张××等在企业中享有的权益不变，仍为 50 000 元。此时的会计等式变为：

资产 70 000 元 = 负债 20 000 元 + 所有者权益 50 000 元

上式表明，会计等式之所以成立，是因为资产和权益实际上是同一个事物的两个方面。负债是债权人在企业享有的对企业资产的要求权，通常称为债权人权益；所有者权益是投资者在企业享有的对企业资产的剩余索取权。所有者权益和债权人权益可以合称为权益，表明企业资金的全部来源；资产则是企业全部资金不同的占用形态。资金来源必然等于资金占用，资产也必然等于权益（债权人权益加所有者权益）。

上述会计等式还可以表述为：

资产 70 000 元 - 负债 20 000 元 = 所有者权益 50 000 元

该等式表明了债权人权益和所有者权益在对企业资产要求权上的区别。如上所述，所有者权益是投资者对企业资产的剩余要求权，全部资产减去负债之后的剩余部分才归投资者所有。所以，投资者承担了企业的终极风险，应该享受企业经营过程中所创造的利润，当然也要相应承担经营过程中形成的亏损。即所有者权益除包括投资者投入的资本之外，还包括企业生产经营过程中形成的利润或亏损。

（二）动态会计要素之间的会计等式

反映企业经营成果的会计要素称为动态会计要素，它们反映企业在一定时期内的收入、费用和利润情况。

动态会计要素之间的平衡关系式为：

收入 - 费用 = 利润

企业开展生产经营活动必然会发生一定的耗费或支出，如购买商品的支出、水电费的支出等，这些支出构成企业的费用；同时，企业在销售商品、提供劳务的过程中会形成一定的经济利益流入，这些经济利益的流入在满足收入确认条件时会增加企业的收入；收入会首先用来弥补生产经营过程中的各种支出，若有剩余则形成企业的利润。

另外，企业在非日常活动中也会形成一定的经济利益流入，如在出售固定资产或无形资产的过程中形成的经济利益的净流入，这种经济利益流入称为利得，也构成企业的利润；当然，如果在出售固定资产或无形资产的过程中形成了经济利益的净流出，则这种经济利益的流出就是损失，损失会减少企业的利润，也是利润的有机构成部分。

【例 2-4】××数码公司在开业的第一个月共形成了 200 000 元的销售收入，相关的进货成本为 160 000 元，所有购进的货物全部实现了销售，第一个月发生的交通费、电话费、宣传费等共计 10 000 元，假定没有其他支出，暂不考虑流转税因素（以下同）。则第一个月数码公司的利润为：

利润 = 收入 200 000 元 − 费用 170 000 元(160 000 元 + 10 000 元) = 30 000 元

如上所述，投资者承担企业的终极风险，享受企业经营过程中创造的利润、承担经营过程中形成的亏损。所以，利润是所有者权益的组成部分，期末的所有者权益等于期初的所有者权益加上生产经营过程中创造的利润（亏损为负的利润）。由此，静态会计要素之间的会计平衡公式和动态会计要素的会计平衡公式就可以结合为一个会计平衡公式。

（三）全部会计要素之间的会计等式

所有者权益$_{期末}$=所有者权益$_{期初}$+本期实现的利润，所以，将动态会计要素和静态会计要素结合在一起的会计平衡公式可以表述如下：

资产$_{期末}$ = 负债$_{期末}$ + 所有者权益$_{期初}$ + 利润 = 负债$_{期末}$ + 所有者权益$_{期初}$ + (收入 − 费用)

整理可得：

资产$_{期末}$ + 费用 = 负债$_{期末}$ + 所有者权益$_{期初}$ + 收入

【例 2-5】假定××数码公司在第一个月只发生了例 2-2 至例 2-4 的经济业务，而且销售的商品全部收到现金，进货支出及发生的费用全部用现金支付，则月末企业的资产变为 100 000 元（20 000+50 000+200 000−160 000−10 000），负债依然为 20 000 元，归属于投资者张××等的权益为 80 000 元（50 000+30 000），会计等式为：

资产$_{期末}$100 000 元 = 负债$_{期末}$20 000 元 + (所有者权益$_{期初}$50 000 元 + 利润 30 000 元)

或

资产$_{期末}$100 000 元 = 负债$_{期末}$20 000 元 + 所有者权益$_{期末}$80 000 元

会计等式及其反映的经济内容，是建立复式记账的基础，也是处理经济业务、编制会计分录、编报财务报表的依据，因此，会计等式在会计核算中具有举足轻重的地位。

三、经济业务对会计等式的影响

由上可知，经济业务的发生会影响会计要素的变化，从而对会计等式产生影响，且每一项经济业务都会有双重影响，即可能会对不同的会计要素或同一个会计要素内部的不同项目产生影响，这种影响虽然会导致资产总额或权益总额发生变化，或资产和权益的构成项目发生变化，但不会破坏会计等式的平衡性。

【例 2-6】××数码公司，本月从批发商购得 160 000 元的数码产品，款项全部以现金支付。

该笔经济业务导致××数码公司的商品增加 160 000 元，但现金减少 160 000 元，企业的资产总额不变，依然是 70 000 元（70 000−160 000+160 000），资产、负债和所有者权益的平衡关系不变，会计等式依然为：

资产$_{期末}$70 000 元 = 负债$_{期末}$20 000 元 + 所有者权益$_{期初}$50 000 元

【例 2-7】本月××数码公司销售商品的收入共计 200 000 元，全部收到现金。

该笔经济业务使企业现金增加 200 000 元，销售收入也增加 200 000 元。于是资产总额变为 270 000 元（70 000+200 000），负债和所有者权益保持不变，收入为 200 000 元，会计等式为：

$$资产_{期末}270\ 000元=负债_{期末}20\ 000元+所有者权益_{期初}50\ 000元+收入200\ 000元$$

【例 2-8】××数码公司第一个月发生的交通费、电话费等共计 10 000 元，全部用现金支付。

此项经济业务使企业的资产（现金）减少 10 000 元，费用增加 10 000 元，其他会计要素保持不变。会计等式变为：

$$资产_{期末}260\ 000元+费用10\ 000元$$
$$=负债_{期末}20\ 000元+所有者权益_{期初}50\ 000元+收入200\ 000元$$

【例 2-9】本月××数码公司购进的 160 000 元数码产品全部销售出去，结转其成本。

按照配比原则，在确认 200 000 元销售收入的当期应当确认与其相关的成本费用——该笔商品的进货成本，于是经营过程中的费用增加 160 000 元；另外，因为商品已经销售，库存的数码产品减少 160 000 元。此时的会计等式为：

$$资产_{期末}100\ 000元+费用170\ 000元$$
$$=负债_{期末}20\ 000元+所有者权益_{期初}50\ 000元+收入200\ 000元$$

整理可得

$$资产_{期末}100\ 000元=负债_{期末}20\ 000元+所有者权益_{期初}50\ 000元+$$
$$(收入200\ 000元-费用170\ 000元)=负债_{期末}20\ 000元+$$
$$所有者权益_{期初}50\ 000元+利润30\ 000元$$

由于利润归投资者所有，因此上式变为：

$$资产_{期末}100\ 000元=负债_{期末}20\ 000元+所有者权益_{期末}80\ 000元$$

由以上例题可以看出，经济业务对会计等式的影响有一定的规律可循，要么对会计等式的两边都产生影响，但变化后两边的金额依然相等，要么只对等式的一边产生影响，但变化后总额不变。概括来说，经济业务对会计等式的影响有四大类，分别为：

（1）一项资产或费用增加，另一项资产或费用减少，增减金额相等；

（2）一项权益或收入增加，另一项权益或收入减少，增减金额相等；

（3）资产（或费用）与权益（或收入）同时增加，双方增加金额相等；

（4）资产（或费用）与权益（或收入）同时减少，双方减少金额相等。

经济业务对会计等式的影响还可以用图示的方式表示，如图 2-2 所示。

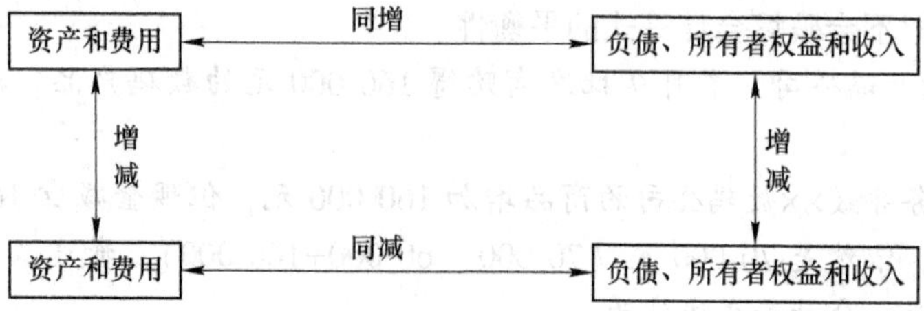

图 2-2　经济业务对会计等式的影响

【思政案例】

存贷双高的康美药业：300亿元的财务谎言

2019年，康美药业的近300亿元财务造假案震惊了整个中国资本市场。此前很长一段时间，这家企业是A股市场上被人追捧的大白马，被誉为中国民族医药健康产业的一面旗帜。如今神话破灭，成为A股史上最大规模财务造假案的企业，终将走向末路。

康美药业于2002年上市后，一直保持很高的增长速度，巅峰时期的市值接近1 400亿元。而从巅峰到坠落，只有短短几个月时间。康美药业风波始于2018年10月，有媒体发文质疑康美药业“存贷双高”，公司在拥有大笔现金的同时，还借入大笔有息负债。康美药业的股价随即开始跳水，从最高时的每股21.88元跌到2018年12月底的每股9.08元，短短两个月缩水一半还多。截至2021年4月16日，康美药业股票市值只剩102亿元。康美药业发布业绩下滑公告披露，预计2020年净利润亏损为244.8亿~299.2亿元，日均亏损约1亿元。

市场的反应引起了监管层的注意。2018年12月，因涉嫌信息披露违法违规，康美药业被证监会立案调查，财务造假事件开始败露。2020年5月，中国证监会发布行政处罚决定书（(2020) 24号）认定，2016—2018年年度报告中，康美药业营业收入、利息收入、营业利润、货币资金、固定资产、在建工程、投资性房地产，存在虚假记载。其中2016年虚增营业收入206.4亿元，2017年虚增100.3亿元，2018年半年度虚增84.8亿元。康美药业通过财务不记账、虚假记账，伪造、变造大额定期存单或银行对账单，配合营业收入造假伪造销售回款等方式，虚增货币资金，其中2016年虚增225.5亿元，2017年虚增299.4亿元，2018年虚增361.9亿元；另外还虚增固定资产、在建工程、投资性房地产共36.1亿元。

证监会对康美药业信息披露违法违规行为做出行政处罚及市场禁入决定，公司及相关人员涉嫌犯罪行为被移送司法机关。

2020年7月9日，公司实际控制人马兴田因涉嫌违规披露、不披露重要信息罪被公安机关采取强制措施。

2021年2月，为康美药业提供审计服务的会计师事务所及其4名注册会计师被证监会认定出具存在虚假记载的审计报告、未对康美药业业务管理系统实施相应审计程序、未获取充分适当的审计证据、对康美药业财务报表审计存在缺陷，受到处罚。对该所处罚创下会计师事务所被罚金额最大的新纪录。注册会计师中3人被警告、罚款和证券市场禁入，1人被警告和罚款。

（资料来源：中国证券监督管理委员会官网）

【思政说明】

根据会计等式平衡原理，康美药业在虚增收入（利润）的同时，必须虚增资产或虚减负债，才能够满足平衡要求。康美药业便采用虚增货币资金和固定资产等典型的粉饰手段，导致银行存款、有息贷款即“存贷双高”的异常现象，引起业界质疑，最终被证实财务造假。从会计技术角度讲，根据会计等式平衡原理的要求，虚增的利润往往需要虚增资产来掩饰，资产的不真实一旦暴露，必将使利润造假行为无处遁形，造假企业终将自食恶果。

企业与人一样，往往对自身的蜕变很难察觉，那些由盛转衰的企业，开始也都认为自己不会重蹈覆辙，但由于缺乏积极的企业价值观念，很难抵御诱惑和挫折，缺乏明辨是非的标准，缺乏诚信为本、遵纪守法的原则，随着环境的改变，自身也就会发生堕落。这也就不难理解，为什么很多像康美药业一样一时得势的企业最终却变成了“流星”。从康美药业“神话”破灭，可见诚信守法对企业和个人的重要，作为会计从业人员，更是必须秉承诚信为本、操守为重、遵循准则、不做假账的原则。

【自测题】

一、单项选择题

(1) 某项经济业务使固定资产和实收资本同时增加，该项经济业务应表述为（　　）。
A. 购入全新的固定资产　　B. 出售全新的固定资产
C. 用固定资产对外投资　　D. 接受投资人的固定资产投资

(2) 某企业发生一笔广告费，但尚未支付，这项经济业务对会计要素的影响是（　　）。
A. 费用增加，负债增加　　B. 费用增加，负债减少
C. 负债增加，所有者权益增加　　D. 负债增加，资产减少

(3) 下列引起所有者权益总额增加的情况是（　　）。
A. 资产与负债同增　　B. 资产与负债同减
C. 资产增加，负债减少　　D. 资产减少，负债增加

(4) 下列各项目中不属于资产的是（　　）。
A. 预付账款　　B. 专利权　　C. 应收账款　　D. 预收账款

(5) 下列经济业务中，影响会计等式总额发生变化的是（　　）。
A. 以银行存款 50 000 元购买材料　　B. 购买机器设备 20 000 元，货款未付
C. 结转完工产品成本 40 000 元　　D. 收回客户所欠的货款 30 000 元

(6) 下列经济活动中，引起资产和负债同时减少的是（　　）。
A. 以银行存款偿付前欠货款　　B. 购买材料货款尚未支付
C. 收回应收账款　　D. 接受其他单位捐赠新设备

(7) 下列经济活动中，引起负债之间彼此增减的是（　　）。
A. 收到应收账款，存入银行　　B. 向银行借入款项直接偿还应付账款
C. 用银行存款偿还长期负债　　D. 用现金支付职工工资

(8) 费用是指企业销售商品、提供劳务等日常活动所发生的（　　）。
A. 经济利益的流出　　B. 生产费用
C. 财务耗费　　D. 经济损失

(9) 某企业本期期初资产总额为 10 万元，本期期末负债总额比期初减少 1 万元，所有者权益比期初增加 3 万元。该企业期末资产总额是（　　）。
A. 9 万元　　B. 13 万元　　C. 10 万元　　D. 12 万元

(10) 某企业资产总额为 200 万元，当发生下列三笔经济业务后：①向银行借款 20 万元存入银行；②用银行存款偿还应付账款 15 万元；③收回应收账款 10 万元存入银行。其权益总计为（　　）万元。
A. 205　　B. 235　　C. 230　　D. 245

二、多项选择题

(1) 一项所有者权益增加的同时，引起的另一方面变化可能是（　　）。

A. 一项资产增加　　B. 一项负债增加
C. 一项负债减少　　D. 另一项所有者权益减少

(2) 下列项目中，属于企业流动资产的有（　　）。

A. 银行存款　　B. 预收账款　　C. 应收账款　　D. 库存商品

(3) 下列各项目中反映企业财务状况的会计要素有（　　）。

A. 资产　　B. 所有者权益　　C. 负债　　D. 收入

(4) 下列项目中属于资产的有（　　）。

A. 应收账款　　B. 预收账款　　C. 应付账款　　D. 预付账款

(5) 收入将导致企业（　　）。

A. 现金流出　　B. 资产增加　　C. 资产减少　　D. 负债减少

(6) 在下列各项业务中，不影响资产总额的有（　　）。

A. 用银行存款购入原材料　　B. 从银行提取现金
C. 用银行存款购入 A 公司股票　　D. 用银行存款预付材料定金

(7) 企业的投入资本是（　　）。

A. 企业所有者权益构成的主体
B. 企业注册成立的基本条件之一
C. 企业投资者对企业净资产的所有权
D. 投资者实际投入企业经营活动的各种财产物资和货币资金

(8)“资产=负债+所有者权益”会计恒等式是（　　）。

A. 设置账户的理论依据　　B. 复式记账的理论依据
C. 反映企业资产归属关系的等式　　D. 编制资产负债表的理论依据

(9) 一个企业的资产总额与权益总额是相等的，这是因为（　　）。

A. 资产和权益是同一资金的两个侧面
B. 任何权益都能形成相应的资产
C. 某一具体资产项目的增加，总是同另一具体权益项目的增加同时发生
D. 权益方内部项目的此增彼减变化，不影响资产总额与权益总额的变动

(10) 下列业务中引起所有者权益增加的业务有（　　）。

A. 以银行存款投资办子公司　　B. 公司投资者给公司投入设备
C. 投资者代公司偿还欠款　　D. 以盈余公积金转增资本金

三、判断题

(1) 所有经济业务的发生，都会引起会计等式两边发生变化。（　　）

(2) 会计要素中既有反映财务状况的要素，也有反映经营成果的要素。（　　）

(3) 一项经济业务的发生引起所有者权益的增加和负债的减少，会计基本等式的平衡关系不受影响。（　　）

(4) 会计恒等式是设置会计科目、复式记账和试算平衡的依据。（　　）

(5) 净资产是资产总额减去负债总额后的差额。（　　）

(6) 负债是企业过去的交易或事项所引起的潜在义务。（　　）

(7) 凡不引起企业资产、负债、所有者权益、收入、费用和利润这六大会计要素增减变动的事项都不属于企业的会计事项。 ( )

(8) 某一财产物资要成为企业的资产，其所有权必须属于企业。 ( )

(9) 若某项资产不能为企业带来经济利益，即使是由企业拥有或控制的，也不能作为企业的资产在资产负债表中列示。 ( )

(10) 流动负债是指将在一年内偿还的债务。 ( )

【综合实训】

综合实训 1

[目的] 熟悉资产、负债、所有者权益的内容。

[资料] 某公司 20××年 1 月 1 日的财务状况如下：

(1) 库存现金 10 000 元；

(2) 银行存款 200 000 元；

(3) 库存材料 110 000 元；

(4) 产成品 50 000 元；

(5) 应收货款 150 000 元；

(6) 厂房建筑物及各种设备 400 000 元；

(7) 国家投入资本 700 000 元；

(8) 向银行借入短期借款 200 000 元；

(9) 应付××机械厂货款 20 000 元。

[要求]

(1) 根据上述资料确定资产、负债及所有者权益项目。

(2) 分别加计资产、负债及所有者权益的总额，并对该结果加以简要说明。

综合实训 2

[目的] 检验学习者对于会计等式知识的掌握和应用能力。

[资料] 某公司 20××年 7 月 1 日的财务状况及当月发生的交易或事项如下。

(1) 7 月 1 日资产 200 000 元，负债 20 000 元，所有者权益 180 000 元。

(2) 当月发生如下交易或事项（此处暂不考虑增值税的影响）：

1) 投资者追加投资 50 000 元，已到账；

2) 从银行借入临时性经营用资金 30 000 元，期限为 3 个月，利率为 5%；

3) 购入商品 80 000 元用于销售，货款通过银行支付；

4) 将购入的商品全部售出，售价为 100 000 元，货款已收到；

5) 用银行存款支付工人工资 20 000 元；

6) 用银行存款偿还前期借款 20 000 元；

7) 将上半年实现利润中的 20 000 元进行分配，款项尚未支付；

8) 将盈余公积 8 000 元转增资本。

[要求]

(1) 根据所给资料，利用表 2-2 判断交易或事项对会计等式影响的类型，分析每一笔交易或事项影响会计等式的过程及结果。

表 2-2 某公司 20××年 7 月 1 日财务状况

交易或事项	作业要求	会计等式				
		资产+费用=负债+所有者权益+收入				
20××年 7 月 1 日余额						
(1)	经济业务类型					
	会计要素及方向					
	影响金额					
	等式变动结果					
(2)	经济业务类型					
	会计要素及方向					
	影响金额					
	等式变动结果					
(3)	经济业务类型					
	会计要素及方向					
	影响金额					
	等式变动结果					
(4)	经济业务类型					
	会计要素及方向					
	影响金额					
	等式变动结果					
(5)	经济业务类型					
	会计要素及方向					
	影响金额					
	等式变动结果					
(6)	经济业务类型					
	会计要素及方向					
	影响金额					
	等式变动结果					

续表 2-2

交易或事项	作业要求	会计等式 资产+费用=负债+所有者权益+收入				
(7)	经济业务类型					
	会计要素及方向					
	影响金额					
	等式变动结果					
(8)	经济业务类型					
	会计要素及方向					
	影响金额					
	等式变动结果					

（2）用文字总结出交易或事项影响会计等式的种类，并分析为什么交易或事项的发生不会影响会计等式的平衡关系。

第三章　会计科目、账户和复式记账原理

【学习目标】

➢ **知识目标**

(1) 掌握会计科目和会计账户的概念与设置，以及其按照经济内容的基本分类；掌握复式记账法与借贷记账法的含义，以及借贷记账法下的账户结构。

(2) 熟悉会计账户的结构。

(3) 了解会计科目的设置原则以及会计科目与会计账户的关系。

➢ **素养目标**

可以将生活中的事项分别设置不同科目和账户进行分类核算，科学管理人生。日常生活中遵守能量守恒定律。有借必有贷，有付出才能有收获。

(1) 培养分类及管理的科学思维方式。

(2) 树立总与分的辩证统一思想。

(3) 建立“饮水思源”的基本良知，在内心设置一个“人生账户”。

(4) 形成实事求是的工作态度。讲清楚每一笔资金的来龙去脉，将复式记账原理运用于日常的生活和工作。

【引导案例】

通过前面两章的学习，同学们已对会计有了初步的了解。有的同学开始尝试将自己的日常收支记流水账了吧，记流水账对我们个人或家庭来说，因收支情况简单，这种方法还可行，但是公司业务繁杂，用流水账来记录企业的经济业务，肯定不行。

1494 年，意大利数学家卢卡·帕乔利发明了一种现今在世界各地都采用的方法——复式记账法。复式记账法的基本思想很简单：把公司所发生的每笔业务都以相等的金额同时在两个或两个以上有相互联系的账户中进行登记。复式记账法比简单地记流水账先进很多，该方法自从意大利传至我国后一直使用至今。

第一节　会 计 科 目

会计要素是根据交易或事项的经济特征对会计对象进行的基本分类，这种分类可以使会计系统科学严密，为投资者等信息使用者提供更加有用的信息。但仅将会计对象分成六类会计要素进行核算，显得较为笼统，难以体现会计信息的明晰性和层次性，也难以满足经营管理逐级记录、逐级考核和逐级控制的需要，尤其是对资产内部一增一减或负债和所有者权益内部一增一减的经济业务，反映不够明确。因此，需要对会计要素进一步分类，设置具体的会计科目。

一、会计科目的含义

会计科目是指对会计要素的具体内容进行分类核算的项目、标识或名称。每一个会计科目只能反映会计要素的某一类具体内容的经济业务，同理，每一类经济业务只能由一个会计科目进行核算。如根据资产这一会计要素各个组成部分的不同特点，可以将其划分为"库存现金""银行存款""其他货币资金""应收票据""应收账款""预付账款"等会计科目，分别反映企业货币资金和不同债权的增减变动及结余情况。而且，每一个会计科目只能核算资产这一会计要素的某些特定内容，如"银行存款"科目只核算企业存入银行或其他金融机构的各种款项。

会计科目的设置是会计核算和管理的基础。会计科目分类可以反映企业的资金运动情况，会计科目还是组织会计核算、设置会计账户和进行账务处理的依据和手段，所以其设置必须遵循一定的原则。

二、会计科目的规范

会计科目的规范是指设置会计科目的规定和要求。设置会计科目是进行交易或事项处理的前提，是企业组织财务会计工作的重要内容之一。一般而言，企业会计部门应根据本企业交易或事项的经济性质划分会计要素，并在此基础上设置会计科目，以便为会计账户的设立提供依据。在我国，考虑到会计人员素质的现实状况，也为了使不同企业提供的会计信息口径统一、相互可比，财政部颁发的《企业会计准则——应用指南》对各类企业的会计科目做出了统一规范，企业可以根据实际需要有选择地使用这些会计科目，作为设置账户的依据。一般企业应设置的部分会计科目见表 3-1。

表 3-1 《企业会计准则——应用指南》统一规范的一般企业部分会计科目

编号	会计科目名称	编号	会计科目名称
一、资产类		1221	其他应收款
1001	库存现金	1231	坏账准备
1002	银行存款	1401	材料采购
1101	交易性金融资产	1402	在途物资
1121	应收票据	1403	原材料
1122	应收账款	1404	材料成本差异
1123	预付账款	1405	库存商品
	合同资产*	1411	周转材料
	合同资产减值准备*	1471	存货跌价准备
1131	应收股利	1511	长期股权投资
1132	应收利息	1512	长期股权投资减值准备

续表 3-1

编号	会计科目名称	编号	会计科目名称
1601	固定资产	三、所有者权益类	
1602	累计折旧	4001	实收资本
1603	固定资产减值准备	4002	资本公积
1604	在建工程	4003	其他综合收益
1605	工程物资	4101	盈余公积
1606	固定资产清理	4103	本年利润
1701	无形资产	4104	利润分配
1702	累计摊销	四、成本类	
1703	无形资产减值准备	5001	生产成本
1801	长期待摊费用	5101	制造费用
1901	待处理财产损溢	五、损益类	
二、负债类		6001	主营业务收入
2001	短期借款	6051	其他业务收入
2201	应付票据	6111	投资收益
2202	应付账款	6115	资产处置损益
2203	预收账款	6301	营业外收入
2204	合同负债	6401	主营业务成本
	租赁负债*	6402	其他业务成本
2211	应付职工薪酬	6403	税金及附加
2221	应交税费	6601	销售费用
2231	应付利息	6602	管理费用
2232	应付股利	6603	财务费用
2241	其他应付款	6701	资产减值损失
2501	长期借款	6711	营业外支出
2502	应付债券	6801	所得税费用
2701	长期应付款	6901	以前年度损益调整
2801	预计负债		

* 会计科目编号尚不明确，企业可结合情况自行确定。

三、会计科目的设置原则

会计科目设置不但对会计账户的设置和报表编制有直接的影响，还会对会计核算的质量和会计管理的水平产生一定影响。各单位必须按照企业会计准则的规定设置和使用会计科目，并遵循以下原则。

（1）全面地反映企业会计要素的内容。企业在确定需要设置哪些会计科目时，必须从其会计要素内容的实际状况出发。企业应根据其资产、负债、所有者权益、收入、费用和利润会计要素内容设置数量足够的会计科目，使这些会计科目能够全面地反映会计要素的全部内容，为完整账户体系的建立提供充分保证。

（2）满足使用者掌握企业信息的需求。会计信息使用者不仅需要了解企业资产、负债和所有者权益等要素反映的财务状况总体信息，以及收入、费用和利润等要素反映的企业经营成果总体信息，而且需要了解这些要素的具体分布或构成的详细信息。企业在设置会计科目时，应从便于使用者了解不同层面信息的角度予以全面考虑。

（3）既满足账务处理需要又相对稳定。企业应根据其自身经营活动的特点，设置能够满足其进行交易或事项账务处理需要的会计科目。例如，产品生产企业的主要经营活动是进行产品的生产和销售，除了应设置与其他会计主体具有共性的一些会计科目外，还应专门设置反映产品生产成本和反映产品销售收入等特有内容的会计科目。此外，设置的会计科目一般应保持相对稳定，不宜经常变动。

（4）体现统一性与灵活性的密切结合。统一性是指企业在设置会计科目时，应严格按照我国相关会计规范的规定进行会计科目的设置，使各个企业之间在会计科目的设置上保持高度统一。灵活性是指在不违反会计准则关于确认、计量和报告规范的前提下，各企业可根据实际情况自行增设、分拆和合并会计科目。例如，在预付账款不多的企业，可以将预付账款内容合并入应付账款科目等，减少会计科目的设置数量。

（5）会计科目简明清晰且使用方便。每一个会计科目都包含了特定的核算内容，在设置会计科目时，应对每个科目的核算内容加以明晰界定，会计科目的名称应当文字简明、含义明确、通俗易懂，以便于会计人员在进行交易或事项的处理过程中准确应用。

四、会计科目的级次

按照会计要素的具体内容多层次地分类设置会计科目，形成了完整的会计科目体系，会计科目的级次是指企业设置的会计科目在整个会计科目体系中所处的层次。会计科目按其提供会计信息的详细程度不同可分为如下两类。

（一）总分类科目

总分类科目是对会计要素内容进行总括分类形成的项目，也称一级科目或总账科目，是会计上对会计要素的具体内容进行总分类核算的依据，利用总分类科目设置的账户可以提供总括的会计信息。例如，“库存现金”“银行存款”“原材料”“库存商品”“应收账款”等科目，都是对资产要素进行基本分类以后形成的科目，即总分类科目。我国《企业会计准则——应用指南》中规定的会计科目都属于总分类科目。根据规范要求，产品生产企业主要应设置资产、负债、所有者权益、成本和损益五类会计科目。会计科目的这种分类方法与会计要素之间的关系如图 3-1 所示。

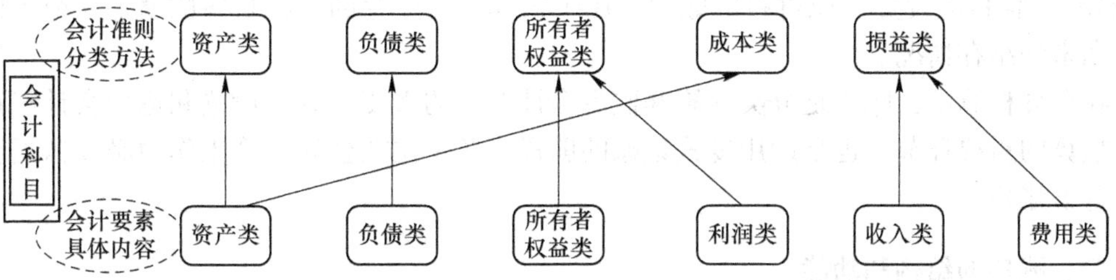

图 3-1　企业会计准则中会计科目的分类方法及其与会计要素的关系

在上述分类方法中，负债类科目反映的内容与负债要素的内容相同。而其与会计要素之间的不同点在于：其一，利润类科目（如“本年利润”和“利润分配”）归并入所有者权益类科目，体现了利润的所有权属于所有者这一经济实质；其二，收入类和费用类科目（如属于收入性质的“主营业务收入”和“其他业务收入”，属于费用性质的“主营业务成本”“其他业务成本”“税金及附加”“管理费用”等）被合并为损益类科目，这样的合并有利于企业进行利润（或亏损）的计算；其三，将资产要素中的一部分科目（如“生产成本”“制造费用”“在途物资”等）独立出来专门设立成本类科目，这样做体现了产品生产企业对各类成本计算对象进行成本计算的特殊需求。

（二）明细分类科目

明细分类科目简称明细科目，是在对会计要素内容进行总括分类的基础上再进行详细分类而形成的项目。明细分类科目是在会计上对会计要素的具体内容进行明细分类核算的依据，利用明细分类科目设置的账户可以提供更为详细的会计信息。

明细科目可比照《企业会计准则——应用指南》中关于“会计科目和主要账务处理”的规定，由企业根据交易或事项处理和提供会计信息的需要自行设置。例如，企业要全面完整地反映应收账款情况，提供应收账款的总括信息，应设置“应收账款”科目；而要具体反映应收账款的明细情况，提供应收账款的详细信息，就应对所有的应收账款按欠款单位（债务人）做进一步分类，在“应收账款”总分类科目下，按照债务人的名称设置相应的明细科目，以便具体反映是哪个单位所欠的款项。

第二节　会计账户

会计科目的设置解决了对会计要素按具体内容进行分类，从而为会计信息使用者提供科学、详细的分类指标的问题，使会计系统能够将复杂的经济信息转化为有规律、易识别的会计信息。但会计科目只是一种分类的项目、标识或名称，其本身没有结构，无法对经济业务进行连续、动态的反映，为解决此问题，需引入会计账户的概念。

一、会计账户的概念

会计账户是依据会计科目开设的，具有一定格式和结构，用来分类、连续地记录和汇总经济业务增减变动情况及其结果的一种记账实体或记账载体。每个账户都反映一定的经济业务内容，有一定的结构，用来核算反映经济业务的增加、减少以及结余情况。例如，

“原材料”科目应设置“原材料”账户，用于核算企业库存的各种材料的增加、减少以及会计期末的结存情况。

在会计核算中，账户是分类核算和监督会计对象的重要工具，设置和运用会计账户是会计核算的重要环节，也是运用复式记账的前提，各单位在会计核算工作中必须依据会计科目开设账户。

二、账户的结构和功能

（一）账户的基本结构

账户的基本结构是指在账户的全部结构中用来登记增加额、减少额和余额的那部分结构。

对发生的交易或事项，需要在账户中记录的内容很多，包括交易或事项的发生时间、记录的依据、基本内容、增加额、减少额和余额等。其中增加额、减少额和余额尤为重要，因为这些信息是交易或事项以货币为主要计量单位计量所形成的信息，对于反映各账户的增减变动情况及其结果，以及最终报告会计信息是不可缺少的。因而，在会计上一般将账户中用来记录增加额、减少额和余额的那部分结构称为账户的基本结构。表 3-2 为账户的一般结构。

表 3-2 三栏式账户

年		凭证编号	摘要	借方	贷方	余额
月	日					

注：借贷记账法下，以借或贷来表示增加或减少方向。

为了便于理论与教学研究，也为了日常业务汇总与试算平衡的方便，账户的格式常常可以简化为左右两方，形成一个 T 形账户，如图 3-2 所示。

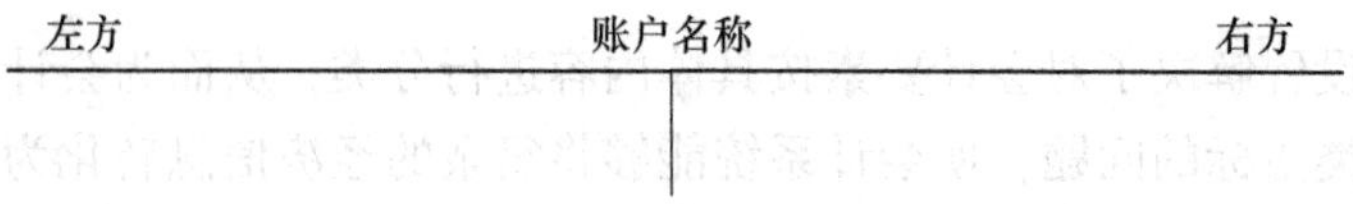

图 3-2 T 形账户

（二）账户的主要功能

账户的主要功能是提供一系列有用的信息数据，这些信息数据主要是以价值形式体现出来的，包括期初余额、本期增加发生额合计、本期减少发生额合计和期末余额。以“库存现金”账户为例，账户提供的主要信息数据如图 3-3 所示。

借方	库存现金		贷方
期初余额	1 500	(2)	500
(1)	900	(4)	300
(3)	800	(5)	1 400
本期增加发生额合计	1 700	本期减少发生额合计	2 200
期末余额	1 000		

图 3-3　账户提供的主要信息数据

图 3-3 中，在借贷记账法下，是在“库存现金”账户的借方记录增加额，在贷方记录减少额。为简便起见，利用 T 形账户记录交易或事项时，可只填写交易或事项发生的顺序编号及其变动的金额。在该举例中是假定某企业本月发生了两笔库存现金的收款交易，即（1）（3）；发生了三笔库存现金的付款交易，即（2）（4）（5）。

从账户所记录的内容及结果来看，以下四个信息数据很有实用价值。

（1）期初余额。期初余额是指在某一会计期间开始时该账户的结余金额，这个余额一般是从上一个会计期末结转而来的。例如，在图 3-3 中，假定“库存现金”账户登记的是某企业某年 10 月发生的交易或事项，那么，其中的“期初余额 1 500”就应是本年度该账户 9 月末的余额。期初余额也是在账户中记录本会计期间发生的交易或事项的起点。

账户如有期初余额，一般应登记在账户中用来记录增加额的那一方。在借贷记账法下，“库存现金”账户是用借方记录增加额的，从上月结转过来的期初余额（月初余额）相应地应登记在借方。而在有些账户中是用贷方记录增加额的，该账户的期初余额就相应地登记在贷方。

（2）本期增加发生额合计。该发生额合计是指在本会计期间新发生的若干交易或事项所引起的该账户增加额的合计数。例如，在图 3-3 中，“本期增加发生额合计 1 700”就是本月发生的（1）（3）两项交易增加额的合计数。提醒注意，在“本期增加发生额合计 1 700”中并不包括期初余额。

（3）本期减少发生额合计。该发生额合计是指在本会计期间新发生的若干交易或事项所引起的该账户减少额的合计数。例如，在图 3-3 中，“本期减少发生额合计 2 200”就是本月发生的（2）（4）（5）三项交易减少额的合计数。

（4）期末余额。期末余额是指在某一会计期间终了时（假定为 10 月 31 日），经过计算而得到的该账户的结余金额。基本计算公式为：

$$期末余额 = 期初余额 + 本期增加发生额合计 - 本期减少发生额合计$$

例如，在图 3-3 中，“库存现金”账户的“期末余额 1 000”就是利用“期初余额 1 500”加上“本期增加发生额合计 1 700”，再减去“本期减少发生额合计 2 200”而得到的。可见，期末余额是本会计期间该账户增减变动的结果。将本会计期间该账户的期末余额结转下期（如 11 月）就是下一会计期间该账户的期初余额（即 11 月 1 日该账户期初余额为 1 000）。

账户如有期末余额，一般也应登记在账户中用来记录增加额的一方。

三、会计账户与会计科目的区别和联系

会计科目和会计账户是两个既有区别又相互联系的概念。会计科目的名称、内容和性

质决定着会计账户的名称、内容和性质，二者之间的联系表现在以下三个方面。首先，会计科目和会计账户都分门别类地反映会计要素的具体内容，即两者反映的经济内容一致。其次，会计账户需要根据会计科目开设，会计科目是会计账户的名称。最后，两者的分类与核算方法相同。会计科目的分类与会计账户的分类相同，即某个科目所属类别与账户所属类别一致，它们的核算方法也相同。例如，“银行存款”科目和“银行存款”账户均反映企业存入银行或其他金融机构的各种款项，二者反映的经济内容一致；“银行存款”账户的名称即“银行存款”科目；“银行存款”科目属于资产类的会计科目，“银行存款”账户也属于资产类的会计账户，“银行存款”科目规定的企业银行存款的核算方法也是“银行存款”账户对企业存入银行或其他金融机构的各种款项的核算方法。

会计科目和会计账户的区别主要表现在以下两个方面。一方面，二者的特征不同。会计科目只表明某项会计要素的具体内容，无法提供核算数据，而会计账户不仅表明相同的内容，还具有一定的结构、格式，可以对会计要素进行连续、系统的记录，以反映某项经济业务内容的增减变化及其结果，为经济管理提供量化的核算资料。另一个方面，二者的作用不同。会计科目主要是为开设账户、填制记账凭证所用，而会计账户主要是系统地提供某一具体会计对象的核算资料，为编制财务报表和经营管理所用。但在实际工作中，对会计科目和会计账户这两个概念不加严格区分，二者往往通用。

四、会计账户的分类

会计账户是对经济业务分类记录的“门户”，每一个账户都有其特定的核算内容，只能对特定经济业务进行核算，也只能从某一个侧面反映会计要素的变化过程及其结果。但如上所述，会计要素的具体内容很多，为全面、连续、系统地对会计要素的增减变化情况进行反映，企业对经济业务的核算就必须设置很多不同的账户。这些账户之间既有区别又有联系，共同构成一个完整的会计账户体系。为掌握各类账户在提供会计信息方面的规律性，探讨账户之间的内在联系，更好地了解和运用账户，应对账户进行科学的分类。

（一）会计账户按经济内容分类

会计账户按经济内容分类，也称账户按会计要素分类，是账户的基本分类。账户的经济内容是账户所反映和监督的会计要素的具体内容，各账户之间的根本差别就在于其所反映的经济业务内容不同。由于账户是根据会计科目开设的，会计科目的内容就是账户的内容，账户按经济内容分类的结果应该与会计科目按经济内容分类的结果相同，其五类为资产类账户、负债类账户、所有者权益类账户、收入类账户和费用类账户。

（1）资产类账户。资产类账户是反映企业资产的增减变动及其余额的账户。资产类账户按流动性的不同可分为反映流动资产的账户和反映非流动资产的账户两类。反映流动资产的账户主要包括“库存现金”“银行存款”“应收票据”“应收账款”“预付账款”“在途物资”“原材料”“库存商品”“其他应收款”等；反映非流动资产的账户主要包括投资类、固定资产类、无形资产类、长期债权类等类别，如投资类的“债权投资”“长期股权投资”等账户，固定资产类的“固定资产”“累计折旧”“在建工程”“工程物资”“固定资产清理”等账户，无形资产类的“无形资产”“累计摊销”等账户，长期债权类的“长期应收款”等账户。

（2）负债类账户。负债类账户是反映企业负债的增减变动及结存情况的账户，对涉及负债变化的经济业务的影响进行分类计算和反映。负债类账户按照负债的还款期不同可分为流动负债类和非流动负债类两类。流动负债类账户包括“短期借款”“应付票据”“应付账款”“预收账款”“应付职工薪酬”“应交税费”“其他应付款”等；非流动负债类账户包括“长期借款”“应付债券”“长期应付款”“预计负债”等。

（3）所有者权益类账户。所有者权益类账户是反映企业所有者权益的增减变动及结存情况的账户，对涉及所有者权益变化的经济业务的影响进行分类计算和反映。按照所有者权益的来源和构成，又可以分为反映投资者投入资本的账户、反映留存收益的账户、反映企业利润实现和分配情况的账户以及反映所有者权益其他来源的账户。反映投资者投入资本的主要有“实收资本”和“资本公积”账户；反映留存收益的主要包括“盈余公积”和“未分配利润”账户；反映利润实现情况的主要有“本年利润”账户等；反映利润分配的主要有“利润分配”账户等；反映所有者权益其他来源的主要有“其他综合收益”账户（核算直接计入所有者权益的利得和损失等）。

（4）收入类账户。收入类账户是反映企业生产经营过程中取得各种营业收入情况的账户。这里的收入是广义的收入，既包括会计准则中定义的收入，也包括企业在生产或商业上的其他经济利益流入。按照收入与生产经营活动的关系，将其分为营业收入类账户和非营业收入类账户。营业收入类账户包括“主营业务收入”“其他业务收入”“其他收益”等；非营业收入类账户主要有“营业外收入”等。

（5）费用类账户。费用类账户是反映企业生产经营过程中发生的各种耗费情况的账户。这里的费用是广义的费用，既包括会计准则中定义的费用，也包括企业在其他经济业务中的其他花费。按照费用与企业的生产经营活动是否相关，可以将费用类会计账户划分为营业费用类账户和非营业费用类账户。营业费用类账户主要有“主营业务成本”“其他业务成本”“税金及附加”“管理费用”“销售费用”“财务费用”“所得税费用”等；非营业费用类账户主要有“营业外支出”等。

（二）会计账户按提供指标的详细程度分类

会计账户按提供指标的详细程度可分为总分类账户和明细分类账户。

（1）总分类账户。总分类账户也称一级账户，是按照总分类科目设置，只以货币作为计量单位，提供总括核算指标的账户。如根据“原材料”科目开设“原材料”总分类账户对企业库存原材料的增减变化情况进行总括反映。但当企业的原材料品种较多时，仅仅进行总分类核算就不能满足经济管理的要求，而需要进行明细核算，设置明细分类账户。

（2）明细分类账户。明细分类账户是按照明细科目设置地对企业经济业务的具体内容进行明细核算，提供详细核算资料的账户。明细分类账户是在明细分类账簿中按照二级或三级科目等开设的账户，它提供的是企业某一经济业务具体内容的明细核算指标。除可以用货币计量，还可以用实物量度（件、千克、吨等）进行辅助计量。下面以“原材料”账户为例，说明账户按提供指标详细程度的分类，见表3-3。

表 3-3 账户按提供指标详细程度的分类

<table>
<tr><th>总分类账户</th><th>二级账户</th><th>明细分类账户</th></tr>
<tr><td rowspan="9">原材料</td><td rowspan="3">原料及主要材料</td><td>铁矿石</td></tr>
<tr><td>废钢</td></tr>
<tr><td>生铁</td></tr>
<tr><td rowspan="3">辅助材料</td><td>耐火材料</td></tr>
<tr><td>增碳剂</td></tr>
<tr><td>浇注料</td></tr>
<tr><td rowspan="3">燃料</td><td>焦炭</td></tr>
<tr><td>烟煤</td></tr>
<tr><td>精粉</td></tr>
</table>

明细分类账户提供的明细核算指标主要是满足企业内部经营管理的需要，因此，明细分类账户由企业根据经营管理的需要和经济业务的内容自行设置。

总分类账户与明细分类账户之间是一种统驭与被统驭的关系，二者既有区别又存在一定的内在联系。二者反映的内容相同，都是企业发生的能以货币计量的经济业务；二者结合起来能够概括且详细地反映同一经济业务的核算内容。但是，二者的作用不同，总分类账户提供的是总括信息，明细分类账户提供的是详细信息；二者的计量单位也不同，总分类账户采用的均是货币指标，明细分类账户既可采用货币指标，也可采用实物量或劳动量指标。

（三）会计账户按用途和结构分类

会计账户的用途，是指通过账户的记录能够提供哪些核算指标，即设置和运用账户的目的。会计账户的结构，是指在账户中如何记录经济业务从而获得各种必要的核算指标，即账户的左右两方各核算什么内容，期末余额的方向及其说明的问题等。账户按用途和结构可以分为盘存类、结算类、集合分配类、成本计算类、跨期摊配类、损益计算类、资本类、财务成果类和调整类等。

盘存类账户是反映和监督各项财产物资和货币资金增减变动及其结存情况的账户。属于盘存类账户的有“库存现金”“银行存款”“原材料”“库存商品”“固定资产”等。

结算类账户是用来反映和监督企业与其他单位和个人之间债权债务结算情况的账户。结算类账户按其用途和结构，可分为债权结算账户、债务结算账户和债权债务结算账户三类。属于债权结算账户的有“应收票据”“应收账款”“预付账款”“其他应收款”等；属于债务结算账户的有“应付票据”“应付账款”“预收账款”“其他应付款”“短期借款”“应付职工薪酬”“应交税费”“应付股利”“应付债券”“长期借款”“长期应付款”等。如果企业不单独设置“预收账款”账户，而且“应收账款”账户同时核算企业应收账款和预收账款的增减变动情况和结果，这时的“应收账款”账户就是一个债权债务结算账户；同理，如果企业不单独设置“预付账款”账户，而用“应付账款”账户同时核算企业应付账款和预付账款的增减变动情况和结果，则此时的“应付账款”账户也是一个债权债务结算账户；在借贷记账法下，可以将“其他应收款”账户和“其他应付款”账户合并，设置一个“其他往来”账户，用来核算其他应收款和其他应付款的增减变动情况和结果，此时的“其他往来”账户也是一个债权债务结算账户。

集合分配类账户用来归集和分配企业生产经营过程中某个阶段所发生的某种费用的账户。属于集合分配类账户的有“制造费用”。

成本计算类账户是用来核算和监督经营过程中某一阶段的全部费用并直接确定各成本计算对象实际成本的账户。属于成本计算类账户的有“在途物资”“生产成本”“在建工程”等。

跨期摊配类账户是用来核算和监督应由几个会计期间共同负担的费用，并将这些费用在各个会计期间进行分摊的账户。属于跨期摊配类账户的有“长期待摊费用”。

损益计算类账户是用来归集企业生产经营过程中某个会计期间的收入和费用的账户。收入类账户和费用类账户属于损益计算类账户。

资本类账户是用来核算和监督企业取得资本和资本退出以及其实有数的账户。属于资本类账户的有“实收资本（或股本）”“资本公积”“盈余公积”“利润分配-未分配利润”等。

财务成果类账户是用来计算并确定企业在一定时期内全部经营活动最终成果的账户。属于财务成果类账户的主要是“本年利润”。

调整类账户是为了便于计算被调整账户余额而开设的账户。被调整账户反映某项经济活动的原始数据，调整账户反映被调整账户的金额变动。按照调整的方式不同，调整类账户可分为备抵账户、附加账户和备抵附加账户。备抵账户是用来冲减被调整账户余额的账户，属于备抵账户的有“坏账准备”“存货跌价准备”“累计折旧”“累计摊销”“利润分配”等；附加账户是用来增加被调整账户余额的账户，实务中很少设置纯粹的附加账户；备抵附加账户是既可以用来抵减被调整账户余额，又可以用来增加被调整账户余额，具有双重属性的账户，属于备抵附加账户的有“材料成本差异”和“商品进销差价”。

（四）会计账户按反映财务报表的内容分类

财务报表的各项指标一般根据账户数额填列，账户与财务报表之间有着密切的联系。因此，会计账户按反映财务报表的内容不同可分为资产负债表账户、利润表账户两大类。

资产负债表账户期末一般都有余额，又称实账户，是据以编制资产负债表、反映企业某一时点财务状况的账户。资产类、负债类、所有者权益类账户属于资产负债表账户。这类账户一般都有期末余额，表示企业资产、负债和所有者权益的实存数额。

收入类和费用类账户是反映企业经营成果的账户，是利润表账户，期末经过结转一般没有余额，因此也称虚账户，它们的发生额是编制利润表的主要依据。

研究会计账户按期末余额分类的目的，在于把握账户期末余额代表的内容及期末结转的规律性，以便正确地组织会计核算。

第三节　复式记账的原理

一、复式记账法

（一）复式记账法的定义

复式记账法是指对企业发生的每一笔经济业务，都要以相等的金额同时在两个或两个以上相互联系的账户中进行登记的一种记账方法。

复式记账法具有如下特点。第一，对于任何一笔经济业务均要在两个或两个以上相互联系的账户中进行登记，因此，可以根据账户的记录结果了解经济业务的来龙去脉，通过会计要素的增减变化，全面系统地了解经济活动的过程和结果。如对于用银行存款购买原材料的业务，既要在“银行存款”账户中记录银行存款的减少，也要同时在“原材料”账户中记录原材料的增加；对于购买原材料而尚未付款的业务，则既要在“应付账款”账户中记录应付账款的增加，也要同时记录一笔原材料的增加，从而使不同账户因经济业务而联系起来，成为有对应关系的账户，通过对对应账户的变化分析，可以了解经济业务的全貌。第二，因为任何一项经济业务均要以相等的金额在两个或两个以上的对应账户进行记录，所以各账户之间存在一种数字的平衡关系，可以进行试算平衡，检查账户记录的正确性。

（二）复式记账法的理论依据

复式记账法是以“资产=负债+所有者权益”这一会计恒等式为记账基础，任何一笔经济业务的发生，都会引起至少两个项目的资金增减变动，且两个项目的变动金额相等。复式记账法的理论依据主要是经济业务中交易或事项影响会计要素增减变动的内在规律性。由于每个交易或事项要同时在两个或两个以上相互联系的账户中进行记录，因此，每个交易或事项的变化都会引起两个会计要素或者同一个会计要素的两个项目发生变化。这些变化类型可能是引起会计等式左右两边同时增加或者同时减少，也可能是引起会计等式同一边的项目一增一减，增减金额相同。在会计上要全面完整地反映一项交易或事项，就必须至少运用两个相互联系的会计账户来进行记录，以便将会计要素变化了的两个或两个以上的项目记录下来，这种记录方法就是复式记账法。经济交易或事项所引起的会计要素的增减变化规律为复式记账法提供了理论依据。

复式记账法通常分为借贷记账法、增减记账法和收付记账法。借贷记账法是世界各国普遍采用的一种记账方法。目前，我国《企业会计准则》规定的记账方法是借贷记账法。

二、借贷记账法

（一）借贷记账法的定义

借贷记账法是以“借”和“贷”作为记账符号，记录交易或事项的发生和完成情况的一种复式记账方法。

从该定义可见，借贷记账法是以其记账符号命名的，这是命名记账方法的一种惯例。借贷记账法是一种应用广泛的复式记账法，这种记账方法流传数百年而不衰，足见其强大的生命力。我国现行《企业会计准则》规定：“企业应当采用借贷记账法记账。”毋庸讳言，借贷记账法是一种比较难以理解和掌握的记账方法，对于初学者更是如此。只有按照借贷记账法的组成内容，循序渐进地加以探讨，并通过实际应用加深理解，才能最终达到熟练把握这种方法的目的。

（二）借贷记账法的内容

1. 借贷记账法的记账符号

记账符号是不同记账方法的分类标准，记账符号不同，各种记账方法的账户结构也会不同。根据借贷记账法的含义，借贷记账法的记账符号为“借”和“贷”。

借贷记账法中的借和贷与具体的账户相结合，可以表示不同的意义。第一，代表账户中两个固定的部位，左方为借方，右方为贷方。第二，与不同类型的账户相结合，分别表示增加或减少。借和贷本身不等于增或减，只有当其与某个具体的账户相结合时，才表示增加或减少。对于资产类账户和费用类账户而言，“借”表示增加，“贷”表示减少；对于负债类账户、所有者权益类账户、收入类账户和利润类账户而言，“贷”表示增加，“借”表示减少。第三，表示余额的方向。不同账户由于其增加或减少所记录的账户方向不同，其余额所在的方向也会不同，并具有不同的经济含义。

2. 借贷记账法的账户结构

由于账户的性质不同，不同账户的结构也不一样。各账户的结构如下。

（1）资产类账户的结构。资产类账户的借方记录资产的增加额，贷方记录资产的减少额，期末一般为借方余额，反映企业资产实际的结存金额。资产类账户余额的计算公式为：

期初余额 + 本期借方发生额 − 本期贷方发生额 = 期末余额

资产类账户的结构如图 3-4 所示。

借方　　　　　　　　资产类账户　　　　　　　　贷方

期初余额	
本期增加额	本期减少额
本期增加额	本期减少额
本期增加发生额合计	本期减少发生额合计
期末余额	

图 3-4　资产类账户的结构

（2）负债和所有者权益类账户的结构。负债和所有者权益类账户的借方记录负债和所有者权益的减少额，贷方记录负债和所有者权益的增加额，负债和所有者权益类账户期末一般为贷方余额，反映企业实际的负债金额及所拥有的所有者权益金额。负债和所有者权益类账户余额的计算公式为：

期初余额 + 本期贷方发生额 − 本期借方发生额 = 期末余额

负债和所有者权益类账户的结构如图 3-5 所示。

借方　　　　　　　　负债和所有者权益类账户　　　　　　　　贷方

	期初余额
本期减少额	本期增加额
本期减少额	本期增加额
本期减少发生额合计	本期增加发生额合计
	期末余额

图 3-5　负债和所有者权益类账户的结构

（3）收入类账户的结构。收入的增加金额记入贷方，减少金额记入借方；期末，将账户贷方发生额和借方发生额的差额转入“本年利润”账户，转销数记入账户的借方，期末结转后收入类账户无余额。收入类账户的结构如图 3-6 所示。

借方	收入类账户　　　　贷方
本期减少额(结转)	本期增加额

图 3-6　收入类账户的结构

（4）费用类账户的结构。费用的增加金额记入借方，减少金额记入贷方；与收入类账户相同，期末应将费用类账户借方发生额与贷方发生额的差额转入“本年利润”账户，转销金额记入账户的贷方，期末结转后费用类账户无余额。费用类账户的结构如图 3-7 所示。

借方	费用类账户　　　　贷方
本期增加额	本期减少额(结转)

图 3-7　费用类账户的结构

综上所述，可以总结出：将“资产＝负债+所有者权益+（收入−费用）”变形为“资产+费用＝负债+所有者权益+收入”，如果会计要素在等式左边，则其增加额记在账户的借方，减少额记在账户的贷方；如果会计要素在等式右边，则其增加额记在账户的贷方，减少额记在账户的借方；账户余额方向一般和增加额方向一致。

借贷记账法的账户结构用 T 形账户表示，如图 3-8 所示。

借方	账户名称　　　　贷方
资产(+)	资产(−)
负债(−)	负债(+)
所有者权益(−)	所有者权益(+)
收入(−)	收入(+)
费用(+)	费用(−)

图 3-8　借贷记账法的账户结构综合

以上情况表明，借贷记账法的借方登记资产的增加，负债及所有者权益的减少，成本费用的增加，收入的减少（或转销）；贷方登记资产的减少，负债及所有者权益的增加，成本费用的减少（或转销），收入的增加。

借贷记账法各类账户的结构汇总见表 3-4。

表 3-4　借贷记账法各类账户的结构

账户类别	借方	贷方	余额方向
资产类	增加	减少	借方
成本类（资产类账户中的成本类账户）	增加	减少（或转销）	借方

续表 3-4

账户类别	借方	贷方	余额方向
负债类	减少	增加	贷方
所有者权益类	减少	增加	贷方
收入类	减少（或转销）	增加	无余额
费用类	增加	减少（或转销）	无余额

3. 借贷记账法的记账规则

记账规则是指采用记账方法在账户中记录交易或事项时必须遵循的规律性要求。借贷记账法的记账规则可概括为：有借必有贷，借贷必相等。

（1）有借必有贷。有借必有贷是指交易或事项在账户中的记录方向。即采用借贷记账法在两个或两个以上的账户中记录同一笔交易或事项时，如果一个（或几个）账户是记录在借方的，那么，与其对应的另外几个（或一个）账户肯定记录在贷方，即一借一贷、一借多贷或一贷多借。在这一规则下，肯定不会发生将一笔交易或事项的发生额都记录在两个（或几个）账户的借方，即有借无贷的情况；或都记录在两个（或几个）账户的贷方，即有贷无借的情况。

（2）借贷必相等。借贷必相等是指交易或事项在相互联系的账户中记录金额相等。即采用借贷记账法在两个或两个以上的账户中记录同一笔交易或事项时，记录在一个（或几个）账户借方的金额，必须与记录在其对应的另外几个（或一个）账户贷方的金额相等。不会发生在相互联系的账户中记录金额不相等的情况。

【例 3-1】 甲公司借入短期借款 200 000 元，已存入企业在银行开设的账户。

会计确认：该项交易一方面涉及资产要素（“银行存款”，增加）；另一方面涉及负债要素（“短期借款”，增加）。

会计计量：按实际成本计量，应分别在“银行存款”和“短期借款”账户的借方、贷方各记录 200 000 元。账户记录如图 3-9 所示。

借方	短期借款(负债类)	贷方	借方	银行存款(资产类)	贷方
	3－1	200 000	3－1	200 000	

图 3-9 例 3-1 的账户记录情况

【例 3-2】 假定甲公司为股份制企业，收到投资者以设备向企业的投资，双方商定设备价值为 180 000 元。

会计确认：该项交易一方面涉及资产要素（“固定资产”，增加）；另一方面涉及所有者权益要素（“股本”，增加）。

会计计量：按公允价值计量，应分别在“固定资产”和“股本”账户的借方、贷方各记录 180 000 元。账户记录如图 3-10 所示。

借方	股本(所有者权益类)	贷方
	3-2	180 000

借方	固定资产(资产类)	贷方
3-2	180 000	

图 3-10 例 3-2 的账户记录情况

【例 3-3】甲公司用资本公积 300 000 元转增股本。

会计确认：该项交易同时涉及所有者权益要素中的两个项目（“资本公积”，减少；“股本”，增加）。

会计计量：按实际成本计量，应分别在“资本公积”和“股本”账户的借方、贷方各记录 300 000 元。账户记录如图 3-11 所示。

借方	股本(所有者权益类)	贷方
	3-3	300 000

借方	资本公积(所有者权益类)	贷方
3-3	300 000	

图 3-11 例 3-3 的账户记录情况

【例 3-4】甲公司用银行存款 6 000 元购买材料（假定暂不考虑已缴纳的增值税进项税额），材料尚未运达企业。

会计确认：该项交易同时涉及资产要素中的两个项目（“在途物资”，增加；“银行存款”，减少）。

会计计量：按实际成本计量，应分别在“在途物资”和“银行存款”账户的借方、贷方各记录 6 000 元。账户记录如图 3-12 所示。

借方	银行存款(资产类)	贷方
	3-4	6 000

借方	在途物资(资产类)	贷方
3-4	6 000	

图 3-12 例 3-4 的账户记录情况

【例 3-5】甲公司购入材料一批，货款 20 000 元（假定暂不考虑已缴纳的增值税进项税额）。货款中的 15 000 元已用银行存款支付，另外 5 000 元尚未支付。材料已运达企业，但尚未办理验收入库手续。

会计确认：该项交易一方面涉及资产要素中的两个项目（“在途物资”，增加；“银行存款”，减少）；另一方面涉及负债要素（“应付账款”，增加）。

会计计量：按实际成本计量，在“在途物资”账户的借方记录 20 000 元；已支付货款部分在“银行存款”账户的贷方记录 15 000 元，未付货款部分在“应付账款”账户的贷方记录 5 000 元。账户记录如图 3-13 所示。

【例 3-6】甲公司用银行存款 50 000 元偿还短期借款 20 000 元、应付账款 30 000 元。

会计确认：该项交易一方面涉及负债要素中的两个项目（“短期借款”，减少；“应付账款”，减少）；另一方面涉及资产要素（“银行存款”，减少）。

会计计量：按实际成本计量，在“短期借款”和“应付账款”账户的借方分别记录

借方	银行存款(资产类)		贷方
		3−5	15 000

借方	在途物资(资产类)		贷方
3−5	20 000		

借方	应付账款(负债类)		贷方
		3−5	5 000

图 3-13　例 3-5 的账户记录情况

20 000 元、30 000 元；在“银行存款”账户的贷方记录 50 000 元。账户记录如图 3-14 所示。

借方	银行存款(资产类)		贷方
		3−6	50 000

借方	短期借款(负债类)		贷方
3−6	20 000		

借方	应付账款(负债类)		贷方
3−6	30 000		

图 3-14　例 3-6 的账户记录情况

例 3-1 至例 3-6 的账户记录清楚表明，虽然企业发生的交易或事项内容有的比较简单，有的比较复杂，从账户的记录方向看，也有一借一贷、一借多贷和多借一贷等情况，但无不体现了借贷记账法的记账规则——有借必有贷，借贷必相等，没有出现同借同贷的情况，也没有出现借方、贷方登记金额不相等的情况。这说明借贷记账法的记账规则对于处理任何类型的交易或事项都是完全适用的。

三、会计分录

会计分录是指对每一项经济业务，按复式记账的要求，分别列示出应借记和应贷记的账户及其金额的一种记录。会计分录是账户记录的依据，会计分录正确与否，直接影响账户的记录，甚至会计信息的质量。一笔完整的会计分录主要包括记账符号、账户名称和金额三个部分。

因为经济业务可能涉及两个或两个以上的账户，由此编制的会计分录也会有所不同。按照会计分录所涉及账户的多少，可以将其分为简单分录和复合分录。简单分录是指一项经济业务发生后，只在两个相互联系的账户中进行登记的分录；复合分录则指在经济业务发生后，需要在三个或者三个以上相互联系的账户中进行登记的分录。因此，在借贷记账法下，可以编制“一借一贷”“一借多贷”“多借一贷”的会计分录。

运用借贷记账法的记账规则编制会计分录时，初学者可遵循以下步骤：

（1）分析经济业务所影响的会计要素及具体的会计账户；

（2）确定账户金额的变动方向，是增加还是减少；

（3）根据借贷记账法下不同会计要素的结构，分析应该记入的账户方向。

在编制会计分录时，应先记借方后记贷方，并且贷记符号不能写在借记符号的同一行，而是写在借记符号的下面一行，即“上借下贷”；另外，贷记符号应在借记符号基础上向右缩进一格或二格，即借方偏左、贷方偏右，借贷之间应相差一字或两字。

根据例3-1至例3-6编制的会计分录如下。

		借方	贷方
例3-1	借：银行存款	200 000	
	贷：短期借款		200 000
例3-2	借：固定资产	180 000	
	贷：股本		180 000
例3-3	借：资本公积	300 000	
	贷：股本		300 000
例3-4	借：在途物资	6 000	
	贷：银行存款		6 000
例3-5	借：在途物资	20 000	
	贷：银行存款		15 000
	应付账款		5 000
例3-6	借：短期借款	20 000	
	应付账款	30 000	
	贷：银行存款		50 000

编制会计分录是在会计初次确认和对交易、事项进行计量之后对经济业务进行处理的直接结果，在整个会计核算中具有举足轻重的作用。主要原因是，编制会计分录之后的许多工作都可以由计算机代为处理，但会计分录的编制却必须依靠会计人员的主观判断，会计分录的正确与否会最终影响会计信息的质量。

四、试算平衡

（一）试算平衡的定义

试算平衡是指根据会计恒等式“资产＝负债+所有者权益”以及借贷记账法的记账规则，通过汇总计算和比较，检验账户记录的正确性、完整性的一种方法。

（二）试算平衡的种类

按照借贷记账法的记账规则，根据任何经济业务所编制的会计分录，其借贷双方的金额必然相等。因此，将一定时期内所有会计分录的借方金额和贷方金额按照会计账户合并之后的合计也必然相等；同理，一定时期内所有会计分录涉及的会计账户的借方余额和贷方余额合计也相等。因此，试算平衡可分为会计分录试算平衡、发生额试算平衡和余额试算平衡。

1. 会计分录试算平衡

按照借贷记账法的记账规则来记账，每笔会计分录的借方发生额必须等于贷方发生额，因此，经济业务发生后，每笔会计分录的发生额平衡。会计分录试算平衡公式为：

借方科目金额＝贷方科目金额

2. 发生额试算平衡

本期发生额的平衡，即本期所有账户的借方发生额合计必须等于所有账户的贷方发生额合计。因为本期所有账户的借方发生额合计，相当于把复式记账的借方发生额相加；所有账户的贷方发生额合计，相当于把复式记账的贷方发生额相加，二者必然相等。发生额试算平衡用公式表示为：

全部账户借方发生额合计 = 全部账户贷方发生额合计

发生额试算平衡是检验本期发生额记录是否正确的方法。在实际工作中，该工作是通过编制发生额试算平衡表进行的。

3. 余额试算平衡

余额平衡是指所有账户的借方余额之和与所有账户的贷方余额之和相等。余额试算平衡就是根据“资产=负债+所有者权益”会计等式，来检验本期会计记录是否正确的方法。

在某一时点上，有借方余额的账户应是资产类账户，有贷方余额的账户应是权益类账户，分别合计其金额，即具有相等关系的资产与权益总额。根据余额计算的时点不同，可分为期初余额平衡和期末余额平衡。本期的期末余额平衡，结转到下一期，就成为下一期的期初余额平衡。余额试算平衡用下列公式表示为：

全部账户借方余额合计 = 全部账户贷方余额合计

在实际工作中，该工作是通过编制余额试算平衡表进行的。

（三）试算平衡表的编制

编制试算平衡表，首先需要计算出各账户的本期借贷方发生额合计，有期末余额的账户需计算出期末余额；然后加计所有账户的借贷方发生额合计，或者借贷方的期末余额合计。

在编制试算平衡表时，一般是按资产、负债、所有者权益、收入和费用的顺序，将资产负债表的账户列在前面，利润表账户列在后面。

下面仍以甲公司为例，根据例3-1至例3-6的资料，进行试算平衡表的编制。

【例3-7】 甲公司20××年3月初有关账户的余额见表3-5。

表3-5 甲公司总分类账户期初余额表 单位：元

会计账户	借方余额	贷方余额
银行存款	850 000	
在途物资	30 000	
固定资产	500 000	
短期借款		100 000
应付账款		120 000
股本		860 000
资本公积		300 000
合计	1 380 000	1 380 000

要求：编制甲公司20××年3月的综合试算平衡表。

分析：以“银行存款”账户为例，列示其发生额和余额的计算过程如图3-15所示。

借方	银行存款		贷方
期初余额	850 000		
3−1	200 000	3−4	6 000
		3−5	15 000
		3−6	50 000
本期发生额	200 000	本期发生额	71 000
期末余额	979 000		

图 3-15　“银行存款”发生额及余额计算过程

其他账户本期发生额及期末余额的计算略。

计算出各个账户的本期发生额和期末余额后，就可以根据各账户期初余额、本期发生额和期末余额编制试算平衡表。本例编制的综合试算平衡表见表 3-6。

表 3-6　甲公司总分类账户发生额及余额试算表

20××年 3 月　　单位：元

会计科目	期初余额		本期发生额		期末余额	
	借方	贷方	借方	贷方	借方	贷方
银行存款	850 000		200 000	71 000	979 000	
在途物资	30 000		26 000		56 000	
固定资产	500 000		180 000		680 000	
短期借款		100 000	20 000	200 000		280 000
应付账款		120 000	30 000	5 000		95 000
股本		860 000		480 000		1 340 000
资本公积		300 000	300 000			
合计	1 380 000	1 380 000	756 000	756 000	1 715 000	1 715 000

从表 3-6 中可以看出，甲公司总分类账户的期初借方余额合计为 1 380 000 元，等于其期初贷方余额合计；本期借方发生额合计为 756 000 元，等于本期贷方发生额合计；期末借方余额合计 1 715 000 元，等于期末贷方余额合计。这符合试算平衡的要求。

【思政案例】

我国近代复式簿记的改良与改革之争

古老的中国簿记文化和方法技术，有着深厚的历史沉淀，几千年的历史成就，在传承中一直影响着中国近代簿记乃至近代会计的发展。与西方簿记发展历程相比较，中国固有复式簿记“龙门账”与“四角账”，是中国近代簿记发展的光辉起点，在当时钱庄、票号、商业以及类似自贡盐井这类工场手工业中的应用是成功的，对这些行业的经营与管理起到了一定促进作用。中国固有复式簿记的产生与应用，既为引进应用西式簿记奠定了思想基础与实践基础，也为中国会计发展奠定了思想基础与实践基础，是世界复式簿记发展史中的一部分。

20世纪初，在中国爱国知识分子队伍中，普遍存在一种改良和改革思想。当时，在帝国主义经济侵略和官僚垄断资本压榨下，中国民族资本主义工商业越来越不景气，管理不善、簿记或会计方法落后，也是造成工商业日趋衰败的一个具体原因。这广泛引起中国会计界爱国人士的注意，他们试图通过簿记或会计改良或改革，杜绝贪风、整顿吏治，以达改善政府财政状况和振兴中国实业之目的，因此掀起了一场改良与改革中式簿记或会计的运动。

徐永祚先生，中国近代著名会计学家，改良中式簿记派的代表，早在担任上海银行周报编辑期间，便立志从事改良中式簿记工作。他在初步接触西式复式簿记时，曾主张完全改用西式簿记。经过一段从事会计师工作的业务实践，他开始认为"鉴于西式簿记不能为一般人所认识，完全效仿，究有未便。"乃主张取西式簿记之内容，而保留中式簿记之形式。通过与工商企业的广泛接触和对使用中式簿记的企业进行调查研究以后，他认为："中式簿记，并非全无组织。记账方法，并非全不合理，问题在于参差不齐。不仅在形式上有维持之必要，在实质上也有保存之价值，绝非西方簿记所能取而代之。但其缺点甚多，非加改良不可。"徐永祚先生所进行的改良，既维护中式簿记所固有的优势，也主张取人之长，补己之短，在改良方案中，有借鉴，有局部结合，也具有一定创造性。徐氏的改良并非保守性的。

同一时期，中国近代另一位著名的会计学家和会计职业教育家潘序伦先生，是20世纪30年代改革中国会计运动的发起人之一。潘序伦先生及其同仁改革旗帜鲜明，把全部工作都集中在改革中国会计方面，他们主张以西式取代中式，但并非生搬硬套，并不否定中式簿记的历史成就，把"改良中式簿记"看作一种过渡性办法，可以为会计改革提供经验和教训。加之他们立足于引进新的簿记或会计方法，在具有代表性的工商企业试行，其改革方案本身是具有创造性的。

两大学术派别之争，是在相互研究问题、相互探讨改革或改良方法、求同存异的指导思想下进行的，这种争论推动了中国会计学术和会计业务实践的发展。

（资料来源：郭道扬，会计史研究：第3卷．北京：中国财政经济出版社，2008.）

【思政说明】

从历史时序上来考察，中国近代簿记改良和会计改革是渐进式的，引进、改良与改革逐步开展，目标很明确而非盲目之举，稳健而非急功近利。合乎情理是中国人的处世哲学，这一点在西式簿记引进、改良、改革及其创作中具体体现出来。中国对复式簿记的引进应用又是创造性的，坚持了引进应用切合中国国情的原则。

通过改良与改革中式簿记之争，使会计学术影响社会化，展现了老一辈会计大家优秀的学术道德风范和高尚的品质，为后辈树立了光辉的典范，影响了中国几代人。无论是改良或改革中国会计，其立足点都集中到以下几个方面：发扬光大簿记或会计学术，提高会计在中国的学术地位和影响；兴办会计教育，传授基本理论和技能，造就新式会计人才；创办会计师事务所，为发展中国民族工商业服务，推动中国审计事业的发展；创办学术刊物，以老带新，造就新一代会计学术研究与教育人才；深入大、中、小型工商企业与金融业具体开展改良与改革会计的工作，提高会计实务水平。改良与改革中国会计运动所形成的效果，既是对中国会计的贡献，也是对世界会计的贡献，为后来中国现代会计的发展奠定了基础。

【自测题】

一、单项选择题

(1) 在借贷记账法中，账户的哪一方记录增加，哪一方记录减少是由（　　）决定的。
A. 账户的性质　B. 记账规则　C. 账户的结构　D. 业务的性质

(2)（　　）不是设置会计科目的原则。
A. 必须结合会计对象的特点　B. 统一性与灵活性相结合
C. 应保持相对的稳定　D. 经审计人员审计批准

(3) 某一账户期初余额在借方，期末余额在贷方，表明（　　）。
A. 该账户的性质未变
B. 该账户已从期初的资产变为期末的负债
C. 该账户已从期初的负债变为期末的资产
D. 该账户既不属于资产类，也不属于负债类

(4) 账户是根据（　　）开设的，用来连续、系统地记载各项经济业务的一种手段。
A. 会计凭证　B. 会计对象　C. 会计科目　D. 财务指标

(5) 复式记账法的基本理论依据是（　　）的平衡原理。
A. 资产=负债+所有者权益
B. 收入-费用=利润
C. 期初余额+本期增加数-本期减少数=期末余额
D. 借方发生额=贷方发生额

(6) 按照借贷记账法的记录方法，下列四组账户中，增加额均记在贷方的是（　　）。
A. 资产类和负债类　B. 负债类和所有者权益类
C. 成本类和损益类　D. 损益类中的收入和支出类

(7) 会计科目与账户之间的区别在于（　　）。
A. 反映的经济内容不同　B. 账户有结构而会计科目无结构
C. 分类的对象不同　D. 反映的结果不同

(8) 月末通常无余额的账户是（　　）。
A. 固定资产　B. 银行存款　C. 管理费用　D. 实收资本

(9) 资产类账户期末余额的计算公式是（　　）。
A. 期末余额=期初借方余额+本期借方发生额-本期贷方发生额
B. 期末余额-期初贷方余额+本期贷方发生额-本期借方发生额
C. 期末余额=期初借方余额+本期借方发生额
D. 期末余额=期初贷方余额+本期贷方发生额

二、多项选择题

(1) 在进行试算平衡时，下列不会影响借贷双方的平衡关系的是（　　）。
A. 漏记某项经济业务　B. 某项经济业务记错有关账户
C. 重记某项经济业务　D. 某个账户颠倒了记账方向

（2）制造企业是产品的生产单位，其完整的生产经营过程由（　　）所构成。

A. 供应过程　　B. 生产过程　　C. 买卖过程　　D. 销售过程

（3）下列会计分录中属于复合会计分录的是（　　）。

A. 一借一贷的会计分录　　B. 一借多贷的会计分录

C. 一贷多借的会计分录　　D. 多借多贷的会计分录

（4）设置会计科目应遵循的原则是（　　）。

A. 经单位领导人批准　　B. 有用性

C. 相关性　　D. 统一性与灵活性相结合

（5）会计账户结构一般应包括的内容有（　　）。

A. 账户的名称　　B. 账户的方向

C. 账户的余额　　D. 账户的使用年限

（6）借贷记账法的试算平衡公式是（　　）。

A. 所有账户的本期借方发生额之和=所有账户本期贷方发生额之和

B. 所有资产账户的本期借方发生额之和=所有负债和所有者权益账户本期贷方发生额之和

C. 所有账户的期末借方余额之和=所有账户期末贷方余额之和

D. 收入账户的本期发生额=费用账户的本期发生额

（7）属于资产类科目的是（　　）。

A. 固定资产　　B. 预收账款　　C. 原材料　　D. 预付账款

（8）在借贷记账法下，账户的贷方登记的内容有（　　）。

A. 资产的增加　　B. 负债及所有者权益的增加

C. 收入的增加　　D. 资产的减少

（9）下列账户期末余额应在贷方的有（　　）。

A. 累计折旧　　B. 预付账款　　C. 预收账款　　D. 盈余公积

（10）下列表述正确的是（　　）。

A. 账户的名称就是会计科目的名称　　B. 会计科目与账户是同一个概念

C. 会计科目无结构，账户有结构　　D. 会计科目与账户反映的内容相同

三、判断题

（1）会计账户是用来分类记录企业的交易事项，反映各会计要素增减变动情况的一种工具。（　　）

（2）借贷记账法的试算平衡方法有本期发生额试算平衡和差额试算平衡。（　　）

（3）账户的本期发生额反映的是动态指标，而期末余额反映的是静态指标。（　　）

（4）权责发生制以款项的实际收付作为标准，不考虑收入和费用的归属期，因此，会计期末无须进行账项调整。（　　）

（5）只要实现了期初余额、本期发生额、期末余额的平衡，就说明账户的记录没有错误了。（　　）

（6）在借贷记账法下，账户的借方记录增加数，贷方记录减少数。（　　）

（7）所有账户都是根据会计科目开设的，包括总账账户和明细账户。（　　）

（8）从本质上说费用就是资产的转化形式，是企业总资产的耗费。（　　）

(9) 所有者权益类账户的用途和结构都是相同的。 ( )
(10) 通常，各类账户的期末余额与记录增加额的一方在同一方向。 ( )

【综合实训】

综合实训 1

[目的] 熟悉账户的基本结构和期末余额的计算方法。

[资料] 某公司 20××年 9 月有关账户的月初余额和本月发生额见表 3-7。

表 3-7 某公司 20××年 9 月有关账户的月初余额和本月发生额

账户名称	月初余额	本月增加发生额	本月减少发生额	月末余额
银行存款	180 000	②30 000	①10 000③1 000⑤20 000⑥80 000	
应付账款	40 000	④50 000⑧60 000	⑥80 000	
原材料	25 000	①10 000④50 000	⑨80 000	
短期借款	10 000	②30 000	⑤20 000	
销售费用	0	③1 000	⑦1 000	
本年利润	50 000		⑦1 000	
固定资产	300 000	⑧60 000		
生产成本	30 000	⑨80 000	⑩100 000	
库存商品	0	⑩100 000		

[要求] 根据资料计算各账户的期末余额，并将计算结果填入表中的“月末余额”栏。

综合实训 2

[目的] 练习借贷记账法下会计分录的编制、账户登记和试算平衡方法。

[资料] (1) 某公司本月初有关总分类账户的余额如下：

库存现金	600 元	银行存款	400 000 元
原材料	9 400 元	固定资产	320 000 元
生产成本	30 000 元	短期借款	20 000 元
应付账款	100 000 元	实收资本	640 000 元

(2) 该公司本月发生如下交易或事项。

1) 收到投资者投入的货币资金 400 000 元，已存入银行。

2) 用银行存款 80 000 元购入不需要安装设备一台（假定暂不考虑已经缴纳的增值税进项税额）。

3) 购入材料一批，买价和运费计 30 000 元，货款尚未支付，材料尚未验收入库（假定暂不考虑已经缴纳的增值税进项税额）。

4）从银行提取现金 4 000 元备用。

5）借入短期借款 40 000 元，已存入银行。

6）用银行存款 70 000 元偿还应付账款。

7）生产产品领用材料一批，价值 9 000 元。

8）用银行存款 60 000 元偿还短期借款。

[要求]

(1）根据所给交易或事项编制会计分录。

(2）根据账户余额资料和编制的会计分录登记有关总分类账户（可开设 T 形账户）。

(3）根据账户的登记结果编制总分类账户发生额及余额试算表。

第四章　会计凭证

【学习目标】

➢ **知识目标**

（1）掌握会计凭证的概念及种类；掌握原始凭证的概念、种类、填制和审核；掌握记账凭证的概念、种类、填制和审核。

（2）了解会计凭证的传递和保管。

➢ **素养目标**

培养诚信意识和责任担当。说话做事要有理有据，一分一毫都要有据可查，有证可依。

（1）培养以事实为依据，用证据说话的思维方式。

（2）树立统驭与被统驭、补充与被补充的辩证统一思想。

【引导案例】

20××年某学校张老师去北京开会归来，他根据往返车票和住宿发票填制差旅费报销单，往返车票上的时间分别是20××年5月10日和5月13日，5月10日到达北京入住宾馆，而住宿发票上开出的时间是5月11日，从住宿发票上反映出张老师只在北京住了一夜。张老师拿着后面附有车票和住宿发票的差旅费报销单到该学校财务处报销，该业务由财务处小李负责。

问题：

（1）车票、发票和差旅费报销单在会计上是原始凭证还是记账凭证；

（2）小李看到张老师报销单据要不要对它们进行审核，若需要审核，小李可能会发现哪些问题；

（3）学校应该给予张老师4天补助还是2天补助。

上述单据都属于会计凭证中的原始凭证，原始凭证传递到财务部门，财务人员应该首先对原始凭证进行审核，审核无误后再根据原始凭证编制记账凭证。本章主要介绍原始凭证的填制和审核、记账凭证的填制和审核等内容。

第一节　会计凭证概述

一、会计凭证的定义

会计凭证是记录经济业务的发生和完成情况，登记账簿依据的书面证明。因此，每个企业、事业和行政单位在办理任何一项经济业务时，都必须由相关人员取得和填制会计凭证，记录业务发生的日期、经济业务内容以及数量、单价和金额，并由相关人员在凭证上签名盖章，以明确经济责任。

二、会计凭证的种类

按照填制的程序和用途的不同，可以将会计凭证分为原始凭证和记账凭证。

原始凭证是由经办人填制的，在经济业务发生时取得或填制，载明经济业务的发生或完成情况，并作为记账原始依据的会计凭证。原始凭证是具有法律效力的书面证明。凡是没有记录业务内容，不能证明经济业务发生情况的单据均不是原始凭证，比如购货合同、购货申请单、银行对账单、计划、银行存款余额调节表等都不是原始凭证。

记账凭证是由会计人员根据审核无误的原始凭证或原始凭证汇总表填制的会计分录凭证。记账凭证是登记账簿的直接依据。

三、会计凭证的作用

会计核算主要有三个基本步骤，分别为填制会计凭证、登记会计账簿和编制会计报表。因此填制会计凭证是登记会计账簿的依据，填制和审核会计凭证是会计核算方法之一，也是会计核算工作的第一步。及时填制和审核会计凭证既可以保证会计信息的客观性和完整性，又可以进行会计监督。会计凭证具有以下几个方面的作用。

（1）会计凭证是提供交易或事项信息的重要载体。在交易或事项发生以后，经办人员或会计人员必须取得或填制原始凭证，这是会计核算所必需的原始资料。只有在交易或事项的经办人员将有关原始凭证送交会计部门时，会计人员才会从中了解交易或事项的内容。即使是由会计人员自行填制的原始凭证，也需要在有关人员之间进行传递，这一过程也是交易或事项信息的传递过程。由此可见，会计凭证是提供交易或事项信息的重要载体。

（2）会计凭证是登记账簿的必要依据。会计人员应对记载交易或事项内容的原始凭证进行整理，并据其填制记账凭证，确定交易或事项所应予登记的账户名称、方向及金额等，即编制会计分录，以便将发生的交易或事项记入有关账户。

（3）会计凭证是明确经济责任的重要手段。企业所发生的交易或事项一般都是由有关人员经办的。经办人员在完成交易或事项一定环节的内容时，必须在会计凭证上签名或盖章，这样做可以明确经济责任，发生差错也容易查找。此外，通过会计凭证的传递，可以使有关部门和有关人员之间相互牵制、相互制约，有利于及时发现和解决问题。

（4）审核会计凭证是实行会计监督的具体措施。会计人员通过审核会计凭证，可以检查交易或事项的真实性、合法性和合规性，使交易或事项的会计处理符合相关规定的要求，从源头上保证会计信息质量。通过对会计凭证的审核，也能够及时发现企业经营管理中存在的问题，或管理制度中存在的漏洞，以便及时采取措施加以解决。

第二节　原始凭证

一、原始凭证的种类

（一）按照原始凭证的来源分类

按照原始凭证的来源不同，可以分为自制原始凭证和外来原始凭证两种。

自制原始凭证又称内部原始凭证，是由本企业经办业务的部门或人员在完成交易或事项时填制的原始凭证。常见的自制原始凭证有入库单、领料单、借款单等，见表4-1~表4-3。

表4-1 入库单

仓库：________

供货单位：________　　　　年　月　日　　　　　　　　　　第　号

名称	规格	单位	数量	单价	金额	备注

负责人：　　　　　　　　　　　　经手人：

表4-2 领料单

领料部门：________　　　　　　　　　　　　　　　　　　　第　号

用　途：________　　　　年　月　日　　　　发料仓库：________

材料类别	材料编号	材料名称及规格	计量单位	数量	单价	金额

负责人：　　　　　　　　　　　　经手人：

表4-3 借款单

借款用途：____________　　　　年　月　日

借款单位：		
借款事由：		
借款金额：		
本单位负责人意见：		
领导意见：	会计主管人员核批：	付款记录：

出纳：　　　　　　　　　　　　　　　借款人：

外来原始凭证也称外部原始凭证，是指在发生交易或事项时，从其他企业或个人处取得的原始凭证。常见的外来原始凭证有供货单位填制的发票，车、船、飞机票，出租汽车发票，餐饮业发票等。

（二）按照原始凭证的填制手续和包含的内容分类

按照原始凭证的填制手续和包含的内容的不同，可分为一次凭证、累计凭证和汇总原始凭证。

一次凭证是指一次填制完成、登记一笔经济业务的原始凭证。大部分外来凭证都是一次凭证，常用的一次凭证有发票、收据等。图 4-1 所示为增值税专用发票。

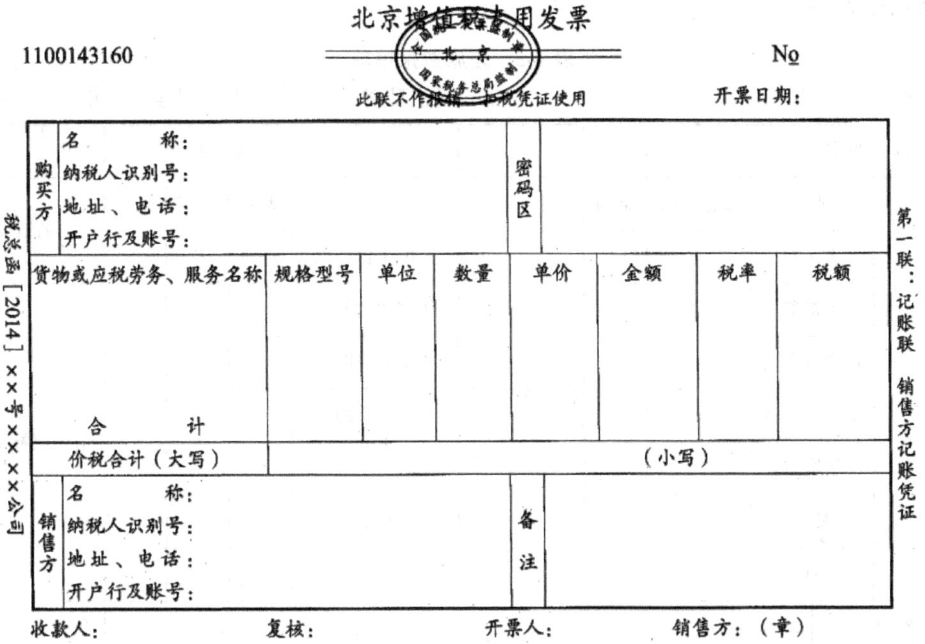
北京增值税专用发票

1100143160　　　　　　　　　　　　No

此联不作报销、扣税凭证使用　　　　开票日期：

购买方	名　称： 纳税人识别号： 地址、电话： 开户行及账号：			密码区			
货物或应税劳务、服务名称	规格型号	单位	数量	单价	金额	税率	税额
合　计							
价税合计（大写）				（小写）			
销售方	名　称： 纳税人识别号： 地址、电话： 开户行及账号：			备注			

收款人：　　复核：　　开票人：　　销售方：（章）

税总函［2014］××号××××公司

第一联：记账联　销售方记账凭证

图 4-1　增值税专用发票

累计凭证是指在一定时期内，经多次填制完成、累计连续发生的多笔相同经济业务的原始凭证。常用的累计凭证有限额领料单、费用登记表等。限额领料单的格式见表 4-4。

表 4-4　限额领料单

领料部门：________　　　　　　　　　　　　　　第　号

用　　途：________　　　　年　月　日　　　　发料仓库：________

材料类别	材料编号	材料名称及规格	计量单位	单价	全月领用限额	全月实际领用额	
						数量	金额
日期	领用			退料			
	数量	领料人	发料人	数量	退料人	收料人	限额结余
合计							

生产计划部门（签章）　　　　供销部门（签章）　　　　仓库（签章）

汇总原始凭证是根据反映相同经济业务的多张原始凭证，按一定标准综合后一次填制完成的原始凭证。常用的汇总原始凭证有差旅费报销单、发出材料汇总表等。差旅费报销单的格式见表 4-5。

表 4-5 差旅费报销单

单位名称： 出差起止日期： 年 月 日至 年 月 日

<table>
<tr><td colspan="2">出差人姓名</td><td></td><td></td><td></td><td></td><td>出差天数</td><td colspan="2"></td><td>事由</td></tr>
<tr><td rowspan="8">车船及住宿费</td><td>种类</td><td>票据张数</td><td>金额</td><td rowspan="8">出差补助费</td><td>项目</td><td>天数</td><td>标准</td><td>金额</td><td rowspan="2">报销结算情况</td></tr>
<tr><td>火车费</td><td></td><td></td><td>途中伙食补助</td><td></td><td></td><td></td></tr>
<tr><td>飞机费</td><td></td><td></td><td>住宿伙食补助</td><td></td><td></td><td></td><td rowspan="6">退还或补交出纳：</td></tr>
<tr><td>长途汽车费</td><td></td><td></td><td>交通补助</td><td></td><td></td><td></td></tr>
<tr><td>市内汽车费</td><td></td><td></td><td>通信补助</td><td></td><td></td><td></td></tr>
<tr><td>住宿费</td><td></td><td></td><td></td><td></td><td></td><td></td></tr>
<tr><td>其他</td><td></td><td></td><td>其他</td><td></td><td></td><td></td></tr>
<tr><td>小计</td><td></td><td></td><td>小计</td><td></td><td></td><td></td></tr>
<tr><td colspan="2">金额合计</td><td colspan="4">大写：</td><td colspan="3">小写：</td><td>负责人：</td></tr>
</table>

会计主管： 审核： 制单： 部门主管： 公出人：

（三）按照凭证格式分类

原始凭证按凭证格式的不同，可分为统一凭证和专用凭证。

统一凭证是由有关主管部门统一制作并在相应范围内使用的标准格式的原始凭证。如全国统一使用的银行结算票据、某地区统一使用的收据或发票等。

专用凭证是单位自行制作并在本单位范围内使用的特殊格式的原始凭证。如差旅费报销单等。

二、原始凭证的内容

各单位的经济业务不同，原始凭证的名称、格式和内容也不相同。但所有的原始凭证为反映经济业务的发生或完成情况，明确经办人员的责任，必须具备一些共同的基本内容。

原始凭证的基本内容如下：

（1）凭证名称；

（2）填制凭证日期；

（3）经济业务内容摘要；

（4）经济业务的数量、单价和金额；

（5）填制凭证单位或填制人员姓名；

（6）经办人员签名或盖章；

（7）接受凭证单位的名称。

另外，为满足计划、统计等需要，除了上述内容，原始凭证还可以包含相关的计划任务、合同号码等内容，以对经济业务事项进行相应的补充。

三、原始凭证的填制和审核

为确保原始凭证能正确、及时、清晰地反映各项经济业务的真实情况，原始凭证的填制必须符合特定要求，而且必须经过必要的审核。

（一）原始凭证的填制要求

（1）记录真实。应在原始凭证上如实填写交易或事项的实际情况，所记载的交易或事项内容，数量、单价和金额等必须真实可靠，不得弄虚作假。记录真实体现了会计信息质量的可靠性要求。

（2）手续完备。填制原始凭证时，需要办理的各种手续必须齐备。例如，在交易或事项办理的每一个环节，有关经办人员都必须签名或盖章，以示对交易或事项的真实性负责。外来的原始凭证必须加盖开具单位的财务专用章等。

（3）内容齐全。要按照凭证规定的内容逐项填列，不可遗漏或省略。有些原始凭证需要填写一式多联，各联次不能短缺。

（4）书写规范。原始凭证上的数字和文字等应按规定的要求填写。书写的文字应使用规范的简化字。阿拉伯数字不得连写。合计金额前应冠以“￥”“$”“£”等货币符号。汉字的大写金额一律用正楷或行书字体书写，如零、壹、贰、叁、肆、伍、陆、柒、捌、玖、拾、佰、仟、万、亿、元、角、分等，不得用0、一、二、三、四、五、六、七、八、九、十等代替。大写金额到元为止的，应在“元”字之后写“整”字。

（5）填制及时。交易或事项办理完毕，经办人员应及时取得或填制原始凭证，并送交会计部门审核，作为会计核算的依据。不得拖延或积压，以免影响会计人员对交易或事项进行账务处理，进而影响企业对交易或事项相关信息的对外报出。

（二）原始凭证的填制方法

1. 外来原始凭证的填制方法

外来原始凭证是在交易的发生过程中由其他单位的经办人员按要求填制的。如企业购货时由销售方开具的发票，由运输企业开具的运费收据，由银行开具的收款通知和付款通知等，都是外单位经办人员根据交易的内容分别填制的。

2. 自制原始凭证的填制方法

（1）交易或事项完成时由本企业经办人员填制，如领料单、限额领料单、入库单和借款单等。

（2）由本企业会计人员定期汇总填制，如发出材料汇总表等。

（3）由本企业会计人员根据账簿记录资料在会计期末归类整理填制，如制造费用分配表等。

（三）原始凭证的审核

《会计法》第十四条规定，会计机构、会计人员必须按照国家统一的会计制度的规定对原始凭证进行审核，对不真实、不合法的原始凭证有权不予接受，并向单位负责人报告；对记载不准确、不完整的原始凭证予以退回，并要求按照国家统一的会计制度的规定更正、补充。同时还规定，原始凭证记载的各项内容均不得涂改；原始凭证有错误的，应当由出具单位重开或者更正，更正处应当加盖出具单位印章。原始凭证金额有错误的，应当由出具单位重开，不得在原始凭证上更正。为保证原始凭证的真实合法，会计人员需对其进行严格的审查和核对。原始凭证的审核主要包括以下内容。

（1）真实性审核。真实性审核主要包括两个方面的内容：凭证本身是否真实，是否伪造或有其他不正当来源；业务内容是否真实，是否虚构、捏造的经济业务。

（2）合法性、合理性审核。审核原始凭证所记录的经济业务是否合法、合规，是否符合审批权限和手续等。

（3）完整性审核。审核原始凭证填制的手续是否完备，项目是否齐全。对于记载不准确、不完整的原始凭证有权退回，并要求有关人员予以纠正。

（4）正确性审核。审核原始凭证的摘要和数字是否填写清楚、正确，数量、单价、金额合计数等有无差错，大小写金额是否相符等。对于填写错误的，应由经办人员予以更正。

第三节 记账凭证

一、记账凭证的种类

（一）按照记账凭证的使用范围分类

按照记账凭证的使用范围不同，可以分为专用记账凭证和通用记账凭证。

1. 专用记账凭证

专用记账凭证是指分类反映业务内容的记账凭证。专用记账凭证根据反映经济业务内容的不同，又分为收款凭证、付款凭证和转账凭证三种。

收款凭证是根据有关库存现金和银行存款收款业务的原始凭证填制的记账凭证。它不仅是登记账簿的依据，也是出纳人员收款的依据。其格式见表4-6。

表4-6 收款凭证

借方科目：　　　　年　月　日　　　　凭证编号______

摘要	贷方科目		金额	记账符号
	总账科目	明细科目		
合计				

附件××张

会计主管人员：　记账：　制单：　出纳：　审核：

付款凭证是根据有关库存现金和银行存款付款业务的原始凭证填制的记账凭证。它是登记账簿和出纳人员据以支付款项的依据。其格式见表4-7。

表 4-7　付款凭证

借方科目：　　　　　　年　月　日　　　　　　凭证编号________

摘要	借方科目		金额	记账符号	附件××张
	总账科目	明细科目			
合计					

会计主管人员：　　记账：　　审核：　　制单：　　出纳：

转账凭证是根据不涉及库存现金和银行存款的转账业务的原始凭证填制的记账凭证。其格式见表 4-8。

表 4-8　转账凭证

年　月　日　　　　　　凭证编号________

摘要	总账科目	明细科目	✓	借方金额	✓	贷方金额	附件××张
合计							

会计主管人员：　　记账：　　制单：　　审核：

2. 通用记账凭证

通用记账凭证是指对经济业务不进行分类，记录所有经济业务的记账凭证。其格式同转账凭证，见表 4-9。

表 4-9　通用记账凭证

年　月　日　　　　　　凭证编号________

摘要	总账科目	明细科目	✓	借方金额	✓	贷方金额	附件××张
合计							

会计主管人员：　　记账：　　制单：　　出纳：　　审核：

（二）按照记账凭证的用途分类

记账凭证按用途可分为分录记账凭证和汇总记账凭证。

分录记账凭证简称分录凭证，是根据原始凭证确定并编制会计分录的记账凭证。

汇总记账凭证简称汇总凭证，是根据分录记账凭证归类汇总会计科目合计发生额的记账凭证。

二、记账凭证的内容

记账凭证尽管反映的经济业务内容不同，形式多样，但均需要对经济业务的内容进行分类核算，确定会计科目，编制会计分录，登记账簿。因此，记账凭证也必须具有一些特定的内容。

（1）凭证名称。

（2）填制凭证日期和编号。

（3）经济业务的内容摘要。

（4）经济业务所涉及会计科目的名称，包括总分类科目和明细科目的名称。

（5）经济业务的金额。

（6）过账的标记。

（7）所附原始凭证或其他资料的张数。

（8）凭证应具备的签字与盖章。

三、记账凭证的填制和审核

记账凭证是登记账簿的依据，其填制质量会影响账簿记录的正确性以及会计核算工作的可靠性。因此，记账凭证的填制必须符合一定要求，且经过必要的审核。

（一）记账凭证的填制要求

（1）摘要简明。摘要应简明扼要地说明经济业务的要点，行文简明，内容真实。

（2）记录清晰，科目正确。一般来说，一项经济业务填制一张记账凭证，而不应将不同经济业务合并填制在一张记账凭证上，以保证账户的对应关系清晰，符合会计核算的要求。另外，必须按统一规定的会计科目及其核算内容，结合经济业务的性质，正确编制会计分录。

（3）逐项填写，内容完整。记账凭证应按照次序逐行填写，不能跳行，若金额最后一笔数字与合计数之间有空行，应划斜线或“S”线注销，且应内容完整、项目齐全，并按规定办理签章手续。

（4）顺序编号。记账凭证应按经济业务发生的顺序进行连续编号；一项经济业务需填制多张记账凭证的，应采用“分数编号法”。例如，一笔经济业务需要编制两张转账凭证，凭证的顺序号为28时，可编“转字第28 $\frac{1}{2}$号”“转字第28 $\frac{2}{2}$号”。前面的整数表示业务顺序，分子表示两张中的第一张或第二张，分母表示编制的张数。

（5）附件完整。记账凭证所附的原始凭证必须完整无损，并在记账凭证上注明原始凭证的张数。若一张原始凭证所列出的支出需要几个单位共同承担，应将其他单位负担的部分开具原始凭证分割单（必须具备原始凭证的基本内容），以便结算；如果原始凭证需要另行保管，则应在附件栏目内加以注明；对于结账和更正错账的记账凭证，可以不附原始凭证。

（二）记账凭证的填制方法

下面先以收款凭证、付款凭证和转账凭证等专用记账凭证为例逐一讲解其填制方法。

（1）收款凭证。收款凭证按照库存现金和银行存款的收入业务进行编制，其借方科目为"库存现金"或"银行存款"，贷方科目为与"库存现金"或"银行存款"相对应的总分类科目及其明细科目；编号可以分别以"现收字第×号"和"银收字第×号"编制，也可以统一为"收字第×号"，具体的编号一般从会计期初的1号开始排列，顺序编号到期末为止，不得重号或漏号。

（2）付款凭证。付款凭证按照库存现金和银行存款的支出业务进行编制，其贷方科目为"库存现金"或"银行存款"，借方科目为与"库存现金"或"银行存款"相对应的总分类科目及其明细科目；编号可以分别以"现付字第×号"和"银付字第×号"编制，也可以统一为"付字第×号"，具体的编号一般从会计期初的1号开始排列，顺序编号到期末为止，不得重号或漏号。

现金收款和付款凭证的日期按办理现金收付的日期填写；银行存款收款业务的记账凭证，一般按银行进账单或银行受理回执戳记的日期填写；银行存款付款业务的记账凭证，按付款单位开出付款单据的日期或承付的日期填写；月末结转的业务，按当月最后一天的日期填写。

收款凭证和付款凭证不仅是登记库存现金日记账和银行存款日记账的依据，也是出纳人员收付款的依据。对于货币资金之间的收付业务，如从银行提取现金或将现金存入银行，为了避免重复记账，一律填制付款凭证，进行账务处理。

（3）转账凭证。转账凭证是根据有关转账业务的原始凭证或原始凭证汇总表填制的，在转账凭证的"会计科目"栏，应分别填写应借、应贷的总账科目和所属的明细科目，按先借后贷的顺序填写。

各种记账凭证既可以根据每一张原始凭证单独填制，也可以根据若干张同类的原始凭证汇总填制。通用记账凭证是由出纳员或会计人员根据审核无误的原始凭证填制的，其填制方法与转账凭证基本相同。

【例4-1】 10月5日，企业销售R产品一批，货款30 000元，同时向购货方收取增值税销项税额3 900元，款项已存入银行，并收到银行开具的入账通知。

会计确认：这是一笔收款交易，涉及资产要素（"银行存款"，增加）、收入要素（"主营业务收入"，增加）和负债要素（"应交税费"，增加）。原始凭证是银行开具的入账通知，据其应填制收款记账凭证。

会计计量：按实际成本计量。"银行存款"账户增加33 900元；"主营业务收入"账户增加30 000元；"应交税费"账户增加3 900元。

根据以上确认和计量结果在收款记账凭证上填制会计分录等内容，如图4-2所示。

【例4-2】 10月12日，企业购买A材料一批，价款15 000元，同时按规定向销货方支付增值税进项税额1 950元，全部款项采用转账支票方式用银行存款支付，并已收到银行开具的付款通知。

会计确认：这是一笔付款交易，涉及资产要素（"在途物资"，增加；"银行存款"，

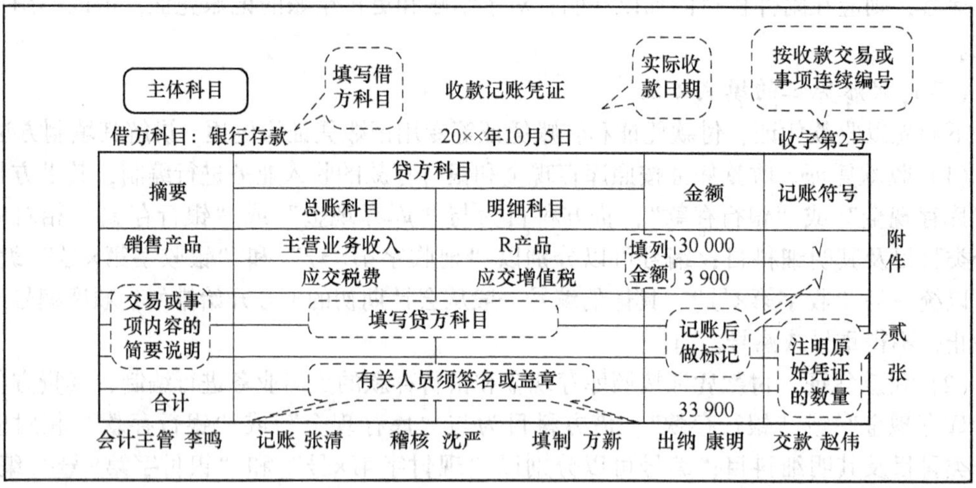

图 4-2 收款记账凭证的填制方法

减少）和负债要素（“应交税费”，减少）。原始凭证是本企业开出的支票存根和银行开具的付款通知等，根据这些原始凭证应填制付款记账凭证。

会计计量：按实际成本计量。“在途物资”账户增加 15 000 元；“应交税费”账户减少 1 950 元；“银行存款”账户减少 16 950 元。

根据以上确认和计量结果在付款记账凭证上填制会计分录等内容，如图 4-3 所示。

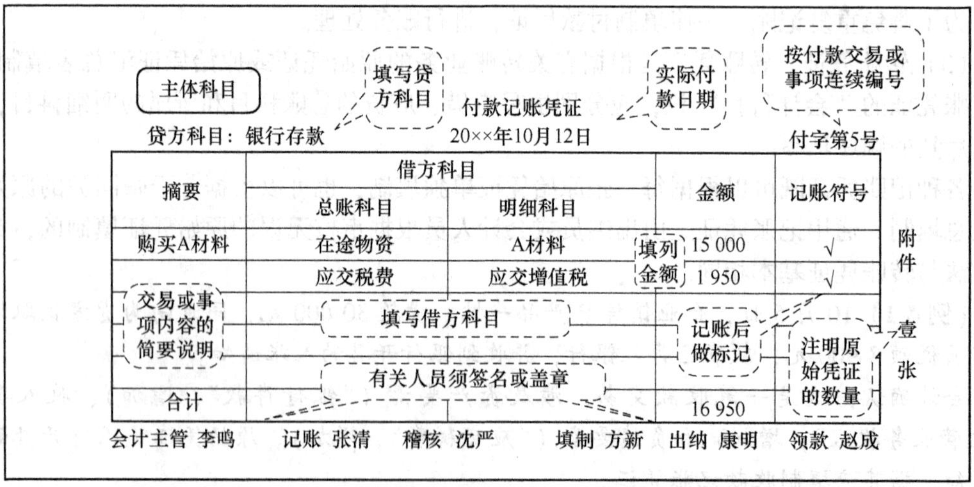

图 4-3 付款记账凭证的填制方法

【例 4-3】 10 月 15 日，企业生产车间领用材料一批，用于 R 产品生产，材料实际成本为 10 000 元。

会计确认：这是一个既不涉及货币资金收入也不涉及货币资金付出的转账事项，涉及资产要素中的两个项目（“生产成本”，增加；“原材料”，减少）。原始凭证是生产车间的领料单，依据该原始凭证应填制转账记账凭证。

会计计量：按实际成本计量。“生产成本”账户增加10 000元；“原材料”账户减少10 000元。

根据以上确认和计量结果在转账记账凭证上填制会计分录等内容，如图4-4所示。

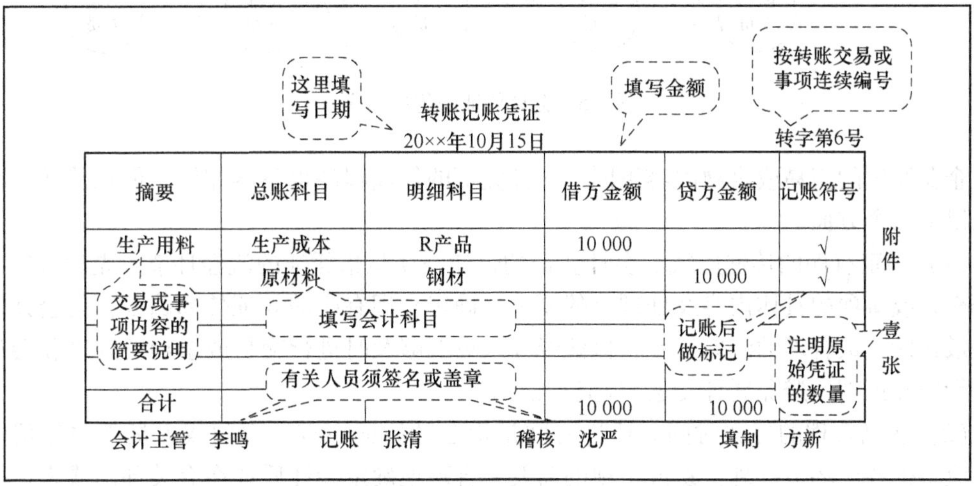

图4-4　转账记账凭证的填制方法

（三）记账凭证的审核

为了保证记账凭证的准确性，监督款项收付，全面提供会计信息，必须对记账凭证进行严格的审核。

（1）记账凭证是否与原始凭证相符。应审核记账凭证是否根据审核无误的原始凭证编制，是否附有原始凭证；所附原始凭证的张数、经济内容、金额合计是否与记账凭证一致。

（2）会计分录是否正确。会计分录是记账凭证的主要内容，应审核记账凭证所确定的会计分录的科目和金额是否正确，对应关系是否清晰。

（3）内容是否齐全。审核记账凭证的内容是否填制全面、完备。

（4）填制是否合法。根据现行会计准则、会计制度的规定，审核记账凭证的填制是否合规、合法，确保记账凭证所使用的账户名称、核算内容符合相关法律、法规及企业自身经济管理的要求。

第四节　会计凭证的传递与保管

一、会计凭证的传递

会计凭证的传递是指会计凭证从取得、填制、使用到归档保管为止，在企业内部有关部门和人员之间传递的程序。

会计凭证是办理交易或事项的依据，这就决定了会计凭证具有在相关的职能部门和有关人员之间流动的特性。会计凭证的传递程序如图4-5所示。

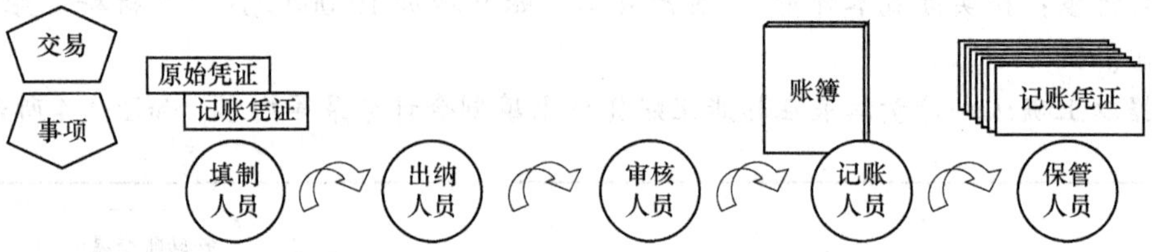

图 4-5 会计凭证的传递程序

企业发生的交易或事项内容不同，会计凭证的传递程序也不尽相同，但在传递上都应注意以下几个方面。

(1) 确定有序的传递路线。会计凭证的传递路线是指凭证的流经环节及先后次序。应根据交易或事项的具体内容及处理上的要求，确定合理有序的凭证传递路线，使会计凭证沿着最快捷、最合理的流向运行，保证经办人员能够及时进行交易或事项的处理和会计人员进行账务处理，避免凭证传递“越位”。

(2) 明确合理的传递时间。传递时间是指会计凭证在有关部门或人员手中停留的时间。应根据各个环节处理交易或事项的需要，合理地确定会计凭证在有关部门或人员手中的停留时间，以保证会计凭证的及时传递，避免停留时间过长而影响下一个环节的处理。

(3) 办理严密的传递手续。会计凭证的传递手续是指相关部门或人员在凭证的交接过程中应当办理的手续。为避免会计凭证的丢失或损坏，消除会计凭证在传递过程中的安全隐患，应在凭证交接的各个环节办理交接手续，明确各个环节及有关人员的责任。

二、会计凭证的保管

会计凭证的保管主要是指对各种会计凭证的保存与管理。会计凭证是企业的重要经济档案，应当采取措施妥善保管。在将会计凭证上的交易或事项登记入账以后，对会计凭证应进行必要的整理、装订，并归档存查，不得丢失或任意销毁，切实保证会计凭证的安全与完整。会计凭证的保管应注意以下几个环节。

(1) 整理归类，装订成册。企业在每个月末一般应对本月已登记入账的会计凭证进行整理，按照记账凭证的编号顺序连同所附原始凭证装订成册，以防散失。对于数量过多的原始凭证，也可以单独装订保管。为便于日后查阅，应在装订成册的凭证上加具封面，注明单位名称，填制凭证的起讫日期，标明会计凭证的种类及数量等，并由有关人员签名或盖章。

(2) 编造清册，归档保管。会计年度终了时，由会计部门按照会计凭证归档的要求整理立卷。当年的会计凭证可以在年度终了后由会计部门保管一年，以便于对跨年度的交易或事项进行核对与接续处理。期满后应由会计部门编造清册，移交本单位档案部门，按档案保管的要求妥善保管。

(3) 妥善保管，控制借阅。对处于保管过程中的会计凭证，既要防止自然环境等因素可能造成的损害，也要防止人为原因的损坏和丢失等，应采取得力措施严密保管。保管中的会计凭证原则上不得外借，如有特殊需要，须报经单位负责人批准，但不得拆散原卷册，并应限期归还。对外提供的原始凭证的复印件应在专设的登记簿上登记，并由提供人员和收取人员签名或盖章。

（4）保管期满，酌情处理。会计凭证的保管期限为30年。保管期未满时，任何人都不得随意销毁会计凭证。保管期满后，应按规定销毁。对按规定需要永久保存的会计凭证不得销毁。

【思政案例】

83次凭证造假，老会计贪污了128万元

“我不缺钱，可现在一家人的生活都被我给毁了。要不是因为炒股，我也不会犯下这样的错误。”浙江省建德市委统战部原部务会议成员戚某在审讯室里泪流不止。作为一个老会计，她算错了自己的“人生账”。

2020年12月，当地法院对戚某案公开审理，长年以简朴形象示人的戚某被指控贪污128万元。更让人吃惊的是，这笔犯罪数额背后是83次作案。

在当地人眼里，统战部是个清水衙门。2010年开始，戚某的职务从办公室副主任升到部务会议成员，兼任统战部会计、市知联会秘书长和知联会会计等。

戚某有十几年的乡镇工作经历。当年连办公桌的桌腿坏了，她都让同事用砖头垫着接着用。同事眼里的她“从不乱花单位一分钱”，统战部的财务工作由她负责，领导和同事都觉得放心。

然而，生活中的戚某却沉迷炒股。看着别人炒股赚钱，她也想进入股市赚点零花钱。但是精打细算的她怕投资失败，不愿意动用自己的家庭资金。她想到了拿公款来满足自己的这个“爱好”：亏掉了，钱也不是自己的，只需要把单位账面做平就行。

2013—2020年，戚某连续作案，不放过任何一笔小钱，从千余元到十万元，蚂蚁搬家式地贪污，先后83次作案将128万元的公款放进自己的口袋。其中，大部分钱款被她用来炒股。

戚某多次冒用他人名义，以慰问金、护理补贴等形式骗取公款40余万元。找到这些相关人员核实取证后，办案人员唏嘘不已。大家没想到，戚某竟然会为了骗取1 000元的慰问金而编造他们亲人去世、生病住院的谎言。

戚某以慰问金名义骗取的公款在股市投资中非但没有赚钱，还难以弥补在股市中的亏损。她又把目光投向统战部和知联会的活动经费。她伪造了种类繁多的活动，包括趣味运动会、专题调研活动、读书活动、考察活动等，签订虚假合同、涂改报销单数额、虚开发票，先后套取80多万元。据办案人员统计，到案发时她股市亏损达60多万元，剩余资金在她投案自首后主动退缴。

“本想着用公家的钱来炒股，亏了钱也不会太心痛，哪想到却亲手毁了自己美好的生活。”然而，这些迟来的悔恨也不能让她逃避法律的制裁，戚某最终因贪污犯罪被建德市人民法院判处有期徒刑三年两个月。

（资料来源：中央纪委国家监委网站）

【思政说明】

案例中的会计人员，从原始凭证入手，采用伪造票据、虚开发票、涂改金额等手段，贪污单位钱款，从小到大，积少成多，最终走上犯罪道路。炒股亏损并不是戚某违法的原因，真正的原因是没有抵制住金钱的诱惑，而又心存侥幸。

作为会计人员，天天面对金钱利益的诱惑，当面临某种压力时，在获得机会的情况下，很有可能对其产生不利影响。因此，作为会计人员，必须树立正确的人生观、价值观，熟悉会计职业道德规范和相关法律法规，并能够对各种潜在的违法违规行为进行识别、评价与应对，时刻提醒自己严格遵守职业规范，爱岗敬业，廉洁自律。否则不仅违反会计职业道德基本原则，也很有可能直接违反法律法规。

作为会计人员，更应该明白，从会计平衡等式来看，各种舞弊行为，或早或晚都会从资产的账实不符中被发现。因此可以通过主动帮助完善单位内部控制，避免让自己与相关的违法违规行为相关联，从外界角度杜绝可能存在的违法机会。

【自测题】

一、单项选择题

(1) 会计人员应根据（　　）及有关资料编制记账凭证。

A. 填写齐全的原始凭证　B. 盖有填制单位财务公章的原始凭证

C. 审核无误的原始凭证　D. 计算准确的原始凭证

(2) 将会计凭证划分为原始凭证和记账凭证两大类的依据是（　　）。

A. 填制的时间　B. 填制的方法

C. 填制的程序和用途　D. 凭证反映的经济内容

(3) 会计凭证传递是指从会计凭证取得或填制时起至（　　）过程中，在单位内部有关部门和人员之间的传送程序。

A. 登记账簿　B. 编制会计报表　C. 归档保管　D. 保管期满销毁

(4) 下列各项中，不属于原始凭证审核内容的是（　　）。

A. 原始凭证的真实性　B. 原始凭证的合法性

C. 会计分录的正确性　D. 原始凭证的完整性

(5) 在采用收款凭证、付款凭证和转账凭证的情况下，涉及现金和银行存款之间的划转业务，按规定（　　）。

A. 只填收款凭证　B. 只填付款凭证

C. 既填收款凭证又填付款凭证　D. 只填转账凭证

(6) 根据国家《会计档案管理办法》的规定，原始凭证和记账凭证的保存期限为(　　)。

A. 3年　B. 5年　C. 10年　D. 30年

(7) 可以不附原始凭证的记账凭证是（　　）。

A. 更正错误的记账凭证　B. 从银行提取现金的记账凭证

C. 用现金发放工资的记账凭证　D. 销售产品的记账凭证

(8) 销售产品货款未收，应该填制（　　）。

A. 银收字记账凭证　B. 现付字记账凭证　C. 转账凭证　D. 单式凭证

(9) 销售商品50 000元，当即收到转账支票一张，计35 000元，其余暂欠，该笔经济业务应编制（　　）。

A. 一张转账凭证和一张收款凭证　B. 两张转账凭证

C. 一张银行存款收款凭证　D. 一张收款凭证和一张付款凭证

（10）下列不能作为会计核算的原始凭证的是（　　）。
A. 发货票　B. 合同书　C. 入库单　D. 领料单

二、多项选择题

（1）原始凭证按照填制手续及内容不同分为（　　）。
A. 一次凭证　B. 专用凭证　C. 累计凭证　D. 汇总原始凭证

（2）关于记账凭证的填制依据，下列说法中正确的有（　　）。
A. 可以根据每一张原始凭证填制
B. 可以根据原始凭证汇总表填制
C. 可以根据内容和类别不同的原始凭证汇总填制
D. 可以根据若干张同类原始凭证汇总编制

（3）下列经济业务中，应填制转账凭证的是（　　）。
A. 收到投资者投入的原材料　B. 收到投资者投入的银行存款
C. 购买材料未付款　D. 销售商品收到商业汇票一张

（4）下列属于外来原始凭证的有（　　）。
A. 购货发票　B. 出差人员车船票　C. 银行结算凭证　D. 领料单

（5）在原始凭证上书写阿拉伯数字，正确的有（　　）。
A. 金额数字一律具体到角、分
B. 无角无分的，角位和分位可写“00”或符号“-”
C. 有角无分的，分位应当写“0”
D. 有角无分的，分位也可以用符号“-”代替

（6）涉及库存现金和银行存款之间划款的业务时，可以编制的记账凭证有（　　）。
A. 银行存款收款凭证　B. 银行存款付款凭证
C. 库存现金收款凭证　D. 库存现金付款凭证

（7）王明出差回来，报销差旅费 2 000 元，原预借 2 500 元，交回剩余现金 500 元，这笔业务应该编制的记账凭证有（　　）。
A. 汇总原始凭证　B. 收款凭证　C. 付款凭证　D. 转账凭证

（8）下列经济业务中，应填制转账凭证的有（　　）。
A. 国家以厂房对企业投资　B. 外商以货币资金对企业投资
C. 购买材料未付款　D. 销售商品收到商业汇票一张
E. 向职工发放工资

（9）下列说法中正确的有（　　）。
A. 原始凭证必须记录真实，内容完整
B. 一般原始凭证发生错误，必须按规定办法更正
C. 有关现金和银行存款的收支凭证，如果填写错误，必须作废
D. 购买实物的原始凭证，必须有验收证明
E. 退款时必须取得对方的收款收据或汇款银行的凭证，必要时可以用退货发票代替收据

（10）对记账凭证审核的要求有（　　）。
A. 内容是否真实　B. 书写是否正确

C. 科目是否正确　　　　　　　　　　　　D. 金额是否正确

E. 是否与原始凭证相符

三、判断题

(1) 自制原始凭证是单位会计人员自行填制的原始凭证。 (　　)

(2) 原始凭证仅是填制记账凭证的依据，登记账簿只能依据记账凭证。 (　　)

(3) 付款凭证左上角“借方科目”处，应填写“库存现金”或“银行存款”科目。 (　　)

(4) 各种凭证若填写错误，不得随意涂改、刮擦、挖补。 (　　)

(5) 发现以前年度记账凭证有错误的，应当用蓝字填制一张更正的记账凭证。 (　　)

(6) 企业的各种原始凭证都不得涂改、刮擦和变造，如果发生错误，应采用划线更正法予以更正。 (　　)

(7) 各种记账凭证只能根据一张原始凭证填制。 (　　)

(8) 原始凭证和记账凭证都是具有法律效力的证明文件。 (　　)

(9) 为了简化工作手续，可以将不同内容和类别的原始凭证汇总，填制在一张记账凭证上。 (　　)

(10) 会计凭证的传递是指从原始凭证的填制或取得起，到会计凭证归档保管止，在财务部门内部按规定路线进行传递和处理的程序。 (　　)

【综合实训】

[目的] 练习专用记账凭证的填制方法。

[资料] 假定甲公司20××年10月发生如下交易或事项。

(1) 10月3日，收到投资者投入的货币资金200 000元，已存入银行。原始凭证为银行存款通知单1张。

(2) 10月5日，用银行存款40 000元购入不需要安装设备一台（假定不考虑应交税费）。原始凭证为银行存款转账支票存根1张，销售设备企业发票1张。

(3) 10月10日，发出材料一批，实际成本为12 000元，用于产品生产。原始凭证为领料单1张。

(4) 10月15日，从银行提取现金2 000元。原始凭证为现金支票存根1张，银行付款通知单1张。

(5) 10月17日，借入短期借款20 000元，已存入银行。原始凭证为借款合同1份，银行收款通知单1张。

(6) 10月18日，用银行存款35 000元偿还应付账款。原始凭证为银行存款转账支票存根1张，银行付款通知单1张。

(7) 10月22日，用银行存款30 000元偿还短期借款。原始凭证为银行存款转账支票存根1张，银行付款通知单1张。

(8) 10月24日，从乙公司购入乙材料一批，实际成本为20 000元，货款已用银行存款支付（假定暂不考虑已交税费）。材料暂未入库。原始凭证为银行存款转账支票存根1张，销售材料企业发票1张。

(9) 10月28日，用现金1 000元购买企业管理部门使用的办公用品。原始凭证为销售商店发票 1 张。

（10）10 月 30 日，用银行存款 20 000 元偿还应付账款。原始凭证为银行存款转账支票存根 1 张，银行付款通知单 1 张。

［要求］

（1）根据所给交易或事项逐笔确定应当填制的专用记账凭证名称。

（2）利用专用记账凭证填制各项交易或事项的记账凭证。

第五章　会计账簿

【学习目标】

➢ **知识目标**

（1）掌握会计账簿的定义和种类；掌握账簿的设置和登记；掌握错账更正的各种方法。

（2）了解会计账簿的更换与保管。

➢ **素养目标**

形成流程思维和整合意识。做事情要有流程，要善于将零散信息整合成有用的知识。

（1）培养认真细致的工作能力和反思能力。保证每一笔业务的核算均与原始凭证吻合，做到从证到账和从账到证的双向思考和推断。

（2）培养有错必改和对违法行为的辨识能力。错账可以更正，生活中的错误也可以及时纠正；对违法的错误要持零容忍的态度。

（3）建立殊途同归的思维方式。不同账务处理程序其结果都是为了编制报表，进行信息输出。

（4）形成与时俱进的工作作风。随着外部技术环境的变化，企业的核算工具和方式要进行相应调整。

【引导案例】

某企业20××年1月初银行存款余额为800 000元，本月涉及银行存款的经济业务见表5-1（假设下列业务中不考虑增值税）。

表5-1　银行存款的经济业务

业务序号	公司发生的业务	会计分录	凭证种类及编号
1	1日，从银行提取现金500元		
2	3日，购买材料40 000元，其中30 000元用银行存款支付，10 000元货款未付，材料已经入库		
3	5日，用银行存款支付办公部门水电费10 000元		
4	6日，销售新产品70 000元，款项存入银行		
5	10日，从银行借入6个月借款50 000元，存入银行		
6	15日，收到投资者投入的银行存款100 000元		
7	20日，用银行存款购买设备一台，价值80 000元		

续表 5-1

业务序号	公司发生的业务	会计分录	凭证种类及编号
8	25 日，用银行存款支付前欠材料款 10 000 元		
9	28 日，将现金 2 000 元存入银行		
10	30 日，收到某单位的预付款 50 000 元，存入银行		

问题：

(1) 根据表 5-1 中的每笔业务编制会计分录，并指出每笔业务所编制记账凭证的种类和编号；

(2) 根据上述经济业务编制的记账凭证能否连续、系统、全面地记录“银行存款”账户的增加额、减少额和余额。

第一节　会计账簿概述

一、会计账簿的定义及作用

会计账簿简称账簿，是由具有一定格式、相互联系的若干账页组成，以会计凭证为依据，全面、连续、系统地记录各项经济业务的会计簿籍。

会计账簿可以将会计凭证上记录的零散的会计资料系统地反映出来，是继会计凭证后记载企业经济业务的又一个重要载体。

设置和登记账簿是会计核算的重要方法，也是会计循环的主要环节，其作用体现在以下几个方面。

(1) 提供全面、系统的会计信息。通过设置和登记账簿，可以使在会计凭证中记载的大量分散的会计核算资料，按会计账户进行分类、整理、汇总，从而系统、连续、全面地反映企业的经济业务。

(2) 为财务报表的编制提供依据。会计账簿通过对会计凭证所反映的大量经济业务进行序时、分类的记录和加工，在一定时期终了，再将这些资料进行整理后，就可以作为定期编制财务报表的主要的、直接的依据。

(3) 保证财产物资的安全完整。通过设置和登记账簿，能够对各项财产物资的增减变动及结存情况进行连续的反映和监督，并可通过财产清查的方法，确定财产物资的实际结存数，将账簿记录和实际结存数量进行比较，保证财产物资的安全完整。

(4) 便于监管企业的经济活动。通过账簿记录，可以提供有关各项资产、负债、所有者权益和收入、成本、利润的指标，以便考核成本、利润计划的完成情况，评价企业财务状况和经营成果的好坏。同时，通过账簿记录可以实施会计分析和检查，发现管理中存在的问题，找出差距，挖掘潜力，促使单位加强经营管理，提高经济效益。

二、会计账簿的分类

(一) 会计账簿按用途分类

会计账簿按用途不同可分为序时账簿、分类账簿和备查账簿。

1. 序时账簿

序时账簿也称日记账，是按照经济业务发生的时间先后顺序，逐日逐笔登记经济业务的账簿。序时账簿按照记录的内容不同，可分为普通日记账和特种日记账。

普通日记账是用来登记各单位全部经济业务的日记账。通常把每天所发生的经济业务，按照业务发生的先后顺序，编成会计分录记入账簿中，所以又称分录日记账。

特种日记账是用来登记某一类经济业务发生情况的日记账。只把重要的项目按发生时间的先后顺序记入日记账中，反映某特定项目的详细情况。实务中，除库存现金和银行存款的收付要记入库存现金日记账和银行存款日记账之外，其他项目一般不再设置特种日记账进行登记。

2. 分类账簿

分类账簿是对全部经济业务按总分类账户和明细分类账户进行分类登记的账簿。

总分类账簿简称总账，是根据总分类科目开设账户，用来登记全部经济业务，进行总分类核算，提供总括核算资料的分类账簿。总分类账能够全面反映单位经济活动的概况，是编制财务报表的主要依据。

明细分类账簿简称明细账，是根据总账科目设置，按其所属明细分类科目开设账户，用来登记某一类经济业务，进行明细分类核算，提供明细核算资料的分类账簿。明细分类账可以反映经济活动的详细情况，为企业经营管理提供较全面的核算资料。

3. 备查账簿

备查账簿是对某些在序时账簿和分类账簿中未能记载或记载不全的经济业务进行补充登记的账簿。如以经营租赁方式租入固定资产的登记簿、受托加工材料登记簿、应收票据登记簿、代管商品物资登记簿等。备查账簿只是对其他账簿记录的一种补充，起到备忘参考和补充信息的作用。

(二) 会计账簿按外表形式分类

会计账簿按外表形式不同可分为订本式账簿、活页式账簿和卡片式账簿。

1. 订本式账簿

订本式账簿简称订本账，是在启用前将编有顺序页码的一定数量账页装订成册的账簿。对于重要的、具有统驭作用的账簿一般采用订本式账簿，如总分类账、库存现金日记账和银行存款日记账等。订本式账簿能够防止账页散失和被非法抽换，可以保证账簿记录的安全完整，但需预留账页，可能会造成预留账页的不足或浪费，且不能同时由多人记账，不便于分工。

订本式账簿主要适用于库存现金日记账、银行存款日记账和总分类账。

2. 活页式账簿

活页式账簿简称活页账，是将一定数量零散的账页置于活页夹内，可根据记账内容的变化而随时增加或减少部分账页的账簿，适用于各种明细分类账。活页式账簿可根据需要增减账页从而避免浪费，可以同时由多人记账，便于分工，但容易散失或被不正当地抽换。因此，活页式账簿在使用时应顺序编号，并由有关人员在账页上签名盖章。

3. 卡片式账簿

卡片式账簿简称卡片账，是将一定数量的卡片式账页存放于专设的卡片箱中，账页可以根据需要随时增添的账簿，主要适用于记录内容比较复杂的财产明细账，如固定资产卡片、低值易耗品卡片等。卡片式账簿便于随时查阅和归类整理，且不容易损坏，但是与活页式账簿相同，易出现卡片散失或被抽换的问题。因此，在使用卡片式账簿时也应顺序编号，并由有关人员在账页上签名盖章。

第二节　账簿的设置与登记

《会计法》第三条规定，各单位必须依法设置会计账簿，并保证其真实、完整。第十六条规定，各单位发生的各项经济业务事项应当在依法设置的会计账簿上统一登记、核算，不得违反本法和国家统一的会计制度的规定私设会计账簿登记、核算。因此，任何单位均应根据其规模大小、业务繁简及经营管理需要等情况，设置一定种类和数量的账簿。

一、账簿设置的原则

为保证账簿的设置与登记能提供单位全面、系统的会计信息，账簿的设置需遵循一定的原则。

（1）适应企业规模和特点，满足管理要求。设置的账簿要能保证全面、系统地反映各会计主体的经济活动情况，为经营管理提供系统分类的会计核算资料。

（2）适当简化。设置账簿要贯彻“单不重填，账不重设”的原则，在满足实际业务需要的前提下，注意人力、财力和物力的节约，避免重复设账。账簿的格式要按照所记录的经济业务内容进行选择，力求简便、实用、易行。

（3）科学严谨。设置账簿时，应保证其体系完整，以利用不同账簿间的数据关系，在账簿间形成一种严谨的勾稽关系，并通过记账人员的合理分工进行审核，避免经济业务的重记、漏记等，保证账簿资料的真实可靠。

二、账簿的登记规则

为保证账簿记录的正确、完整和及时，账簿在登记时，必须遵循一定的规则。

（1）必须根据经过审核无误的会计凭证登账。每一笔账都要记明日期、凭证号数、摘要和金额。记账后，要在记账凭证上注明所记账簿的页次，或画“√”符号，以免重记、漏记。

（2）登账时必须用蓝黑墨水或者碳素墨水书写，除了复写，不得用圆珠笔。除了结账划线、冲销、调整账务和更正错误记录，不得用红色墨水书写。

（3）登账时应按账户页次顺序逐行逐页登记，不得跳行、隔页。如果发生跳行、隔页，应在空行、空页处用红色墨水笔画对角线注销，注明“此行作废”或“此页作废”字样，并由记账人员盖章。

（4）记账时，要保持账页清晰、整洁，记账的文字或数字都要端正、清楚。数字一般不应超过格长的1/2，以便于错账更正。

（5）记账时，应按会计凭证上的分录所指的借、贷方向登记，凡需结出余额的账户，在结出余额后，应在“借”或“贷”栏内写明“借”或“贷”字样，没有余额的账户，应在该栏内写“平”字以表示该账户已经结平，同时在金额栏“元”位上用“-0-”表示。

库存现金、银行存款日记账必须逐日结出余额。

(6) 保证账簿记录的连续性。各个账户在一张账页记满时，要在该账页的最末一行结出本页借、贷双方发生额并结出余额，在该行“摘要”栏内注明“过次页”字样，然后再将这个发生额合计数和余额数填列到下一页的第一行内，并在“摘要”栏内注明“承前页”字样，以保证账簿记录的连续性。

(7) 保证账簿记录的完整性。订本式账簿一般都编有账页的顺序号，不得任意撕毁。活页式账簿的账页在启用后，除了经会计主管人员同意，也不得随便调换。

(8) 账簿记录发生错误时，应按规定的方法进行更正，严禁挖补、刮擦、涂改或用药水消除字迹。

三、序时账簿的设置与登记

(一) 普通日记账的格式与登记

普通日记账又称日记账，是用来逐日序时登记一个单位全部经济业务的账簿。它根据日常发生的经济业务所取得的原始凭证逐日逐笔序时登记，将每一笔经济业务转化为会计分录登记入账，然后再转记到分类账中。因此，普通日记账也称分录簿，可以起到记账凭证的作用。账页格式一般只设借、贷两栏，其格式见表 5-2。

表 5-2 普通日记账 第 页

20××年		分录编号	摘要	账户名称	账页	金额	
月	日					借方	贷方
9	1	001	收到投资者投入资本	银行存款		100 000	
				实收资本——张三			100 000
	5	002	银行存款购买固定资产	固定资产		40 000	
				应交税费——进项税额		5 200	
				银行存款			45 200
	6	003	购买原材料货款暂欠	原材料		60 000	
				应交税费——进项税额		7 800	
				应付账款			67 800
	8	004	借入长期借款	银行存款		200 000	
				长期借款			200 000

普通日记账的登记方法如下。

(1) “日期”栏和“分录编号”栏按照经济业务发生时间的先后顺序逐项登记，并按顺序写明分录的编号或序号。

(2) 在“摘要”栏内，摘录经济业务事项的内容。

(3) 在“账页”索引栏内填写会计分录所收入的分类账的编号、页码，用于与分类账进行对照检查。

(4) “账户名称”栏登记该笔经济业务应借、应贷的账户名称和记账方向。

（5）“借方金额”和“贷方金额”栏登记各个账户的借方或贷方金额。

（二）库存现金日记账和银行存款日记账的格式与登记

库存现金日记账和银行存款日记账又称特种日记账，是针对库存现金和银行存款业务，按其发生的时间先后顺序，逐日逐笔进行连续登记的账簿。货币资金是流动性最强，也是最容易出问题的财产，为加强管理，需设置库存现金日记账和银行存款日记账分别对其进行序时反映。

1. 库存现金日记账的格式与登记

库存现金日记账是用来核算和监督库存现金的收入、支出和结余情况的序时账簿。为防止账页丢失，便于查阅，手工记账方式下必须采用订本式账簿。

库存现金日记账可采用三栏式和多栏式两种格式。

（1）三栏式库存现金日记账。三栏式库存现金日记账的格式见表5-3。

表5-3　库存现金日记账（三栏式）　　第　页

20××年		凭证		摘要	对方科目	收入	支出	余额
月	日	字	号					
12	1			期初余额				20 000
	16	付	5	支付购买材料运费	在途物资		100	19 900
	21	付	9	销售产品负担运费	销售费用		300	19 600
	28	付	12	付工程费用	在建工程		60	19 540
	29	收	7	小李报销差旅费	其他应收款	500		20 040
	31			本月合计		500	460	20 040

三栏式库存现金日记账由出纳根据库存现金的收付款凭证以及反映从银行提取现金业务的银行存款付款凭证，按照业务发生时间先后顺序逐日逐笔登记。

（2）多栏式库存现金日记账。为了更清晰地反映账户之间的对应关系，了解库存现金变化的来龙去脉，库存现金日记账可以在“收入”和“支出”栏下分别设置其对应科目进行登记，形成多栏式库存现金日记账。

多栏式库存现金日记账的格式见表5-4。

表5-4　库存现金日记账（多栏式）　　第　页

年		记账凭证		摘要	收入						支出						余额
月	日	种类	号数		应贷科目					合计	应借科目					合计	

采用表5-4所示的多栏式库存现金日记账格式时，按照收入、支出的对应科目分设专栏逐日逐笔登记，到月末结账时分栏加计发生额，便于反映每笔收支的来源和用途，能够

为企业的经济活动分析和财务收支分析提供详细具体的资料，但如果对应账户较多，库存现金日记账表格就会过大，也不便于分工登记。为此，可将上述表格一分为二，分别设置库存现金收入日记账和库存现金支出日记账，并按库存现金收入和支出的对应账户设置专栏进行登记。其格式见表5-5和表5-6。

表5-5 库存现金收入日记账（多栏式） 第 页

年		记账凭证		摘要	贷方科目				收入合计	支出合计	余额
月	日	种类	号数								

表5-6 库存现金支出日记账（多栏式） 第 页

年		记账凭证		摘要	借方科目				收入合计	支出合计	余额
月	日	种类	号数								

多栏式库存现金日记账的登记方法一般有两种：其一是由出纳人员根据审核后的收付款凭证逐日逐笔进行登记，每日将支出日记账中的当日支出合计数转入收入日记账中当日支出合计栏，以结出当日余额。月末，会计人员根据审核后的库存现金多栏式日记账的各专栏数登记总分类账。其二是另外设置库存现金出纳登记簿，由出纳人员根据审核后的库存现金收付款凭证逐日逐笔登记，然后将凭证转交会计人员据以登记库存现金日记账，月末根据库存现金日记账登记总分类账。

2. 银行存款日记账的格式和登记

银行存款日记账是用来核算和监督银行存款的收入、支出和结余情况的序时账簿。为防止账页丢失，便于查阅，手工记账方式下必须采用订本式账簿。

银行存款日记账的格式一般采用三栏式，也可在收入和支出项下分别设置其对应科目，采用多栏式银行存款日记账。银行存款日记账格式基本同库存现金日记账，只是为了反映银行存款所采用的结算方式，并利于与银行核对账目，增设了结算凭证种类和号数栏，三栏式银行存款日记账的格式见表5-7。

表5-7 银行存款日记账（三栏式） 第 页

年		记账凭证		结算凭证		摘要	对方科目	收入	支出	余额
月	日	种类	号数	种类	号数					

银行存款日记账由出纳根据银行存款的收付款凭证以及反映将库存现金送存银行业务的库存现金付款凭证，按照业务发生时间先后顺序逐日逐笔登记。其结算凭证种类和号数栏，根据收款凭证和付款凭证所附的银行结算凭证填列，以便与银行对账。种类为库存现金支票和转账支票等，号数为支票号码。

多栏式银行存款日记账与多栏式库存现金日记账类似，只是增设了结算凭证种类和号数栏，其登记方法也与多栏式库存现金日记账类似，此处不再赘述。

四、分类账簿的设置与登记

（一）总分类账的格式与登记

总分类账是按照总分类账户分类登记全部经济业务的账簿。在总分类账中，应按照会计制度规定的会计科目编号顺序分设账户，并为每个账户预留若干账页。应用总分类账能够总括、全面地反映经济活动情况，并为编制财务报表提供依据，因而任何单位都必须设置总分类账，手工核算方式下需采用订本式账簿。

总分类账一般采用借、贷、余三栏式的订本账，也可根据需要增设对方科目栏或采用多栏式总分类账。三栏式总分类账的格式分别见表 5-8 和表 5-9。

表 5-8 总分类账（不设对方科目的三栏式）

会计科目________ 第 页

年		记账凭证		摘要	借方	贷方	借或贷	余额
月	日	种类	号数					

表 5-9 总分类账（设对方科目的三栏式）

会计科目________ 第 页

年		记账凭证		摘要	借方		贷方		借或贷	余额
月	日	种类	号数		金额	对方科目	金额	对方科目		

多栏式总分类账是指将所有总账科目集中设在一张账页上的总分类账。这种格式的总分类账也称日记总账，其格式见表 5-10。

表 5-10 总分类账（日记总账） 第 页

年		记账凭证		摘要	发生额	科目		科目		…
月	日	种类	号数			借方	贷方	借方	贷方	

（二）明细分类账的格式与登记

明细分类账是根据二级账户或明细账户开设，用来详细记录和反映各会计科目的增减变动详细情况的账簿。各单位应根据经营管理的需要设置明细账簿。

明细分类账可采用三栏式、多栏式以及数量金额式等不同格式。

1. 三栏式明细分类账

三栏式明细分类账一般采用借、贷、余三栏式，适用于只需要进行金额核算不需要进行数量核算的债权、债务结算科目，如“应收账款”“应付账款”等。其格式见表5-11。

表5-11　××明细账

明细科目________　　　　　　　　　　　　　　　　第　页

年		记账凭证		摘要	借方	贷方	借或贷	余额
月	日	种类	号数					

2. 多栏式明细分类账

多栏式明细分类账是在一张账页内记录某一科目所属的各明细科目内容，按该总账科目的明细项目设专栏记录的账簿。它适用于只记金额不记数量，且管理上需要了解其构成内容的费用、收入、利润科目。

费用明细账按借方设多栏，收入明细账按贷方设多栏，利润明细账分别按贷方和借方设多栏。前两种明细账的格式见表5-12，利润明细账的格式见表5-13。

表5-12　××明细账　　　　　　　　第　页

年		记账凭证		摘要	借（贷）方				贷（借）方	余额
月	日	种类	号数					合计		

表5-13　利润明细账　　　　　　　　第　页

年		记账凭证		摘要	借方				贷方				借或贷	余额
月	日	种类	号数					合计				合计		

3. 数量金额式明细分类账

数量金额式明细分类账需要分别在收入、支出和余额栏下设置数量、单价和金额三个小栏，以同时提供实物信息和价值量信息。其格式见表5-14。

表5-14　××明细账

类别：　　　　　　　　　　品名和规格：　　　　　　　　　　第　页

编号：　　　　　　　　　　计量单位：　　　　　　　　存放地点：

年		记账凭证		摘要	借方			贷方			余额		
月	日	种类	号数		数量	单价	金额	数量	单价	金额	数量	单价	金额

上述各种明细分类账的登记方法取决于单位经济业务的繁简程度和经济管理的要求，既可以根据原始凭证或记账凭证逐笔登记，也可以定期汇总登记。

（三）总分类账和明细分类账的平行登记

总分类账提供单位所有账户的总括核算指标，明细分类账提供各个明细账户的详细核算指标，二者之间是统驭与被统驭的关系。总分类账对其所属的明细分类账起着统驭和控制的作用，明细分类账对总分类账起着补充和说明的作用。由于二者登账的依据相同，因此需进行平行登记。

平行登记是指经济业务发生后，根据会计凭证：一方面登记有关的总分类账户；另一方面登记该总分类账户所属的各有关明细账户。

平行登记的要点包括：登记的依据相同且同期登记入账，当经济业务发生时，应根据同一张会计凭证同时在总分类账和明细分类账中分别进行登记；登记的方向一致，若某项经济业务根据某张记账凭证登在了总分类账的借方，则必然登在其所属明细分类账的借方；登记的金额相等。因此，总分类账户与其所属的明细分类账户之间会存在一定的数量关系。

总分类账户与其所属的明细分类账户之间的数量关系用公式表示如下：

总分类账户本期发生额 = 所属明细分类账户本期发生额合计

总分类账户期末余额 = 所属明细分类账户期末余额合计

在会计核算中，可以利用二者之间的上述关系，编制总分类账和明细分类账本期发生额和余额对照表，检查账簿记录的正确性。

【例 5-1】假设某公司 20××年 11 月有关原材料的资料如下。

（1）期初余额为：A 材料 25 千克，单价 100 元，金额 2 500 元；B 材料 50 千克，单价 200 元，金额 10 000 元。

（2）5 日，购入 A 材料 10 千克，单价 100 元；B 材料 20 千克，单价 200 元。材料已验收入库，贷款通过银行转账支付，材料的增值税税率均为 13%。

（3）6 日，生产甲产品分别领用 A，B 材料各 15 千克。

本月未发生其他与原材料有关的经济业务。

要求：试进行总分类账和明细分类账的平行登记。

第一，根据以上资料开设“原材料”总分类账和明细分类账，并登记期初余额。

第二，根据发生的经济业务编制如下会计分录。

5 日

借：原材料——A 材料　　1 000
　　　　　——B 材料　　4 000
　　应交税费——应交增值税（进项税额）　　650
　贷：银行存款　　　5 650

6 日

借：生产成本——甲产品　　4 500
　贷：原材料——A 材料　　　1 500
　　　　　　——B 材料　　　3 000

第三，根据会计分录平行登记有关的总分类账和明细分类账，并结出各账簿的本期发生额和期末余额。账簿登记的结果分别见表5-15~表5-17。

表5-15 总分类账

会计科目：原材料 第 页

20××年		记账凭证		摘要	借方	贷方	借或贷	余额
月	日	种类	号数					
11	1			月初余额			借	12 500
	5	银付	1	购入材料	5 000		借	17 500
	6	转	1	生产领用		4 500	借	13 000
	30			本月合计	5 000	4 500	借	13 000

表5-16 原材料明细账

类别：略 品名和规格：A材料 第 页

编号：略 计量单位：千克 存放地点：略

20××年		记账凭证		摘要	借方			贷方			余额		
月	日	种类	号数		数量	单价	金额	数量	单价	金额	数量	单价	金额
11	1			月初余额							25	100	2 500
	5	银付	1	购入材料	10	100	1 000				35	100	3 500
	6	转	1	生产领用				15	100	1 500	20	100	2 000
	30			本月合计	10	100	1 000	15	100	1 500	20	100	2 000

表5-17 原材料明细账

类别：略 品名和规格：B材料 第 页

编号：略 计量单位：千克 存放地点：略

20××年		记账凭证		摘要	借方			贷方			余额		
月	日	种类	号数		数量	单价	金额	数量	单价	金额	数量	单价	金额
11	1			月初余额							50	200	10 000
	5	银付	1	购入材料	20	200	4 000				70	200	14 000
	6	转	1	生产领用				15	200	3 000	55	200	11 000
	30			本月合计	20	200	4 000	15	200	3 000	55	200	11 000

第四，编制总分类账和明细分类账本期发生额和余额对照表，进行核对。本期发生额和余额对照表见表5-18。

表 5-18　原材料账户本期发生额和余额对照表

20××年 11 月

账户名称	计量单位	单价	期初余额		本期发生额				期末余额	
			数量	金额	收入		发出		数量	金额
					数量	金额	数量	金额		
A 材料	千克	100	25	2 500	10	1 000	15	1 500	20	2 000
B 材料	千克	200	50	10 000	20	4 000	15	3 000	55	11 000
明细账				12 500		5 000		4 500		13 000
总分类账				12 500		5 000		4 500		13 000

根据本期发生额和余额对照表，原材料明细账发生额和余额的金额合计与总分类账的发生额和余额相等。

第三节　错账更正

在日常会计核算中，存在种种原因可能导致凭证编制或记账错误，这时就需要进行错账更正。

一、错账的基本类型

会计核算是一项细致的工作，稍有不慎就可能导致错账。在手工核算的方式下错账大致有以下两大类型。

（1）会计凭证正确，账簿记录错误。凭证的填制正确无误，但记账人员在记账时产生失误，导致账簿记录出现错误。

（2）会计凭证错误，并据以登记账簿。会计凭证错误又表现为几种不同的情况：会计科目使用错误；会计科目正确，但记账凭证上的发生额填制错误，可以表现为金额多写或少写。

二、错账的更正

记账错误发生后，应采用规定的方法进行更正。更正错账的方法有划线更正法、红字更正法和补充登记法。

（一）划线更正法

划线更正法是对账簿记录中的错误文字或者数字，划红线注销，并做更正的一种方法。

在结计余额之前，如果发现账簿记录有文字或数字上的错误，而记账凭证没有错误，即纯属账簿记录中的笔误，则可采用划线更正法。

具体做法是：先将错误数字全部划一条红线予以注销，然后，将正确的数字用蓝字写在划线上面，并由记账员在更正处盖章，以明确责任。但不得只划线更正其中个别数字；

而且对已划线注销的数字，应当保持原有字迹仍可辨认，以备查核。

【例 5-2】企业用银行存款 2 425 元购买企业管理部门使用的办公用品。在付款记账凭证上编制的分录如下，并已登记入账。

借：管理费用 2 425

　　贷：银行存款 2 425

假定在登记账簿过程中，“银行存款”账户的登记没有问题，只是误将“管理费用”账户借方金额错写为“2 452”。这笔错账在记账后很快被发现，对这样的错账一般可采用划线更正法更正。错账的情况与更正方法如图 5-1 所示。

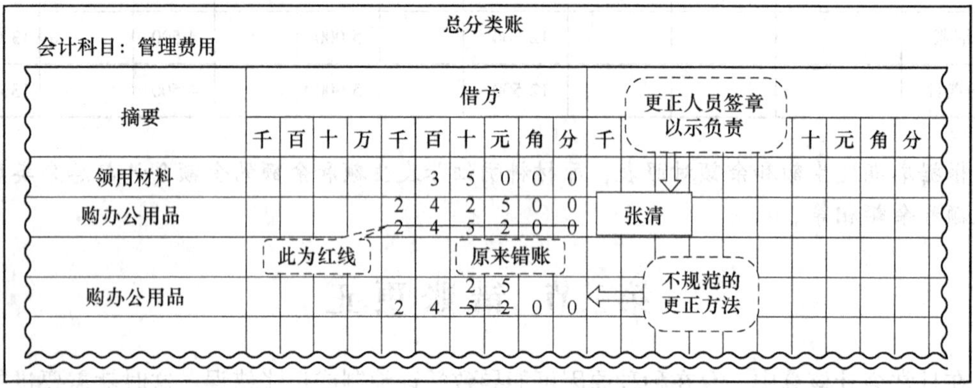

图 5-1 划线更正法的应用

（二）红字更正法

红字更正法是指由于记账凭证错误而使账簿记录发生错误，用红字冲销原记账凭证，以更正账簿记录的一种方法。

适用范围有两个方面。

（1）记账以后，发现记账凭证中应借应贷的会计科目或记账方向有错误时，可采用红字更正法予以更正。

更正的具体方法是：用红字填写一份与原用科目、借贷方向和金额相同的记账凭证，以冲销原来的记录；然后用蓝字重新填制一份正确记账凭证，一并登记入账。

【例 5-3】车间领用原材料 6 000 元用于一般性消耗。编制如下记账凭证，并据以登记入账。

借：生产成本 6 000

　　贷：原材料 6 000

发现记账错误后，应先按照原分录用红字填制一张记账凭证以冲销原会计分录：

借：生产成本 6 000

　　贷：原材料 6 000

同时，再用蓝字填制一张正确的记账凭证：

借：制造费用 6 000

　　贷：原材料 6 000

以上有关账户的记录如下：

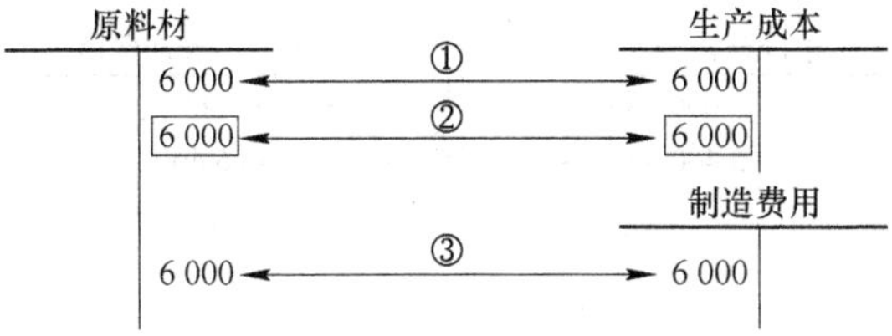

（2）记账以后，如发现原记账凭证中应借、应贷会计科目和记账方向正确，只是金额发生错误，且所记金额大于应记金额。

其更正方法是：用红字填写一张记账凭证，用以冲销多记金额（即正确数与错误数之间的差数），并据以用红字登记入账，以求得正确金额。

【例 5-4】 用库存现金购买办公用品 800 元。根据下面的会计凭证已登记入账。

借：管理费用 8 000

贷：库存现金 8 000

发现记账错误后，应将多记的 7 200 元用红字分录予以冲销：

借：管理费用 7 200

贷：库存现金 7 200

以上有关账户的记录如下：

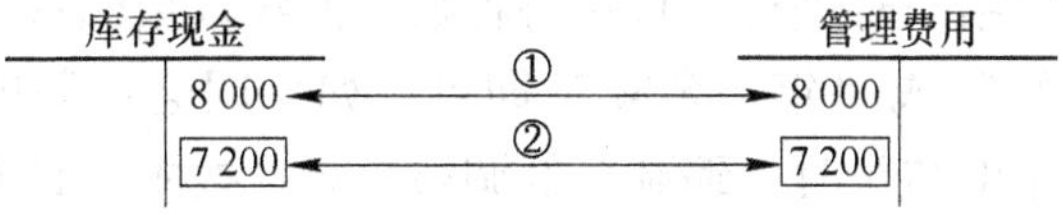

（三）补充登记法

补充登记法是指由于记账凭证错误导致账簿记录错误，从而采用编制补充凭证，以更正账簿记录的一种方法。

记账以后，如果发现记账凭证上应借、应贷的会计科目和记账方向并无错误，但所填金额小于应填金额，可采用补充登记法更正。

具体的更正方法为：按少记的金额再用蓝字填一张应借、应贷的会计科目和记账方向与原错误记账凭证相同的记账凭证，并据以登记入账，以补充少记的金额。

【例 5-5】 用转账支票支付业务招待费 6 000 元。已根据编制的如下会计凭证登记入账。

借：管理费用 600

贷：银行存款 600

发现错误时，可将少记的 5 400 元再编制一张记账凭证，如下。

借：管理费用 5 400

贷：银行存款 5 400

以上有关账户的记录如下：

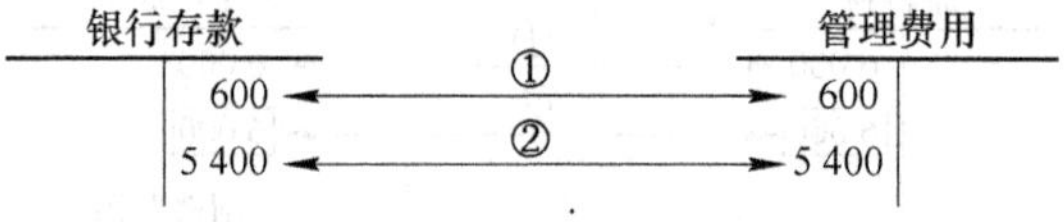

采用红字更正法和补充登记法更正错账时，都要在凭证的摘要栏内注明原错误凭证号数、日期和错误原因，便于日后核对。

第四节　账簿的更换与保管

会计账簿是单位重要的会计档案资料，且有些是需要保密的。因此，各单位必须按照国家的有关规定，建立健全会计账簿的更换与保管制度。

一、会计账簿的更换

会计账簿的使用以会计年度为限，在每个会计年度末，应当将旧账更换为新账。一般来说，库存现金日记账、银行存款日记账、总分类账及大部分明细分类账都要每年更换新账。

固定资产明细账或固定资产卡片可继续使用，不必每年更换。

更换账簿一般在年终结账时进行，直接将各账户的年末余额抄入新账的有关账户，在摘要栏内注明“上年结转”或“年初余额”即可。如果因会计制度变更需变更账户名称及其核算内容，应在上年度结账时，编制余额调整分录，按本会计年度的账户名称、核算内容，将上年度有关账户的余额进行合并或分解。结出新账中应列出的余额，然后过渡到新账中的各有关账户；或者在上年度结账后，通过编制余额调整工作底稿的方式，将上年度有关账户余额分解、归并为本年度有关账户的余额，然后开设本年度新账，将余额抄入有关账户第一行，并标明余额方向即可。上年末编制的余额调整分录，应与上年度会计凭证一并归档保管；编制的余额调整工作底稿应与上年度的账簿一并归档保管。

二、会计账簿的保管

会计账簿是会计信息的主要载体，也是企业的重要经济档案，因此，必须建立账簿的保管制度，以确保账簿的安全与完整。会计账簿的保管包括账簿的日常管理和归档保管。

（一）会计账簿的日常管理

会计账簿的日常管理应切实做到以下几点。

（1）专人管理，保证安全。对各种账簿应指定专人管理，做到分工明确，责任清楚。账簿保管人员即负责记账、对账和结账的会计人员，应保证账簿的安全完整。

（2）查阅复制，须经批准。会计账簿未经会计部门负责人等批准，非经管人员不能随意翻阅查看、摘抄或复制。

（3）除非必要，不得外带。会计账簿一般不能携带外出。需要携带外出时，应指定专人负责。

（二）会计账簿的归档管理

使用过的账簿即年度终了时更换下来的账簿，在这些账簿中记录了企业过去发生的交易或事项，是企业重要的经济档案，更应按要求归档保管。

【思政案例】

隐匿、故意销毁私设的“小金库”会计账簿是否构成犯罪?

罗某在2008—2016年担任文山市供销合作社主任职务期间，违反国家财经规定，私设“小金库”，将主管单位每年收取的部分门面租金存入财务人员管理的“小金库”账户内，主要用于违规发放单位职工福利、年终奖金和接待费等。

2013年的一天，罗某安排单位副主任和财务人员将资金总额约人民币300万元的“小金库”会计凭证、会计账簿销毁。

公诉机关认为，被告人罗某故意销毁依法应当保存的会计凭证、会计账簿，情节严重，已触犯《中华人民共和国刑法》（简称《刑法》）第一百六十二条之一的规定，应当以故意销毁会计凭证、会计账簿罪追究其刑事责任。《刑法》第一百六十二条之一规定，隐匿或者故意销毁依法应当保存的会计凭证、会计账簿、财务会计报告，情节严重的，处五年以下有期徒刑或者拘役，并处或者单处二万元以上二十万元以下罚金。

罗某辩护人认为，“小金库”账簿资料不是严格意义上的会计凭证和账簿，虽然销毁事实存在，但应对罗某从轻处罚。

法院认为，被告人罗某身为单位主要领导，直接负责的主管人员，故意授意他人实施销毁“小金库”会计凭证、会计账簿等情节严重的行为，构成故意销毁会计账簿、会计凭证罪，公诉机关指控的犯罪事实清楚，证据确实、充分，指控的罪名成立，予以确认并追究被告人罗某的刑事责任。文山市供销合作社私设“小金库”的行为违反了我国会计法的相关规定，隐匿了本单位的部分经营项目与资金往来，规避了国家对其正常的审核与监督，因此行为不合法。但是，“小金库”中涉及的会计资料也记载了单位特定时期的一部分经营活动和资金往来情况，这一违法账目与明账结合在一起，才构成该单位资金业务往来的全部记录。“小金库”的账目也是业务的真实记录，反映了该单位的资金往来情况，应属于“依法应当保存”的会计资料。不能因为私设“小金库”的行为违法和“小金库”涉及的资金违法，就认为涉及该行为和资金的有关会计资料不应依法保存。因此，“小金库”中的会计凭证和会计账簿属于依法应当保存的“会计资料”。辩护人认为“小金库”财务资料不属于会计凭证、会计账簿的意见，法院不予采纳。

法院判决，罗某犯故意销毁会计凭证、会计账簿罪，判处有期徒刑一年，并处罚金人民币2万元。

（资料来源：中国裁判文书网）

【思政说明】

《会计法》第二十三条、第四十二条至第四十五条规定了会计账簿的法律责任。为适应《会计法》的发展，全国人大常委会于1999年通过我国第一个《刑法修正案》，其中第一条规定：第一百六十二条后增加一条，作为第一百六十二条之一。至此，隐匿、故意销毁会计凭证、会计账簿、财务会计报告正式成为我国的一种犯罪行为，打击此类行为从立法上进入新的阶段。有关会计账簿刑事责任规定的增加，我国会计刑事法律责任制度得以完备，整个会计流程实际处于刑法的管理之下。

按照《会计法》第十六条规定，各单位发生的各项经济业务事项应当在依法设置的会计账簿上统一登记、核算，不得违反本法和国家统一会计制度的规定私设会计账簿登记、核算。私设“小金库”违反了法律法规应当追究行政责任。那么私设的“小金库”账簿是否属于《刑法》第一百六十二条规定的“依法应当保存的会计账簿”?

根据本章思政案例中法院审理可知，虽然私设“小金库”的行为违法，但“小金库”账簿记载了单位某一时间的部分经营活动情况，与公开账目一起构成了该单位完整的经济业务记录。因此，私设的会计账簿属于《刑法》规定依法保存的会计账簿，隐匿、故意销毁“小金库”账簿也构成隐匿、故意销毁会计账簿罪。

会计账簿是会计档案的重要组成部分，作为记载单位财务活动的重要资料，是相关单位财务管理的重要依据，对加强企业管理提高经济效益、健全财务制度、保护单位和国家利益、打击经济犯罪活动具有重要的现实作用和意义。会计档案在很多民事案件中都作为重要证据，民事案件的诉讼时效最长为 20 年，结合会计档案的实际利用需求，我国 2015 年修订的《会计档案管理办法》，将会计档案的定期保管期限由原 3 年、5 年、10 年、15 年、25 年五类调整为 10 年、30 年两类。应熟悉会计账簿有关法律知识，只有在知法的基础上，才能做到守法。

【自测题】

一、单项选择题

(1) 账簿按其用途的不同，可分为（ ）。
A. 订本式账簿、活页式账簿、卡片式账簿
B. 序时账簿、分类账簿、备查账簿
C. 三栏式账簿、多栏式账簿、数量金额式账簿
D. 总分类账、明细分类账、日记账和辅助性账簿

(2) 下列账簿中，一般应采用活页式账簿的有（ ）。
A. 日记账　B. 总分类账　C. 明细分类账　D. 备查账

(3) 必须逐日结出余额的账簿是（ ）。
A. 库存现金日记账　B. 银行存款总账　C. 库存现金总账　D. 应收账款总账

(4) 平行登记法是指同一项经济业务（ ）登记。
A. 在汇总凭证与有关账户之间　B. 在各有关总分类账户中
C. 在各有关明细分类账户中　D. 在总账及其所属明细账户之间

(5) 在结账之前，如果发现账簿记录有错误，而记账凭证填制正确，更正时可用（ ）。
A. 红字更正法　B. 划线更正法　C. 补充登记法　D. 更换账页法

(6) 记账以后，如果发现记账凭证上应借、应贷的会计科目和记账方向并无错误，但所填金额小于应填金额，可采用（ ）更正。
A. 红字更正法　B. 划线更正法　C. 补充登记法　D. 更换账页法

(7) 记账人员在登记账簿后，若当年发现所依据的记账凭证中使用的会计科目有误，应采用的更正方法是（ ）。

A. 划线更正法　B. 红字更正法　C. 补充登记法　D. 修改更正法

(8) 为保证会计账簿记录的正确性，会计人员编制记账凭证时必须依据（　）。

A. 金额计算正确的原始凭证　B. 填写齐全的原始凭证

C. 审核无误的原始凭证　D. 盖有填制单位财务公章的原始凭证

(9) 下列关于会计账簿日常管理的说法中，不正确的是（　）。

A. 各种账簿应指定专人保管，一般是谁记账谁负责保管

B. 非经管人员可随意翻阅会计账簿

C. 会计账簿除与外单位核对账目外，一般不允许携带外出

D. 会计账簿不能随意交与其他人员管理

(10) 一般来说，下列各项中不必每年都更换新账的是（　）。

A. 库存现金日记账　B. 银行存款日记账　C. 固定资产明细账　D. 总分类账

二、多项选择题

(1) 下列选项中，可以作为登记明细账的依据的有（　）。

A. 记账凭证　B. 原始凭证　C. 汇总原始凭证　D. 汇总记账凭证

(2) 错账更正的方法一般有（　）。

A. 平行登记法　B. 划线更正法　C. 补充登记法　D. 红字更正法

(3) 下列错账，当年内发现更正时，适用于红字更正法更正的有（　）。

A. 记账凭证中会计科目错误

B. 记账凭证中应借应贷会计科目正确，但所记金额大于应记金额

C. 记账凭证中应借应贷会计科目正确，但所记金额小于应记金额

D. 记账凭证正确，记账时出现数字错误

(4) 库存现金日记账可以根据（　）记账凭证登记。

A. 库存现金收款凭证　B. 库存现金付款凭证

C. 银行存款收款凭证　D. 银行存款付款凭证

(5) 账簿按照外表形式分为（　）。

A. 订本式账簿　B. 多栏式账簿　C. 卡片式账簿　D. 活页式账簿

(6) 下列明细账中，一般采用多栏式明细分类账的有（　）明细账。

A. 应收账款　B. 库存商品　C. 生产成本　D. 本年利润

(7) 下列选项不符合登记账簿要求的有（　）。

A. 为防止篡改，文字书写要占满格　B. 数字书写一般要占格距的1/2

C. 将登记中不慎出现的空页撕掉　D. 用圆珠笔登记账簿

(8) 账簿与账户的关系有（　）。

A. 账户存在于账簿之中，账簿中的每一账页就是账户的存在形式和载体

B. 没有账簿，账户就无法存在

C. 账簿序时、分类地记载经济业务，是在账户中完成的

D. 账簿只是一个外在形式，账户才是它的真实内容

(9) 会计账簿的登记规则错误的有（　）。

A. 账簿记录中的日期，应该填写原始凭证上的日期

B. 多栏式账页中登记减少数可以使用红色墨水

C. 在登记各种账簿时，应按页次顺序连续登记，不得隔页、跳行

D. 对于没有余额的账户，应在"借或贷"栏内写"平"字表示

(10) 关于会计账簿的意义，下列说法中正确的有（ ）。

A. 提供全面、系统的会计信息

B. 为财务报表的编制提供依据

C. 保证财产物资的安全完整

D. 通过账簿的设置和登记，编报、输出会计信息

E. 便于监管企业的经济活动

三、判断题

(1) 账簿按其外表形式不同可分为备查账簿和联合账簿。（ ）

(2) 手工会计核算方式下，现金日记账和银行存款日记账必须采用订本式账簿。（ ）

(3) 年终结账时有余额的账户，应将其余额结转到下一会计年度，结转后本年有余额账户的余额即变为零。（ ）

(4) 总分类账户和明细分类账户平行登记的要点可概括为：登账依据相同，方向一致，金额相等。（ ）

(5) 每页日记账记完转页时，可以在上页最后一行结出发生额和余额，然后用蓝黑墨水在下页第一行写出上页的发生额和余额，并在"摘要"栏内写上"承前页"字样。（ ）

(6) 账簿与账户的关系是形式与内容的关系，账簿是外在形式，账户是真实内容。（ ）

(7) 除结账和更正错账外，一律不得使用红色墨水登记账簿。（ ）

(8) 每年年初，除了少数明细账不必更换新账外，总账、日记账和大部分明细账都必须更换新账。（ ）

(9) 装订成册的会计凭证，年度终了，可暂由本单位财会部门保管一年，期满后可申请销毁。（ ）

(10) 会计部门应于记账之后，定期对各种会计凭证进行分类整理，并将各种记账凭证按编号顺序排列，连同所附的原始凭证一起加具封面，装订成册。（ ）

【综合实训】

综合实训 1

[目的] 练习库存现金日记账及总分类账的登记方法。

[资料] 假定甲公司8月1日库存现金日记账的余额和当日发生的现金收付交易或事项如下。

1. 8月1日库存现金日记账的余额为800元。

2. 当日发生如下与现金收付有关的交易或事项：

(1) 支付购买材料运费150元（假定不考虑税金的处理）。（提示：借方科目为"在途物资"。）

(2) 公司工作人员小张报销差旅费2 400元，出差前借款为2 000元，垫付部分400元已付给小张本人。

（3）从银行提取现金 15 000 元，准备向员工发放工资。

（4）用现金 15 000 元向员工发放工资。（提示：借方科目为“应付职工薪酬”。）

（5）公司职员小王报销差旅费 2 250 元，出差前借款为 3 000 元，剩余款 750 元交回财会部门。

（6）处理积压材料收入现金 1 800 元（假定不考虑税金的处理）。（提示：贷方科目为“其他业务收入”。）

（7）将库存现金 1 000 元存入银行。

[要求]

（1）根据资料确认应填制专用记账凭证的名称，并为记账凭证编号。

（2）根据编制的专用记账凭证逐笔登记库存现金日记账，计算当日余额。

（3）逐笔登记库存现金总分类账，计算当日余额。

综合实训 2

[目的] 练习错账更正方法的应用。

[资料] 甲工厂将账簿记录与记账凭证进行核对时，发现下列经济业务的账簿记录有误。

（1）以现金 1 000 元支付广告费。原记账凭证的会计分录为

借：管理费用　　1 000

　贷：库存现金　　1 000

（2）结转已售产品成本 59 000 元。原记账凭证的会计分录为

借：本年利润　　95 000

　贷：主营业务成本　　95 000

（3）收回欠款 8 600 元存入银行。原记账凭证的会计分录为

借：银行存款　　6 800

　贷：应收账款　　6 800

（4）计提管理部门固定资产折旧费 5 100 元。原记账凭证的会计分录为

借：管理费用　　51 000

　贷：累计折旧　　51 000

（5）结算本月份应付职工工资，其中：生产工人工资为 14 000 元，厂部管理人员工资为 3 400 元。原记账凭证的会计分录为

借：生产成本　　14 000

　　管理费用　　3 400

　贷：应付职工薪酬　　17 400

根据该记账凭证登记账簿时，其“管理费用”借方金额误记为 4 300 元。

[要求] 将上述各项经济业务账务处理的错误，分别采用适当的更正错账方法予以更正。

第六章　企业主要经济业务的核算

【学习目标】

➢ **知识目标**

（1）掌握企业资金筹集、供应业务、生产业务、销售业务、利润形成和利润分配的核算方法。

（2）熟悉各种经济业务需要设置的账户。

（3）了解产品生产成本的构成内容和计算过程。

➢ **素养目标**

社会发展日新月异，新的技术工具和经济业务不断涌现，要做到与时俱进、勇于开拓进取，用创新思维解决新问题。

（1）培养注重细节、精益求精的工匠精神。在会计处理的每一个环节，都要做到认真、细致、严谨、专业。

（2）培养合规思维和流程思维。严格按照规章制度进行会计处理，遵循必要的流程程序。

（3）树立纳税光荣、偷税漏税可耻的价值观。通过增值税等税费的改革，给广大企业减轻税费负担，促进中小企业的健康发展。

（4）树立合理分配利润的意识和共同富裕的理念。

【引导案例】

张明、李莉、王刚毕业后自己创业，他们从一个食品加工小作坊做起，经过5年的艰辛努力，终于积累了部分资金。于是，20××年他们三人计划投资成立一家有限责任公司，张明出资35万元，李莉出资40万元，王刚出资25万元。公司名称拟定为“凯城食品有限责任公司”，注册资本为人民币100万元，主营食品加工，董事长（法定代表人）为张明。20××年2月10日，工商管理部门批准了他们的申请并签发了营业执照，“凯城食品有限责任公司”正式成立。

问题：

（1）张明、李莉、王刚三人投入的资金100万元是公司的资产吗；

（2）公司成立后，主要的经营活动有哪些，怎样计算该公司的利润。

（资料来源：于家臻．会计基础［M］．北京：电子工业出版社，2015.）

对于工业企业而言，企业筹集到所需要的资金后，要开展一系列的生产经营活动，比如购买材料、生产产品、销售产品，最后计算企业的利润，然后再对利润进行分配等活动。所以，本章主要介绍筹资业务核算、供应业务核算、生产业务核算、销售业务核算、利润的形成及分配业务核算。

第一节　企业主要经济业务概述

企业是以营利为目的的经济组织。企业从事生产经营活动首先需要筹集一定的资金。企业所需资金的来源主要有两种渠道：投资者投入资金（权益筹资）和借入资金（债务筹资）。企业初始资金一般来自创始股东的投资，企业设立后还可以通过举债方式筹集资金。企业开展经营活动还需要一定的劳动资料（如厂房、机器设备等）和劳动对象（如原材料等）。为了保证生产经营的正常进行，企业需要将取得的资金用于购置或者建造厂房、机器设备，还需要采购生产所需要的原材料及辅助材料。做好生产准备工作之后，企业就可以合理组织生产活动，将原材料加工成能够满足用户需求的完工产品，并采取得力措施组织产品销售，最后收回货币现金，赚取利润并将利润进行合理分配，这就完成了一次资金的循环。接着又开始新的资金循环。企业这种周而复始的资金循环被称为资金的周转。

不同行业有不同的行业特点和业务流程，因此其主要业务的会计核算也各有特点。按照企业业务发生的顺序，会计核算的内容包括筹资业务核算、供应业务核算、生产业务核算、销售业务核算、利润形成和利润分配业务核算。对于不同阶段的经济业务需要设置相应的账户进行核算。本章以资金周转较为完整、典型的制造企业——A股份有限公司为例，综合运用借贷记账法及会计凭证与会计账簿的知识，讲解企业的资金筹集、设备购置、材料采购、产品生产、商品销售、利润形成和分配等经济业务的核算，以求完整理解和把握制造企业的资金循环和业务流程。

第二节　筹资业务的核算

一、投资者投入资本的核算

企业要开展生产经营活动，必须以一定量的资金为前提，即企业必须从各种渠道、以各种形式筹集资金，这是所有企业资金运动的起点。筹资是指企业为了满足生产经营的需要，筹措或集中所需资金的过程。在此过程中发生的经济业务，称为资金筹集业务。从性质上看，企业生产经营所需资金的获得，一般有两种渠道：一种是企业投资者的投入；另一种是从债权人借入。前者构成所有者权益，这部分资金在企业正常生产经营中一般不返还给投资者，但投资者可以分享企业获得的利润；后者形成企业的负债，企业需要按法定或约定偿还本金和支付利息。

（一）企业的投资者和投资方式

投资者投入的资本是企业生产经营的“本钱”，是企业所有者权益的主要组成部分。

企业的投资者可以是国家、法人、个人和外商，所以对企业的实收资本应根据投资者的不同进行明细核算，设置“国家投入资本”“法人投入资本”“个人投入资本”“外商投入资本”等明细科目。

投资者可以采用现金投资，也可以采用材料物资、固定资产、无形资产等非现金形式投资。

投入资本是投资者实际投入企业生产经营的各种财产物资所形成的资本。投资者作为企业的所有者将根据企业经营情况的好坏，按照出资比例、企业章程或协议的约定分享利润或承担风险、分担亏损。企业应正确核算资本的投入以及保值增值的情况，以更好地维护投资者的利益。

（二）需设置的账户

为核算企业收到的投资者投入的资本，需设置"实收资本/股本""资本公积""银行存款""原材料""应交税费""固定资产""无形资产"等账户。

（1）"实收资本/股本"账户。实收资本是投资者按照企业章程，或合同、协议的约定，实际投入企业的资本。"实收资本/股本"账户属于所有者权益类账户，核算企业接受投资者投入的资本。账户贷方登记实收资本的增加额，包括企业接受投资者投入的资本、股东大会批准的利润分配方案中分配的股票股利进行增资等情况引起的增加额；借方登记企业按法定程序报经批准减少注册资本的数额。"实收资本/股本"期末为贷方余额，反映企业实收资本或股本的总额。

企业收到投资者出资超过其在注册资本或股本中所占份额的部分，作为资本溢价或股本溢价，通过"资本公积"账户核算。

（2）"资本公积"账户。资本公积是指归企业所有者共有的资本。"资本公积"账户属于所有者权益类账户，核算企业收到投资者出资额超出其在注册资本或股本中所占份额的部分以及以其他方式形成的资本公积。该账户贷方登记企业取得的资本公积，包括企业接受投资者投入的资本以及可转换公司债券持有人行使转换权利将债务转为资本过程中形成的资本公积；借方登记资本公积减少额，包括支付与发行权益性证券直接相关的手续费、佣金等交易费用，资本公积转增资本等；期末贷方余额，反映企业的资本公积。该账户应当分别"资本溢价（股本溢价）""其他资本公积"进行明细核算。

（3）"银行存款"账户。"银行存款"账户属于资产类账户，核算企业存入银行或其他金融机构的各种款项。该账户借方登记银行存款的增加额；贷方登记银行存款的减少额；期末借方余额，反映企业存在银行或其他金融机构的各种款项。

（4）"原材料"账户。"原材料"账户属于资产类账户，核算企业库存的各种材料，包括原料及主要材料、辅助材料、外购半成品（外购件）、修理用备件（备品备件）、包装材料、燃料等的计划成本或实际成本。其借方核算外购、自制或接受投资者投入并已验收入库的原材料的成本；贷方核算由于领用、出售、委托外单位加工等发出的原材料的成本；期末借方余额，反映企业实际库存的原材料价值。

（5）"应交税费"账户。"应交税费"账户属负债类账户，核算企业按照税法等规定计算应交纳的各种税费，包括增值税、消费税、所得税、城市维护建设税、教育费附加等。

该账户的记录内容主要有：企业在材料采购过程中按照规定随同买价一并支付给供应商的增值税进项税额，企业在产品销售以后计算确定的应缴纳的增值税销项税额等。该账户的贷方登记应缴税费数等；借方登记企业实际缴纳的税费数（含已支付的进项税额）。该账户期末余额的方向具有不确定性，贷方余额反映企业欠缴税费数；借方余额反映企业多缴纳税费数（或已缴纳的进项税额）。该账户期末一般应为贷方余额，反映企业尚未缴纳的税费。在企业只发生了进项税额而暂时没有贷方销项税额发生额或进项税额多而销项税额少的情况下，该账户会产生借方余额。

（6）“固定资产”账户。“固定资产”账户属于资产类账户，核算企业持有的固定资产原值（原始价值）。该账户借方登记增加的固定资产的原始价值，包括由于投资者投入、购建、融资租入等增加的固定资产原值；贷方登记减少的固定资产的价值，包括由于出售、报废、毁损、盘亏、投资转出等减少的固定资产原值；期末借方余额，反映企业固定资产的原值。该账户可按固定资产类别和项目进行明细核算。

（7）“无形资产”账户。“无形资产”账户属于资产类账户，核算企业持有的无形资产原值，该账户借方登记由于投资者投入、企业外购、自行开发等取得的无形资产原值的增加数；贷方登记由于处置等引起的无形资产原值的减少数；期末借方余额，反映企业无形资产的原值。该账户可按无形资产项目进行明细核算。

二、借入资金的核算

企业为了进行正常的生产经营活动，除了利用投资者投入的资金，还经常通过向银行或非银行金融机构借入款项、发行债券等方式筹集资金，这部分资金主要用于弥补投资者投入的不足或满足企业扩大再生产的资金需求，构成企业的负债。

（一）借入资金的方式

企业从外界借入资金，主要可通过向银行或非银行金融机构借款，以及发行债券等方式取得。

企业向银行或其他金融机构等借入的款项称为借款。借款按照还款期的长短，可以分为短期借款和长期借款。借款必须按规定办理手续，偿还本金并支付利息。企业还可通过发行公司债券的方式向社会公众筹集资金。

（二）需设置的账户

为了加强对负债的核算和管理，企业需设置“短期借款”“长期借款”“应付利息”“财务费用”等账户。

（1）“短期借款”账户。“短期借款”账户属于负债类账户，核算企业向银行或其他金融机构等借入的期限在一年以下（含一年）的各种借款。该账户贷方登记企业借入的各种短期借款的增加额；借方登记归还短期借款的数额；期末贷方余额，反映企业尚未偿还的短期借款。

（2）“长期借款”账户。“长期借款”账户属于负债类账户，核算企业向银行或其他金融机构借入的期限在一年以上（不含一年）的各项借款。该账户贷方登记企业借入的各种长期借款本金及利息调整；借方登记归还的各种长期借款本金及利息调整的数额；期末贷方余额，反映企业尚未偿还的长期借款。

（3）“应付利息”账户。“应付利息”账户属于负债类账户，核算企业按照合同约定应支付的利息。该账户贷方登记应付未付的利息；借方登记实际支付的利息；期末贷方余额，反映企业期末应付未付的利息。

（4）“财务费用”账户。“财务费用”账户属于费用类账户，核算企业为筹集生产经营所需资金等而发生的筹资费用，包括利息支出（减利息收入）、汇兑损益以及相关的手续费、企业发生的现金折扣或收到的现金折扣等。该账户借方登记发生的利息支出、汇兑损失及相关手续费；贷方登记冲减财务费用的利息收入、汇兑损益、现金折扣以及期末转入“本年利润”账户的数额，结转后该账户无余额。

三、账务处理

下面以A股份有限公司（简称A公司）20××年12月发生的经济业务为例，说明制造企业主要经济业务的核算。A公司为增值税一般纳税人，适用的增值税税率为13%，所得税税率为25%；原材料按照实际取得时的成本进行核算。该公司20××年11月30日各总账科目的账户余额见表6-1。

表6-1 A公司总账科目余额

20××年11月30日　　单位：元

账户	借方余额	账户	贷方余额
库存现金	236	短期借款	46 000
银行存款	144 052	应付票据	34 500
应收票据	10 500	应付账款	3 780
应收账款	31 900	其他应付款	400
其他应收款	2 000	应付职工薪酬	60 000
在途物资	5 182	应交税费	8 290
原材料	106 570	应付利润	12 100
生产成本	41 270	长期借款	50 000
库存商品	100 000	累计折旧	181 500
固定资产	401 000	累计摊销	1 400
在建工程	20 000	股本	391 500
无形资产	55 000	盈余公积	5 000
利润分配	32 760	本年利润	156 000
合计	950 470	合计	950 470

有关明细账户的余额如下。

应收账款为应收B公司的销货款31 900元。

原材料106 570元，其中A材料50 000元，B材料56 570元。

生产成本41 270元，其中，甲产品30 000元（直接材料9 000元，直接人工10 000元，制造费用11 000元），乙产品11 270元（直接材料4 300元，直接人工4 000元，制造费用2 970元）。

库存商品全部为甲产品，共5 000件。

应交税费为11月应上缴的增值税税额8 290元。

其他应收款为应收后勤办小李的出差借款。

假设A公司20××年12月发生如下与资金筹集有关的经济业务。

【例6-1】 12月1日，A公司接受投资者C公司追加的货币资金投资500 000元，款项收到存入银行。

企业收到投资者追加的货币资金投资，导致企业银行存款增加，银行存款的增加是资产的增加，应记入“银行存款”账户的借方；同时企业股本也增加了500 000元，股本的增加是所有者权益的增加，应记入“股本”账户的贷方。会计分录为

借：银行存款	500 000	
贷：股本——C公司		500 000

【例6-2】 12月1日，收到投资者D公司投入的A原材料一批，发票上标明的材料价值为60 000元，增值税税额为7 800元，材料已验收入库。该原材料折合企业面值1元的普通股股票60 000股。

企业收到投资者投入的材料并验收入库后，导致库存的原材料增加60 000元，原材料增加是资产的增加，应记入“原材料”账户的借方；接受原材料投资使增值税进项税额也增加了7 800元，应按照发票上标明的增值税进项税额，借记“应交税费——应交增值税（进项税额）”；同时企业的股本增加了60 000元，超出股本部分的7 800元属于资本溢价，应计入资本公积，股本和资本公积的增加属于所有者权益的增加，应分别记入“股本”和“资本公积——股本溢价”账户的贷方。会计分录为

借：原材料——A材料	60 000	
应交税费——应交增值税（进项税额）	7 800	
贷：股本——D公司		60 000
资本公积——股本溢价		7 800

【例6-3】 12月1日，收到投资者王某公司投入的设备一台，王某公司开出的增值税专用发票上注明的设备金额为60 000元，相应的增值税税额为7 800元，设备公允价值等于发票列明的金额，已运达企业办理完交接手续；该设备换取企业面值1元的普通股股票55 000股。企业对该设备按固定资产进行核算。

企业接受投资者王某公司投入的设备，导致企业的固定资产增加60 000元，固定资产的增加属于资产增加，应记入“固定资产”账户的借方；按照有关规定，我国从2009年起开始全面实施消费型增值税，自2009年1月1日起，增值税一般纳税人购进（包括接受捐赠、实物投资等）或者自制（包括改扩建、安装等）固定资产发生的进项税额，可从销项税额中抵扣，其进项税额记入“应交税费——应交增值税（进项税额）”科目，所以该项业务导致增值税进项税额增加的7 800元，应记入“应交税费——应交增值税（进项税额）”账户的借方；同时企业的股本增加了55 000元，超出股本部分的12 800元（67 800—55 000）应计入资本公积（股本溢价），股本和资本公积的增加属于所有者权益的增加，应分别记入“股本”和“资本公积——股本溢价”账户的贷方。会计分录为

借：固定资产——设备	60 000	
应交税费——应交增值税（进项税额）	7 800	
贷：股本——王某公司		55 000
资本公积——股本溢价		12 800

【例6-4】 12月1日，收到投资者张某公司投入的一项商标权，其公允价值为98 700

元，由张某公司开具的增值税专用发票上注明增值税进项税额为 5 922 元，该商标权换取企业面值 1 元的普通股股票 100 000 股。

由于接受了投资者张某公司投入的商标权，企业的无形资产增加 98 700 元，无形资产的增加属于资产增加，应记入“无形资产”账户的借方；转让无形资产（土地使用权除外）适用 6%的税率征收增值税，接受方可将其计入增值税的进项税额予以抵扣；同时企业的股本也增加了 100 000 元，超出股本部分的 4 622 元应计入资本公积（股本溢价），股本和资本公积的增加属于所有者权益的增加，应分别记入“股本”和“资本公积——股本溢价”账户的贷方。会计分录为：

借：无形资产——商标权　　98 700
　　应交税费——应交增值税（进项税额）　　5 922
　贷：股本——张某公司　　100 000
　　　资本公积——股本溢价　　4 622

【例 6-5】 12 月 1 日，为建造厂房向银行借入 2 年期借款 3 000 000 元年利率为 6%，资金已划入企业账户。

向银行借入的期限为 2 年的借款为长期借款，长期借款增加了 3 000 000 元，长期借款的增加是负债的增加，应记入“长期借款”账户的贷方；资金已划入企业账户，导致银行存款也相应增加 3 000 000 元，应记入“银行存款”账户的借方。会计分录为：

借：银行存款　　3 000 000
　贷：长期借款　　3 000 000

【例 6-6】 12 月 1 日，因生产经营需要向银行借入期限为 3 个月的周转资金 80 000 元，年利率为 3%，资金已划入企业账户。

向银行借入的期限为 3 个月的借款为短期借款，短期借款增加了 80 000 元，短期借款的增加是负债的增加，应记入“短期借款”账户的贷方；资金已划入企业账户，导致银行存款也相应增加 80 000 元，应记入“银行存款”账户的借方。会计分录为：

借：银行存款　　80 000
　贷：短期借款　　80 000

【例 6-7】 12 月 31 日，计算确定本期短期借款利息为 390 元，长期借款利息为 15 250 元，其中符合资本化条件应计入在建工程成本的利息费用为 12 000 元。

短期借款的利息和不符合资本化条件的长期借款利息属于企业的财务费用，符合资本化条件的利息构成在建工程的成本。因此，此项经济业务的发生，使企业的财务费用增加了 3 640 元（390+15 250−12 000），财务费用的增加属于费用的增加，应记入“财务费用”账户的借方：在建工程的支出增加了 12 000 元，在建工程成本的增加属于企业资产的增加，应记入“在建工程”账户的借方；同时，企业的应付利息增加了 15 640 元（390+15 250），应付利息的增加属于负债的增加，应记入“应付利息”账户的贷方。会计分录为：

借：财务费用　　3 640
　　在建工程　　12 000
　贷：应付利息　　15 640

第三节　供应业务的核算

一、供应业务概述

企业为进行生产经营活动，需要购置厂房、设备以及产品生产用的材料等经济资源，这些经济资源大多是通过生产准备过程取得的。企业在筹集资金以后，需要购置厂房建筑物和机器设备等固定资产，另外还要购置各种材料物资等劳动对象。因此，供应业务包括固定资产购建和材料物资购买等过程。

（一）固定资产购建

固定资产购建包括固定资产的购买和建造。购买固定资产是指企业以货币资金直接从供应商购入不需要安装的机器设备；固定资产建造是指企业通过自建或出包的方式建造生产经营用的设备、厂房等固定资产，或者从供应商购入需要安装才可投入使用的机器设备等。不论是购买还是建造固定资产，均是现金资产转化为非现金资产的过程。企业固定资产的取得，虽然还有融资租入和投资者投入等不同方式，但购建是最主要的方式。

在固定资产的购建过程中，固定资产价值的确认是关键环节。按照《企业会计准则第4号——固定资产》的规定，固定资产应当按照成本进行初始计量。外购固定资产的成本，包括购买价款、相关税费、使固定资产达到预定可使用状态前所发生的可归属于该项资产的运输费、装卸费、安装费和专业人员服务费等。若以一笔款项购入多项没有单独标价的固定资产，应当按照各项固定资产的公允价值占总价值的比例对总成本进行分配，分别确定各项固定资产的成本。购买固定资产的价款超过正常信用条件延期支付，实质上具有融资性质的，固定资产的成本以购买价款的现值为基础确定。自行建造的固定资产价值，由建造该项资产达到预定可使用状态前所发生的必要支出构成。

（二）材料物资购买

购置设备是制造企业开始生产的基础，却不是企业的经常业务，制造企业的主要供应业务是材料物资的采购。材料物资的采购包括从上游供应商订购材料到运输、装卸以及验收入库并支付价款的全过程，其实质是通过材料物资的采购，将企业的货币资金转换为存货资金。在材料物资的购买过程中，材料物资价值的确认是关键环节，直接决定了产品成本计算的正确性。

企业购买材料，应于材料验收入库或支付材料价款取得所有权时将其作为一项资产确认；在材料领用时将其作为一项费用确认；会计期末，全部库存材料作为企业的流动资产确认。

（1）增加材料的计量。企业外购材料的成本包括材料价款和价外费用。其中，价外费用指采购时支付的运费、装卸费、途中保险费等运杂费，以及入库前的挑选整理费、途中的合理损耗、进口材料的佣金与关税、进口时发生的外汇价差等，但不包括支付的进项税额。

若企业同时采购两种以上的材料，需将价外费用按合理的方法在各种材料之间分配。分配的标准有重量、体积、材料价款等。

（2）发出材料的计量。对于生产领用或其他用途领用的材料，可按先进先出法、加权平均法、移动加权平均法、个别计价法等不同方法确定减少材料的价值。具体方法见本章第四节“生产业务”和第七章的“财产清查”部分。

（三）款项结算

固定资产和材料物资的购买，除了核算资产的入账价值，还应对款项的结算进行反映和监督。供应业务从付款环节看，可以分为三种情况：购进时直接支付货款和采购费用；购进时未支付货款，形成一笔负债；先预付货款，后取得固定资产和材料。

二、供应业务核算需设置的账户

根据以上分析，企业的供应业务核算除了需设置材料、固定资产等资产类账户，还应该设置与款项结算有关的账户。所以，供应业务需设置的账户有“库存现金”“银行存款”“在途物资”“原材料”“固定资产”“在建工程”“工程物资”“应付账款”“应付票据”“预付账款”等。

“银行存款”“原材料”“固定资产”等账户已在资金筹集业务中进行了讲解，这里只介绍其他账户。

（一）“库存现金”账户

“库存现金”账户属于资产类账户，核算企业的库存现金。库存现金的增加记在账户的借方，减少记在贷方。期末借方余额，反映企业持有的库存现金。

（二）“在途物资”账户

“在途物资”账户属于资产类账户，核算企业采用实际成本（或进价）进行的材料、商品等物资的日常核算、货款已付尚未验收入库的在途物资的采购成本。其借方核算归集的物资的买价、运杂费等采购成本；贷方核算验收入库的物资价值；期末借方余额，反映企业在途材料、商品等物资的采购成本。

（三）“在建工程”账户

“在建工程”属于资产类账户，核算企业基建、更新改造等在建工程发生的支出。其借方核算在建工程发生的各项工程支出；贷方核算设备达到预定可使用状态时，结转到固定资产的价值；期末借方余额，反映尚未达到预定可使用状态的在建工程的成本。该账户可以通过“建筑工程”“安装工程”“在安装设备”“单项工程”等进行明细核算。

（四）“工程物资”账户

“工程物资”账户属于资产类账户，核算企业为在建工程准备的各种物资的成本，包括工程用材料、尚未安装的设备以及为生产准备的工器具等。其借方核算购入的工程物资所增加的金额；贷方登记在建工程领用工程物资以及工程完工后转作本企业存货的物资的成本；期末借方余额，反映企业为在建工程准备的各种物资的成本。该账户可以通过“专用材料”“专用设备”“工器具”等进行明细核算。

（五）“应付账款”账户

“应付账款”账户属于负债类账户，核算企业因购买材料、商品和接受劳务等经营活动应支付的款项。该账户贷方登记应付未付的款项；借方登记企业已偿付的款项；期末贷方余额，反映企业尚未支付的应付账款余额。

（六）“应付票据”账户

“应付票据”账户属于负债类账户，核算企业购买材料、商品和接受劳务供应等开出、承兑的商业汇票，包括银行承兑汇票和商业承兑汇票。该账户贷方登记企业为抵付货款、应付账款而开出、承兑的商业汇票；借方登记到期偿付或因无力支付票款而转出的商业汇票；期末贷方余额，反映企业尚未到期的商业汇票的票面金额。

（七）“预付账款”账户

“预付账款”账户属于资产类账户，核算企业按照合同规定预付的款项。用到预付款项的情况不多的，也可以不设置该账户，将预付的款项直接记入“应付账款”账户。企业在按照购货合同规定预付给供应单位款项时，记入该账户的借方；收到对方发来的商品抵付预付款或收回供应单位退回的多收款项时，记入该账户的贷方；期末借方余额，反映企业预付的款项；期末如为贷方余额，反映企业尚未补付的款项。企业进行在建工程预付的工程价款，也在该账户核算。

三、账务处理

下面仍以A公司为例说明生产准备业务的账务处理。

【例6-8】 12月5日，购入生产用设备一台，发票上注明设备价款80 000元，增值税税税额10 400元，运杂费2 000元，无须安装即可使用，设备已运达企业，款项通过银行转账支付。

购入无须安装的设备，一方面使固定资产增加82 000元（80 000+2 000），应交税费——应交增值税（进项税额）增加10 400元；另一方面，款项通过银行转账支付，银行存款相应减少92 400元。固定资产和银行存款均是资产类账户，固定资产的增加应借记“固定资产”账户，银行存款的减少应贷记“银行存款”账户；应交税费——应交增值税（进项税额）的支付使企业的负债减少，应记入“应交税费——应交增值税（进项税额）”账户的借方。会计分录为

借：固定资产　　82 000
　　应交税费——应交增值税（进项税额）　　10 400
　贷：银行存款　　92 400

【例6-9】 12月6日，购入工程物资一批，收到的增值税专用发票上注明物资价款100 000元，增值税进项税额13 000元，支付运杂费等3 000元。款项已通过银行转账支付。

工程物资的成本应包括其买价及相应的运杂费等，所以，该笔业务使企业工程物资增加了103 000元（100 000+3 000），应交税费——应交增值税（进项税额）增加了13 000元，同时使银行存款减少了116 000元，工程物资价值的增加记入“工程物资”账户的借方，进项税额支付致使企业应交税费的减少记入“应交税费——应交增值税（进项税额）”账户的借方，银行存款的减少记入“银行存款”账户的贷方。会计分录为

借：工程物资　　103 000
　　应交税费——应交增值税（进项税额）　　13 000
　贷：银行存款　　116 000

【例6-10】 12月6日，企业购入需要安装的设备一台，收到的增值税专用发票上注明设备价款50 000元，增值税进项税额6 500元，支付运杂费等800元。设备已运达企业，款项通过银行转账支付。

该机器设备由企业自行安装，共领用工程物资 5 000 元，A 材料 800 元，应付安装工人工资福利费等 1 000 元，用现金支付其他费用 60 元。

（1）购入的设备需要安装，所以应先将其相关支出计入在建工程，在建工程增加 50 800 元（50 000+800）；同时，增值税进项税额的支付使企业的应交税费减少了 6 500 元；款项通过银行转账支付，导致银行存款减少 57 300 元。在建工程的增加属于资产的增加，应记入“在建工程”账户的借方，应交税费的减少属于负债的减少，应记入“应交税费——应交增值税（进项税额）”账户的借方，银行存款的减少应记入“银行存款”账户的贷方。会计分录为

借：在建工程	50 800
应交税费——应交增值税（进项税额）	6 500
贷：银行存款	57 300

（2）领用工程物资、材料，负担安装工人薪酬，支付其他安装费用等导致在建工程成本增加了 6 860 元（5 000+800+1 000+60），同时使工程物资、原材料、库存现金等分别减少了 5 000 元、800 元和 60 元，应付职工薪酬增加了 1 000 元。在建工程的增加属于资产的增加，应记入“在建工程”账户的借方；工程物资、原材料、库存现金等的减少属于资产的减少，应分别记入“工程物资”“原材料”“库存现金”账户的贷方；应付职工薪酬的增加属于负债的增加，应记入“应付职工薪酬”账户的贷方。会计分录为

借：在建工程	6 860
贷：工程物资	5 000
原材料	800
应付职工薪酬	1 000
库存现金	60

【例 6-11】 12 月 20 日，上述设备安装完工交付使用。工程完工交付使用，导致固定资产增加 57 660 元（50 800+6 860），应记入“固定资产”账户的借方；同时，在建工程减少 57 660 元，属于资产的减少，应记入“在建工程”账户的贷方。会计分录为

借：固定资产	57 660
贷：在建工程	57 660

【例 6-12】 12 月 8 日，从 E 公司采购 B 材料一批，买价 10 000 元，增值税税率 13%，物资尚未收到，签发一张票面金额 11 300 元、期限 3 个月的商业承兑汇票抵付相应款项。

材料的入账价值只包括买价和价外费用，不包括相应的增值税税额，相应的增值税计入应交税费，企业支付的进项税额记入“应交税费——应交增值税（进项税额）”账户的借方；物资尚未收到，表现为在途物资增加，在途物资属于企业的资产，资产增加应记入“在途物资”账户的借方；商业承兑汇票属于应付票据的核算范畴，签发商业承兑汇票导致应付票据增加，应付票据属企业的负债，负债增加记入“应付票据”账户的贷方。会计分录为

借：在途物资——B 材料	10 000
应交税费——应交增值税（进项税额）	1 300
贷：应付票据——E 公司	11 300

【例 6-13】12 月 10 日，根据合同规定，预付 F 公司材料款 22 600 元。

预付材料款，导致银行存款减少，预付账款增加。“银行存款”和“预付账款”皆为资产类账户，资产的减少记入贷方，增加记入借方。所以，本经济业务发生后，“银行存款”账户的贷方应记入 22 600 元，“预付账款”账户的借方应记入 22 600 元。会计分录为

借：预付账款——F 公司　　22 600

　贷：银行存款　　22 600

【例 6-14】12 月 15 日，从 G 公司购入另一批 B 材料，价款 80 000 元，增值税税率为 13%，材料已验收入库，款项尚未支付。

材料入库导致原材料增加 80 000 元，原材料属于企业的资产，资产增加应记入“原材料”账户的借方；支付的增值税进项税额记入“应交税费——应交增值税（进项税额）”账户的借方；款项尚未支付形成一笔应付账款，应付账款属于企业的负债，负债增加 90 400 元，应记入“应付账款”账户的贷方。会计分录为

借：原材料——B 材料　　80 000

　　应交税费——应交增值税（进项税额）　　10 400

　贷：应付账款——G 公司　　90 400

【例 6-15】12 月 16 日，8 日采购的材料运达企业，用现金支付运杂费 100 元，材料已验收入库。

购买材料时支付的运杂费应计入相关材料价值，并先由在途物资归集，导致在途物资增加 100 元，企业的资产增加，应记入“在途物资”账户的借方；同时库存现金减少 100 元，应记入“库存现金”账户的贷方。会计分录为

借：在途物资　　100

　贷：库存现金　　100

材料验收入库，使库存原材料增加 10 100 元（10 000+100），原材料增加应记入“原材料”账户的借方，同时使在途物资减少 10 100 元，在途物资的减少属于资产的减少，应记入“在途物资”账户的贷方。会计分录为

借：原材料　　10 100

　贷：在途物资　　10 100

【例 6-16】12 月 16 日，收到 F 公司发来的已预付货款的材料，其中 A 材料 1.5 吨，单价 8 000 元，B 材料 2 吨，单价 4 000 元，材料的增值税税率均为 13%，用转账支票支付运杂费 420 元。材料已验收入库，运杂费按材料重量进行分配。

因为运杂费是采购 A，B 两种材料时共同发生的，所以应由其分别承担其中的一部分。本例运杂费按材料的重量分配，需首先计算 A，B 两种材料各自应负担的运杂费：

$$\text{A 材料负担} = 1.5 \times \frac{420}{1.5 + 2} = 180(\text{元})$$

$$\text{B 材料负担} = 2 \times \frac{420}{1.5 + 2} = 240(\text{元})$$

A、B 材料的成本分别为：

$$\text{A 材料成本} = 1.5 \times 8\,000 + 180 = 12\,180(\text{元})$$

$$\text{B 材料成本} = 2 \times 4\,000 + 240 = 8\,240(\text{元})$$

收到材料使企业的原材料增加，应记入“原材料”账户的借方；同时，相应的增值税进项税额记入“应交税费——应交增值税（进项税额）”账户的借方；另外，此项采购使用原来已经预付的货款，从而使预付账款减少，应记入“预付账款”账户的贷方，用转账支票支付运杂费，导致银行存款减少，应记入“银行存款”账户的贷方。会计分录为

借：原材料——A 材料	12 180
——B 材料	8 240
应交税费——应交增值税（进项税额）	2 600
贷：预付账款	22 600
银行存款	420

【例 6-17】12 月 27 日，用银行存款偿还 15 日所欠 G 公司的材料款。

用银行存款偿还前欠货款导致银行存款和应付账款同时减少 90 400 元，银行存款的减少应记入“银行存款”账户的贷方，应付账款的减少则应记入“应付账款”账户的借方。会计分录为

借：应付账款——G 公司	90 400
贷：银行存款	90 400

第四节 生产业务的核算

一、生产业务概述

制造企业的生产业务，包括生产各种产品（产成品、自制半成品和提供劳务等）、自制材料、自制设备等。本书只介绍产品生产业务的核算。

制造企业将材料投入生产到产品完工的过程称为产品的生产过程，这个过程也是资产的耗费过程。在该过程中，劳动者运用劳动资料对劳动对象进行加工，改变劳动对象的性质、形态、功能等，使其成为预期的产成品。在企业的生产经营过程中，费用按照功能可分为生产费用和期间费用。生产过程中为进行产品生产所发生的费用称为生产费用，在生产的产品完工时，生产费用转变为产品的制造成本；在会计期间发生的用于企业经营管理的管理费用、销售费用和财务费用统称为期间费用，期间费用直接计入当期损益。

不论生产费用的具体内容如何，也不管其发生时能否直接认定产品归属，所有生产费用最终均要计入产品成本。每种产品归集的生产费用，期末要采用一定方法在该种产品的在产品（会计期末未完工的产品）与产成品之间进行分配，其中由产成品负担的部分，构成产品生产成本，随产品完工入库形成库存商品；由在产品负担的部分，形成期末在产品成本。

（一）生产费用

生产费用是生产过程中为进行产品生产所发生的费用，主要包括材料的耗费、劳动费用的耗费、固定资产的价值磨损以及生产车间的水电费、办公费等其他耗费，是企业在一定时期内为生产产品而发生的物化劳动和活劳动的货币表现。

生产费用按其计入产品成本的方式不同，分为直接费用和间接费用。生产费用发生时，有的当时就能确认其受益对象，如构成产品实体的各种材料、直接参与产品生产的工

人薪酬等，会计上称为直接费用；有的生产费用发生时与几种产品生产有关，如车间管理人员的薪酬，机器设备价值的磨损，车间发生的水电费、电话费、办公费等，则需按照一定程序进行归集、汇总，然后按一定的标准分配，方能确认受益产品的具体金额，称为间接费用。

生产费用主要由三个部分构成：直接材料、直接人工和制造费用。

直接材料是企业生产过程中，直接用于产品生产，构成产品实体的原材料、辅助材料、外购半成品及有助于产品形成的其他材料等。

直接人工是企业在制造产品的过程中，为获得直接参加产品生产人员提供的服务而给予各种形式的报酬以及其他相关支出。直接材料和直接人工统称为直接费用。

制造费用是企业生产车间（或部门）为生产产品和提供劳务而发生的各项间接费用，包括车间管理人员的薪酬，机器设备和厂房的价值磨损以及修理费，车间的水电费、物料消耗、办公费、劳动保护费及其他制造费用。

（二）期间费用

在会计期间发生的用于企业经营管理的管理费用、销售费用和财务费用统称为期间费用。

管理费用是行政管理部门为组织和管理企业生产经营所发生的各种费用。

销售费用是指企业在销售商品和材料、提供劳务过程中发生的各种费用。

财务费用是企业为筹集生产经营所需资金等而发生的筹资费用，包括利息支出（减利息收入）、汇兑损益以及相关的手续费、企业发生的现金折扣或收到的现金折扣等。

二、生产业务核算需设置的账户

根据以上分析可知，制造企业生产业务核算既需要设置资产耗费的账户，又需要设置产品形成的账户，主要有“生产成本”“制造费用”“管理费用”“研发支出”“原材料”“应付职工薪酬”“周转材料”“固定资产”“累计折旧”“累计摊销”“银行存款”“库存商品”“长期待摊费用”等。

（一）“生产成本”账户

按照所反映的经济业务内容，“生产成本”账户属于资产类账户，核算企业进行工业性生产过程中发生的各项生产成本。该账户借方登记当期所发生的直接材料、直接人工等各项直接成本和分配计入的制造费用；贷方登记企业已经生产完成并已验收入库的产成品以及自制半成品的成本；期末借方余额，反映企业尚未加工完成的在产品成本。

（二）“制造费用”账户

按照所反映的经济业务内容，“制造费用”账户属于资产类账户，核算企业生产车间（或部门）为生产产品和提供劳务而发生的各项间接费用。该账户借方登记企业当期发生的各种制造费用，包括车间发生的机物料消耗，车间管理人员工资等职工薪酬，生产车间计提的固定资产折旧，生产车间支付的办公费、水电费，发生的季节性停工损失等；贷方登记按一定标准分配计入生产成本或劳务成本，应由各种产品负担的制造费用；结转后，期末该账户一般应没有余额。

（三）“管理费用”账户

“管理费用”账户属于费用类账户，核算企业为组织和管理生产经营所发生的各项管理费用，包括企业在筹建期间发生的开办费，董事会和行政管理部门在企业的经营管理中发生的或者应由企业统一负担的公司经费（包括行政管理部门职工薪酬、物料消耗、低值易耗品摊销、办公费和差旅费等），工会经费，董事会费（包括董事会成员津贴、会议费和差旅费等），聘请中介机构费，咨询费（含顾问费），诉讼费，业务招待费，房产税，车船税，城镇土地使用税，印花税，技术转让费，研究费用等。企业生产车间（部门）和行政管理部门等发生的固定资产修理费用等后续支出，也在该账户核算。该账户借方登记企业当期发生的各种管理费用；贷方登记结转到“本年利润”账户的金额，结转后该账户应无余额。该账户可按费用项目进行明细核算。

（四）“研发支出”账户

按照所反映的经济业务内容，“研发支出”账户属于成本类账户，核算企业研究与开发无形资产过程中发生的各项支出。该账户借方登记企业自行开发无形资产发生的研发支出；贷方登记研究与开发项目达到预定用途形成无形资产时转入“无形资产”账户的数额或归集的费用化支出转到“管理费用”账户的数额；期末借方余额，反映企业正在进行的无形资产研究与开发项目中满足资本化条件的支出。该账户可按研究与开发项目，分别以“费用化支出”“资本化支出”进行明细核算。

（五）“应付职工薪酬”账户

“应付职工薪酬”账户属于负债类账户，核算企业为获得职工提供的服务或解除劳动关系而给予的各种形式的报酬或补偿，包括短期薪酬、离职后福利、辞退福利和其他长期职工福利。该账户贷方登记企业计算的应由本期承担的职工的工资、奖金、津贴和补贴，职工福利费，应当为职工缴纳的医疗保险费、养老保险费、失业保险费、工伤保险费和生育保险费，应当为职工缴存的住房公积金，为职工提供的非货币性福利以及应当支付的因解除劳动关系给予的补偿等；借方登记应付职工薪酬的减少数，包括企业向职工支付的工资、奖金、津贴和补贴、职工福利费，以及支付的用于工会活动和职工培训的工会经费和职工教育经费等；期末贷方余额，反映企业应付未付的职工薪酬。该账户可以通过“工资”“职工福利”“社会保险费”“住房公积金”“工会经费”“职工教育经费”“非货币性福利”“辞退福利”“股份支付”等进行明细核算。

（六）“周转材料”账户

“周转材料”账户属于资产类账户，核算企业能够多次使用、逐渐转移其价值但仍保持原有形态，不确认为固定资产的材料，如包装物和低值易耗品等。该账户借方登记增加的各种周转材料的计划成本或实际成本，包括包装物、低值易耗品，以及企业（建造承包商）的钢模板、木模板、脚手架等；贷方登记由于领用或报废等减少的周转材料；期末借方余额，反映企业在库周转材料的计划成本或实际成本以及在用周转材料的摊余价值。

（七）“累计折旧”账户

“累计折旧”账户属于资产类账户，是固定资产账户的调整账户，反映在固定资产使用寿命内，按照确定的方法对应计折旧额进行系统分摊所累计计提的折旧。应计折旧额是指应当计提折旧的固定资产的原价扣除其预计净残值后的金额。预计净残值是指假定固定资产预计使用寿命已满并处于使用寿命终了时的预期状态，企业从该项资产处置中获得的扣除预计处置费用后的金额。企业应当按月计提折旧，并根据用途计入相关资产的成本或者当期损益。该账户贷方登记企业计提的固定资产折旧数额；借方登记因固定资产出售、报废、盘亏、毁损、调出等转出的折旧数额；期末贷方余额，反映企业固定资产的累计折旧数额。

（八）“累计摊销”账户

“累计摊销”账户属于资产类账户，是无形资产账户的调整账户，反映对使用寿命有限的无形资产累计计提的摊销额。“累计摊销”账户类似于“累计折旧”账户。该账户贷方登记企业计提的无形资产摊销数额；借方登记因无形资产出售、报废、调出等转出的摊销数额；期末贷方余额，反映企业无形资产的累计摊销数额。

（九）“库存商品”账户

“库存商品”账户属于资产类账户，核算企业库存的各种商品的实际成本（或进价）或计划成本（或售价），包括库存产成品、外购商品、存放在门市部准备出售的商品、发出展览的商品以及寄存在外的商品等。该账户借方登记企业各种已验收入库的产成品的成本；贷方登记企业发出的各种产成品的成本；期末借方余额，反映企业库存商品的实际成本（或进价）或计划成本（或售价）。

（十）“长期待摊费用”账户

“长期待摊费用”账户属于资产类账户，核算企业已经支出，但应由本期和以后各期分别负担的分摊期限在一年以上的各种费用，如经营租赁方式租入固定资产的改良支出等。该账户借方核算已经支付或发生的待摊费用，贷方核算按受益期限摊销的金额；期末借方余额，反映企业已经支付尚未摊销完毕的长期待摊费用。

三、账务处理

为帮助学生尽快掌握生产过程业务的相关核算及账务处理流程，我们依然以 A 公司为例进行说明。

【例 6-18】12 月 5 日，签发一张金额为 60 000 元的支票，并将上月企业职工工资结算表及账户信息提供给银行，委托开户银行直接将职工薪酬转发至职工的工资卡。

支付职工工资使企业对员工的负债减少 60 000 元，应记入“应付职工薪酬”账户及其所属明细账户的借方；同时，发放工资使企业的银行存款减少，应记入“银行存款”账户的贷方。会计分录为

借：应付职工薪酬——工资　　60 000

　贷：银行存款　　60 000

【例 6-19】12 月 16 日，仓库发出材料一批，材料出库单所列明的材料用途见表 6-2。

表 6-2　发出材料汇总表　　单位：元

用途	A 材料	B 材料	合计
生产产品——甲	30 000	8 000	38 000
——乙	10 000	12 000	22 000
车间一般消耗	4 000	6 000	10 000

续表 6-2

用途	A 材料	B 材料	合计
行政管理部门消耗		3 000	3 000
研发部门	1 000		1 000
合计	45 000	29 000	74 000

原材料在领用时应根据用途不同，分别记入相应的成本、费用类账户：直接用于产品生产的材料，属于直接材料，其价值应计入生产成本；车间间接消耗的材料，其价值应计入制造费用；行政管理部门领用的材料价值应计入管理费用；研发部门进行研究与开发领用的原材料应计入研发支出；专设销售机构领用的材料价值应计入销售费用。

该经济业务表明，材料投入生产，使企业的成本费用增加了 74 000 元，应分别记入有关成本、费用类账户的借方。该业务的材料费用可分为以下几个部分：一是直接用于产品生产的直接材料费用，使产品的生产成本增加了 60 000 元，其中甲产品 38 000 元，乙产品 22 000 元，应记入“生产成本”账户及其明细账户的借方；另外 13 000 元的材料消耗分别是车间和行政管理部门为组织和管理生产而耗用的，应分别记入“制造费用”和“管理费用”账户的借方；研发部门领用的材料导致研发支出增加，应记入“研发支出”账户的借方；同时，材料领用后导致库存原材料减少 74 000 元，应记入“原材料”账户的贷方。会计分录为

借：生产成本——甲产品　　38 000
　　　　　　——乙产品　　22 000
　　制造费用　　10 000
　　管理费用　　3 000
　　研发支出　　1 000
　贷：原材料——A 材料　　45 000
　　　　　　——B 材料　　29 000

【例 6-20】12 月 23 日，根据本月工资表分配本月的职工薪酬。本月发生的应付职工薪酬计 86 000 元，其中，生产工人的职工薪酬为 60 000 元（甲产品生产工人的职工薪酬 40 000 元，乙产品生产工人的职工薪酬 20 000 元），车间管理人员的职工薪酬为 6 000 元，行政管理部门人员的职工薪酬为 10 000 元，研发部门人员的职工薪酬为 10 000 元。

应付职工薪酬根据职工提供的服务不同计入不同的成本费用项目：生产产品的职工薪酬属于直接人工，应计入产品的生产成本；车间管理人员的职工薪酬属于生产过程中的间接消耗，应计入制造费用；行政管理部门人员的职工薪酬属于期间费用，应计入管理费用。应付职工薪酬往往不是在发生时支付，而是固定在每月的某一天支付，在支付之前形成企业的一项负债，导致应付职工薪酬增加。

该经济业务使产品的生产成本增加了 60 000 元，其中甲产品 40 000 元，乙产品 20 000 元，应记入“生产成本”账户及其明细账户的借方；制造费用增加了 6 000 元，管理费用增加了 10 000 元，应分别记入“制造费用”和“管理费用”账户的借方，研发费用增加了 10 000 元，应记入“研发支出”账户的借方。同时该业务使应付职工薪酬增加

了86 000元，属于负债的增加，应记入“应付职工薪酬”账户的贷方。会计分录为

借：生产成本——甲产品　40 000
　　　　　　——乙产品　20 000
　　制造费用　6 000
　　管理费用　10 000
　　研发支出　10 000
　贷：应付职工薪酬　86 000

【例6-21】 12月24日，仓库发出低值易耗品一批，价值3 000元（采用一次摊销法），其中生产车间领用2 000元，行政管理部门领用400元，专设的销售机构领用600元。

生产车间领用低值易耗品，使得生产的间接费用增加2 000元，应记入“制造费用”账户的借方；行政管理部门和专设的销售机构领用低值易耗品，使期间费用增加1 000元，应分别记入“管理费用”和“销售费用”账户的借方。同时，低值易耗品的领用意味着资产的减少，应记入“周转材料”账户所属“低值易耗品”明细账户的贷方。会计分录为

借：制造费用　2 000
　　管理费用　400
　　销售费用　600
　贷：周转材料——低值易耗品　3 000

【例6-22】 12月25日，计提本月固定资产折旧费80 000元，其中厂房折旧60 000元，机器设备折旧4 000元，行政管理部门房屋建筑物折旧16 000元。

固定资产用途不同，其价值磨损记入的成本、费用类账户也不同。厂房、机器设备的折旧因与产品生产关系密切，计入制造费用；行政管理部门房屋建筑物的折旧则应计入管理费用；同时，提取折旧意味着固定资产的价值损耗增加，导致累计折旧增加。

本例中，由于计提折旧使制造费用增加了64 000元，应记入“制造费用”账户的借方；期间费用增加了16 000元，应记入“管理费用”账户的借方，同时，固定资产的折旧使累计折旧增加了80 000元，应记入“累计折旧”账户的贷方。会计分录为

借：制造费用　64 000
　　管理费用　16 000
　贷：累计折旧　80 000

【例6-23】 12月26日，用银行存款支付生产车间设备保险费48 000元，保险期2年（含本月）。

支付受益期为2年的设备保险费，导致长期待摊费用增加了48 000元，应记入“长期待摊费用”的借方；同时使银行存款减少，应记入“银行存款”账户的贷方。会计分录为

借：长期待摊费用　48 000
　贷：银行存款　48 000

【例6-24】 12月26日，开出转账支票一张，购买办公用品2 000元，其中车间负担1 200元，行政管理部门负担800元。

车间发生的办公用品支出，属于生产经营过程中的间接费用，导致制造费用增加1 200元，应记入“制造费用”账户的借方，行政管理部门的办公费支出导致期间费用增

加，应记入“管理费用”账户的借方；同时，企业的银行存款减少 2 000 元，应记入“银行存款”账户的贷方。会计分录为

借：制造费用　　1 200
　　管理费用　　800
　贷：银行存款　　2 000

【例 6-25】12 月 28 日，委托开户银行支付本月发生的水电费 6 000 元，其中车间应负担 3 300 元，行政管理部门应负担 2 700 元。

水电费根据使用的部门不同记入不同的成本费用账户：车间发生的应计入制造费用，行政管理部门负担的则应计入管理费用。该业务使制造费用增加 3 300 元，管理费用增加 2 700 元，应分别记入“制造费用”和“管理费用”账户的借方；款项支付后，企业银行存款减少 6 000 元，应记入“银行存款”账户的贷方。会计分录为

借：制造费用　　3 300
　　管理费用　　2 700
　贷：银行存款　　6 000

【例 6-26】12 月 28 日，摊销本月应负担的设备保险费 2 000 元。

摊销应由本月负担的设备保险费，一方面使制造费用增加 2 000 元（48 000÷2÷12），另一方面使长期待摊费用减少 2 000 元，应分别记入“制造费用”账户的借方和“长期待摊费用”账户的贷方。会计分录为

借：制造费用　　2 000
　贷：长期待摊费用　　2 000

【例 6-27】12 月 29 日，计算并分配当月发生的全部制造费用，以两种产品的应付职工薪酬为标准进行分配。

首先，需要对本月发生的全部制造费用进行归集，从例 6-19 至例 6-26 共发生制造费用 88 500 元，通过“制造费用”账户进行归集，如图 6-1 所示。

制造费用

借方		贷方	
(19)	10 000		
(20)	6 000		
(21)	2 000		
(22)	64 000	(27)	88 500
(24)	1 200		
(25)	3 300		
(26)	2 000		

图 6-1　制造费用账户归集分配示例

其次，按照两种产品的应付职工薪酬为基准进行分配。本月制造费用分配表见表 6-3。

表 6-3　本月制造费用分配表　　单位：元

项目	分配标准	分配率	分配金额
甲产品	40 000	1.475	59 000

续表 6-3

项目	分配标准	分配率	分配金额
乙产品	20 000	1.475	29 500
合计	60 000		88 500

分配制造费用，使本月的制造费用减少了 88 500 元，应记入“制造费用”账户的贷方；同时使产品成本增加了 88 500 元，其中甲产品成本增加了 59 000 元，乙产品成本增加了 29 500 元，应分别记入“生产成本”账户及其明细账户的借方。会计分录为

借：生产成本——甲产品　　59 000
　　　　　　——乙产品　　29 500
　贷：制造费用　　88 500

【例 6-28】 12 月 29 日，产品完工入库，其中甲产品完工 6 000 件，月末在产品成本为 47 000 元（直接材料 15 000 元，直接人工 16 000 元，制造费用 16 000 元），乙产品月末全部完工，共 2 000 件。计算甲、乙两种产品的生产成本并进行完工入库的账务处理。

需要编制产品成本计算单，甲、乙产品的成本计算单见表 6-4 和表 6-5。

表 6-4　甲产品成本计算单　　单位：元

项目	直接材料	直接人工	制造费用	合计
月初在产品成本	9 000	10 000	11 000	30 000
本月生产费用	38 000	40 000	59 000	137 000
合计	47 000	50 000	70 000	167 000
月末在产品成本	15 000	16 000	16 000	47 000
完工产品成本	32 000	34 000	54 000	120 000
单位成本	5.33	5.67	9	20

表 6-5　乙产品成本计算单　　单位：元

项目	直接材料	直接人工	制造费用	合计
月初在产品成本	43 000	4 000	2 970	11 270
本月生产费用	22 000	20 000	29 500	71 500
合计	26 300	24 000	32 470	82 770
月末在产品成本	0	0	0	0
完工产品成本	26 300	24 000	32 470	82 770
单位成本	13.15	12	16.235	41.385

甲、乙产品完工入库导致库存商品增加了 202 770 元，应分别记入“库存商品”账户

所属“甲产品”和“乙产品”明细账户的借方；同时，使本月生产成本减少了202 770元，应记入“生产成本”账户及其所属明细账户的贷方。会计分录为

借：库存商品——甲产品 120 000

——乙产品 82 770

贷：生产成本——甲产品 120 000

——乙产品 82 770

第五节 销售业务的核算

一、销售业务概述

企业的销售过程是从销售商品、产品，提供劳务开始，到取得销售收入直至收回货款为止的全过程。销售业务包括产品或商品销售收入的确认、相关费用的计算和确认以及销售款项的结算等事项。

销售收入按经营业务的主次，分为主营业务收入和其他业务收入。主营业务收入是企业确认的销售商品、提供劳务所取得的收入；其他业务收入是企业确认的除主营业务活动以外的其他经营活动实现的收入，包括出租固定资产、出租无形资产、出租包装物和商品、销售材料、用材料进行非货币性资产交换（非货币性资产交换具有商业实质且公允价值能够可靠计量）或债务重组等实现的收入。企业应当按照收入的确认条件及时确认销售收入。

企业取得销售收入是以付出商品、提供劳务为代价的，按照配比原则，应该在销售收入确认的当期，确认与其相关的成本费用。其中，已经销售的产品的生产成本就是产品的销售成本；销售的原材料的购进成本即其他业务成本；销售过程中发生的运杂费、装卸费、包装费以及为产品销售而支付的广告费等，形成企业的销售费用。此外，企业还要按照国家有关税法规定的税种和税率以及实现的销售收入金额计算缴纳税金及附加，这些都构成企业销售业务过程中的费用。

最后，商品的销售可能是现金销售，也可能是赊销，因此还会涉及销售款项的回收问题，即货款的结算业务。

二、销售业务核算需设置的账户

为正确核算销售过程中的收入、费用以及款项的结算等业务，企业需设置的账户有“主营业务收入”“主营业务成本”“其他业务收入”“其他业务成本”“税金及附加”“管理费用”“销售费用”“应收票据”“应收账款”“预收账款”等。

（一）“主营业务收入”账户

“主营业务收入”账户属于收入类账户，核算企业销售商品、提供劳务过程中确认的主营业务收入。该账户贷方登记企业销售商品、提供劳务过程中所实现的收入；借方登记发生的销售退回或销售折让以及期末结转“本年利润”账户的数额；结转后期末无余额。

（二）“主营业务成本”账户

“主营业务成本”账户属于费用类账户，核算企业销售商品、提供劳务过程中应结转

的成本。该账户借方登记本期销售各种商品、提供劳务等的实际成本；贷方登记期末发生的、已经结转销售成本的销售退回及期末结转“本年利润”账户的成本总额；结转后期末无余额。

（三）“其他业务收入”账户

“其他业务收入”账户属于收入类账户，核算企业确认的除主营业务活动以外的其他经营活动实现的收入，包括出租固定资产、无形资产、包装物和商品，销售材料，用材料进行非货币性资产交换（非货币性资产交换具有商业实质且公允价值能够可靠计量）或债务重组等实现的收入。该账户贷方登记企业发生上述业务实现的收入；借方登记期末结转“本年利润”账户的数额；结转后期末无余额。

（四）“其他业务成本”账户

“其他业务成本”账户属于费用类账户，核算企业确认的除主营业务活动以外的其他经营活动所发生的支出，包括销售材料的成本、出租固定资产的折旧额及相关的维修费用、出租无形资产的摊销额及发生的其他直接支出、出租包装物的成本或摊销额等。该账户借方登记企业发生的各种其他业务的成本；贷方登记结转到“本年利润”账户的数额；结转后期末应无余额。

（五）“税金及附加”账户

“税金及附加”账户属于费用类账户，核算企业经营活动过程中发生的消费税、资源税、城市维护建设税、教育费附加、房产税、车船税、城镇土地使用税和印花税等相关税费。该账户借方登记企业按规定计算出的经营活动应负担的相关税费；贷方登记期末结转“本年利润”账户的数额；结转后期末无余额。

（六）“销售费用”账户

“销售费用”账户属于费用类账户，核算企业销售商品、提供劳务过程中发生的各种费用，包括保险费、包装费、展览费、广告费、商品维修费、预计产品质量保证损失、运输费、装卸费等以及为销售本企业商品而专设的销售机构（含销售网点、售后服务网点等）的职工薪酬、业务费、折旧费等经营费用。该账户借方登记在销售商品过程中发生的费用，以及为销售本企业商品而专设的销售机构的费用；贷方登记期末结转“本年利润”账户的数额；结转后期末无余额。

（七）“应收票据”账户

“应收票据”账户属于资产类账户，核算企业因销售商品、提供劳务等而收到的商业汇票，包括银行承兑汇票和商业承兑汇票。该账户借方登记企业因销售商品而收到的票据的票面金额；贷方登记持未到期的商业汇票向银行贴现、背书的应收票据的票面金额以及到期收回的票面金额；期末借方余额，反映企业持有的商业汇票的票面金额。

（八）“应收账款”账户

“应收账款”账户属于资产类账户，核算企业因销售商品、提供劳务等经营活动应收取的款项。该账户借方登记应收而未收的款项和企业代购货单位垫支的包装费、运杂费等；贷方登记企业实际收回的款项和经批准转销的坏账损失；期末借方余额，反映企业尚未收回的应收账款；期末如为贷方余额，反映企业预收的账款。

（九）“预收账款”账户

“预收账款”账户属于负债类账户，核算企业按照合同规定预收的款项。预收账款情况不多的，也可以不设置该账户，将预收的款项直接记入“应收账款”账户。该账户贷方登记企业向购货单位预收的款项；借方登记销售实现时向购货单位发出商品抵付的货款；期末贷方余额，反映企业预收的款项；期末如为借方余额，反映企业尚未转销的款项。

三、账务处理

仍以 A 公司为例，说明销售业务的账务处理。

【例 6-29】 12 月 3 日，开出一张转账支票，缴纳上月的应交税费 8 290 元。

上缴税费导致企业的负债减少，应记入“应交税费”账户的借方；同时使银行存款减少，应记入“银行存款”账户的贷方。会计分录为

借：应交税费——未交增值税　　8 290
　贷：银行存款　　8 290

【例 6-30】 12 月 12 日，向 H 公司销售甲产品 7 000 件，每件售价 36 元，用银行存款代垫运杂费 600 元。甲产品适用的增值税税率为 13%，款项尚未收到。

销售甲产品使得企业销售收入增加了 252 000 元，应记入“主营业务收入”账户及其所属明细账户的贷方，销售使得应交税费增加了 32 760 元，应记入“应交税费——应交增值税（销项税额）”账户的贷方；同时，代垫运杂费导致企业债权增加了 600 元，加上销售产品时尚未收到的货款，企业应收账款共增加 285 360 元，应记入“应收账款”账户及其所属明细账户的借方；代垫运杂费使企业银行存款减少 600 元，应记入“银行存款”账户的贷方。会计分录为

借：应收账款——H 公司　　285 360
　贷：主营业务收入——甲产品　　252 000
　　应交税费——应交增值税（销项税额）　　32 760
　　银行存款　　600

【例 6-31】 12 月 16 日，收到 H 公司上月所欠的货款 31 900 元存入银行。

收到前欠货款，一方面使应收账款减少了 31 900 元，应记入“应收账款”账户及其明细账户的贷方；另一方面使银行存款增加了 31 900 元，应记入“银行存款”账户的借方。会计分录为

借：银行存款　　31 900
　贷：应收账款——H 公司　　31 900

【例 6-32】 12 月 20 日，向 I 公司销售甲产品 3 000 件，每件售价 38 元，增值税税率为 13%，产品已发出，收到 I 公司开具的票面金额为 128 820 元、期限为 6 个月的银行承兑汇票一张；销售过程中，用现金支付产品的装卸费、运输费等运杂费 800 元。

销售产品收到对方签发的银行承兑汇票，符合收入确认条件，收入增加 114 000 元，应记入“主营业务收入”账户及其所属明细账户的贷方；销售产品过程中，形成一笔应交增值税的纳税义务，应交税费增加 14 820 元，应记入“应交税费——应交增值税（销项税额）”账户的贷方；同时，收到银行承兑汇票导致应收票据增加 128 820 元，应记入“应收票据”账户的借方，支付的运杂费属于企业的销售费用，销售费用增加应记入“销售费用”账户的借方，而现金的减少则应记入“库存现金”账户的贷方。会计分录为

借：应收票据——I 公司　　128 820

销售费用　　800
贷：主营业务收入——甲产品　　114 000
应交税费——应交增值税（销项税额）　　14 820
库存现金　　800

【例 6-33】12 月 25 日，向 J 公司销售乙产品 1 200 件，单位售价 68 元，适用的增值税税率为 13%，款项收到存入银行。

销售乙产品使企业销售收入增加了 81 600 元，应记入“主营业务收入”账户及其所属明细账户的贷方；销售使应交税费增加了 10 680 元，应记入“应交税费——应交增值税（销项税额）”账户的贷方；同时，销售产品收到货款 92 280 元，导致企业银行存款增加，应记入“银行存款”账户的借方。会计分录为

借：银行存款　　92 280
贷：主营业务收入——乙产品　　81 600
应交税费——应交增值税（销项税额）　　10 680

【例 6-34】12 月 22 日，根据合同规定预收 K 公司购货款 56 000 元存入银行。

企业虽已收到购货款 56 000 元，但由于销售业务尚未发生，不符合销售收入的确认条件，而只是表明企业对购货单位的义务增加，应先确认为一笔负债，增加企业的预收账款，记入“预收账款”账户的贷方；同时，企业收到款项存入银行，导致银行存款增加，应记入“银行存款”账户的借方。会计分录为

借：银行存款　　56 000
贷：预收账款——K 公司　　56 000

【例 6-35】12 月 26 日，用银行存款支付 50 000 元的广告费。

用银行存款支付广告费使银行存款减少 50 000 元，应记入“银行存款”账户的贷方；同时，广告费属于销售费用，销售费用增加应记入“销售费用”账户的借方。会计分录为

借：销售费用——广告费　　50 000
贷：银行存款　　50 000

【例 6-36】12 月 28 日，向 K 公司发出乙产品 800 件，每件售价 70 元，增值税税率为 13%，余款由 K 公司签发一张期限为 3 个月的商业承兑汇票支付。

发出预收货款的产品，因款项已预收，产品发出即可确认收入，所以该笔业务使收入增加 56 000 元，应记入“主营业务收入”账户及其所属明细账户的贷方；向购货单位收取的增值税税额，使企业的应交税费增加 7 280 元，应记入“应交税费——应交增值税（销项税额）”账户的贷方。同时，因为发出的是已经预收货款的产品，所以预收账款在产品发出时被抵减，应记入“预收账款”账户的借方；收到的 K 公司开具的商业承兑汇票形成企业的一项资产，应记入“应收票据”账户的借方。会计分录为

借：预收账款——K 公司　　56 000
应收票据——K 公司　　7 280
贷：主营业务收入——乙产品　　56 000
应交税费——应交增值税（销项税额）　　7 280

【例 6-37】12 月 20 日，销售 A 材料一批给 L 公司，价款 2 000 元，增值税税率为 13%，款项未收到，符合收入确认条件。

销售材料的收入属于其他业务收入，其他业务收入增加 2 000 元，应记入“其他业务收入”账户及其所属明细账户的贷方；销售过程中形成的一笔 260 元的应交增值税的纳税义务，应记入“应交税费——应交增值税（销项税额）”账户的贷方；同时，因为款项尚未收到，形成一笔 2 260 元的债权，应记入“应收账款”账户的借方。会计分录为

借：应收账款——L 公司　　2 260
　贷：其他业务收入——材料销售　　2 000
　　应交税费——应交增值税（销项税额）　　260

【例 6-38】12 月 23 日，结转已出售的 A 材料的成本 1 400 元。

结转销售材料的成本是指将已销售的材料的实际成本转作费用，材料销售导致库存材料减少，应记入“原材料”账户的贷方；根据费用与收入配比原则，材料的成本应计入其他业务成本，其他业务成本增加，应记入“其他业务成本”账户的借方。会计分录为

借：其他业务成本　　1 400
　贷：原材料——A 材料　　1 400

【例 6-39】12 月 31 日，根据产品出库单结转本月销售的甲、乙产品的销售成本。

销售成本是指已销产品的生产成本，它是根据已销产品的数量乘以产品的单位成本计算出来的（单位成本根据企业发出存货所采用的计价方法确定，详见第 5 章“财产清查”部分）。本期共销售甲产品 10 000 件，单位产品成本 20 元，其销售成本为 200 000 元；本期销售乙产品 2 000 件，单位产品成本 41. 385 元，其销售成本为 82 770 元。由于产品已经售出，经济利益流出企业，结转已销产品的成本，一方面使企业的销售成本增加了 282 770 元，应记入“主营业务成本”账户及其所属明细账户的借方；另一方面，产品销售使库存商品减少了 282 770 元，应分别记入“库存商品”账户及其明细账户的贷方。会计分录为

借：主营业务成本——甲产品　　200 000
　　　　　　　——乙产品　　82 770
　贷：库存商品——甲产品　　200 000
　　　　　　——乙产品　　82 770

【例 6-40】12 月 31 日，将计算出的本月应交未交增值税转入未交增值税；同时计算确定本月经营环节应负担的税金及附加 7. 8 元，其中城市维护建设税 5. 46 元，教育费附加 2. 34 元。

根据例 6-2~例 6-4、例 6-8~例 6-10、例 6-12、例 6-14 和例 6-16 可以计算出本月增值税进项税额为 65 722 元；例 6-30、例 6-32、例 6-33、例 6-36 和例 6-37 的资料显示，本月增值税销项税额为 65 800 元，所以本月应交增值税为 78 元（65 800−65 722）。

按照相关规定，月份终了，企业计算出当月应交未交的增值税，应从“应交税费——应交增值税（转出未交增值税）”明细账户转入“应交税费——未交增值税”明细账户。会计分录为

借：应交税费——应交增值税（转出未交增值税）　　78
　贷：应交税费——未交增值税　　78

税金及附加等于流转税金额乘以相应税率，城市维护建设税按流转税额的 7%计算，为 5. 46 元（78×7%）；教育费附加按 3%计算，为 2. 34 元（78×3%）。本月负担的城市维

护建设税及教育费附加，应记入“税金及附加”账户的借方；当月税金往往在下月初缴纳，所以计算本月应负担的税金及附加时，应同时增加一笔负债，记入“应交税费”账户及其所属明细账户的贷方。会计分录为

借：税金及附加　7.80
　贷：应交税费——应交城市维护建设税　5.46
　　　　　　——教育费附加　2.34

第六节　财务成果形成及分配业务的核算

一、财务成果形成及分配业务概述

财务成果是企业一定时期经营活动的最终成果，即实现的利润或发生的亏损。企业的利润或亏损在很大程度上反映了企业经营的效益和经营水平的高低。企业若实现利润，首先应缴纳所得税，然后将税后利润按照规定程序进行分配，其中，一部分留归企业自行支配，一部分分给企业的所有者。企业若发生亏损，应按照规定进行弥补。因此，财务成果的核算内容包括利润形成业务和利润分配业务两大部分。

（一）利润形成的核算

财务成果表现为利润，是指企业在一定会计期间的经营成果。企业的利润取决于收入和费用、直接记入当期利润的利得和损失金额。利润一般由营业利润、利润总额和净利润等部分构成，营业利润、利润总额和净利润的计算公式如下：

营业利润 = 营业收入 - 营业成本 - 税金及附加 - 销售费用 - 管理费用 - 研发费用 - 财务费用 - 资产减值损失 ±公允价值变动收益 ± 投资收益 ±资产处置收益 + 其他收益

利润总额 = 营业利润 + 营业外收入 - 营业外支出

净利润 = 利润总额 - 所得税费用

综合收益 = 净利润 + 其他综合收益扣除所得税影响后的净额

式中，营业收入等于主营业务收入和其他业务收入之和；营业成本包括主营业务成本和其他业务成本；税金及附加指主营业务和辅营业务应缴纳的税金及附加；期间费用为管理费用、财务费用和销售费用之和；资产减值损失包括存货跌价损失、固定资产减值损失、工程物资减值损失、无形资产减值损失等；信用减值损失包括坏账损失、债券投资减值损失、其他债权投资减值损失等；公允价值变动收益核算企业交易性金融资产、交易性金融负债，以及采用公允价值模式计量的投资性房地产、衍生工具套期保值业务等的公允价值变动形成的应计入当期损益的利得或损失；资产处置收益反映企业出售划分为持有待售的非流动资产（金融工具、长期股权投资和投资性房地产除外）或处置组时确认的处置利得或损失，以及处置未划分为持有待售的固定资产、在建工程、生产性生物资产及无形资产而产生的处置利得或损失；其他收益反映计入其他收益的政府补助等。

（二）利润分配的核算

对于实现的净利润，企业应按照一定顺序进行分配。《公司法》第一百六十六条规定，公司分配当年税后利润时，应当提取利润的10%列入公司法定公积金。公司法定公积金累

计额为公司注册资本50%以上的，可以不再提取。公司的法定公积金不足以弥补以前年度亏损的，在提取法定公积金之前，应当先用当年利润弥补亏损。公司从税后利润中提取法定公积金后，经股东会或者股东大会决议，还可以从税后利润中提取任意公积金。公司弥补亏损和提取公积金后所余税后利润，可以向投资者分配。

《公司法》第一百六十八条规定，公司的公积金用于弥补公司的亏损、扩大公司生产经营或者转为增加公司资本。但是，资本公积不得用于弥补公司的亏损。法定公积金转为资本时，所留存的该项公积金不得少于转增前公司注册资本的25%。

此外，利润净额还会有一部分以未分配利润的形式留归企业，用于提高企业承受风险的能力。

二、利润形成及分配业务核算需设置的账户

企业除生产经营业务外，还会发生对外投资等业务；除正常的经营活动外，可能还会发生一些意外的收支，即利得或损失。为正确核算企业利润的形成和分配业务，企业需设置的账户有“管理费用”“销售费用”“财务费用”“本年利润”“坏账准备”“信用减值损失”“资产减值损失”“公允价值变动损益”“投资收益”“资产处置损益”“其他收益”“营业外收入”“营业外支出”“固定资产清理”“所得税费用”“利润分配”“盈余公积”“应付股利”等，下面分别予以介绍。

（一）“本年利润”账户

“本年利润”账户属于所有者权益类账户，核算企业当期实现的净利润（或发生的净亏损）。企业期（月）末结转利润时，应将各收入、费用类账户的金额转入该账户，结平各收入、费用类账户。

该账户贷方登记月末从“主营业务收入”“其他业务收入”“营业外收入”“投资收益”“公允价值变动损益”等账户借方转入的金额；借方登记月末从“主营业务成本”“其他业务成本”“税金及附加”“管理费用”“销售费用”“财务费用”“营业外支出”“所得税费用”等账户贷方转入的金额；结转后该账户的贷方余额为当期实现的净利润，借方余额为当期发生的净亏损。

年度终了，应将本年收入和支出相抵后结出的本年实现的净利润，转入“利润分配”账户，结转后该账户无余额。

（二）“资产减值损失”账户

“资产减值损失”账户属于费用类账户，核算企业计提除金融工具外各项资产减值准备所形成的损失。该账户借方登记企业的存货、长期股权投资、固定资产、无形资产等资产发生的减值损失；贷方登记在原已计提的资产减值准备金额内，存货的价值得以恢复的金额以及期末转入“本年利润”账户的数额；结转后期末无余额。

（三）“公允价值变动损益”账户

“公允价值变动损益”账户属于收入类账户，核算企业交易性金融资产、交易性金融负债，以及采用公允价值模式计量的损益性房地产、衍生工具、套期保值业务等公允价值变动形成的应计入当期损益的利得或损失。该账户贷方登记资产负债表日交易性金融资产公允价值高于其账面余额的差额、交易性金融负债公允价值低于其账面余额的差额，以及出售时转出的相应金额；借方登记资产负债表日交易性金融资产公允价值低于其账面余额

的差额、交易性金融负债公允价值高于其账面余额的差额，以及出售时转出的相应金额；期末，应将该账户余额转入“本年利润”账户，结转后该账户无余额。

（四）“投资收益”账户

“投资收益”账户属于收入类账户，核算企业确认的投资收益或投资损失。该账户贷方登记企业持有债权投资、其他债权投资和长期股权投资期间取得的投资收益；借方登记持有期间发生的投资损失；期末，应将该账户余额转入“本年利润”账户，结转后该账户无余额。

（五）“资产处置损益”账户

“资产处置损益”账户属于损益类账户，核算企业确认的资产处置利得或处置损失。该账户贷方登记企业出售划分为持有待售的非流动资产（金融工具、长期股权投资和投资性房地产除外）或处置组时确认的处置利得，以及处置未划分为持有待售的固定资产、在建工程、生产性生物资产及无形资产而产生的处置利得；借方登记资产处置过程中产生的处置损失；期末，应将该账户余额转入“本年利润”账户，结转后该账户无余额。债务重组中因处置非流动资产产生的利得或损失和非货币性资产交换中产生的利得或损失也在该账户核算。

（六）“其他收益”账户

“其他收益”账户属于收入类账户，核算与企业日常活动相关的但并不确认收入或冲减成本费用的政府补助。该账户贷方登记企业取得的与日常活动相关但并不确认收入或冲减成本费用的政府补助；借方登记退回与日常活动相关的政府补助；期末，应将该账户余额转入“本年利润”账户，结转后该账户无余额。

（七）“营业外收入”账户

“营业外收入”账户属于收入类账户，核算企业发生的营业利润以外的收益，主要包括债务重组利得、与企业日常活动无关的政府补助、盘盈利得、捐赠利得等。该账户贷方登记营业利润以外的各项利得；借方登记期末转入“本年利润”账户的数额；结转后期末无余额。

（八）“营业外支出”账户

“营业外支出”账户属于费用类账户，核算企业发生的营业利润以外的支出，主要包括债务重组损失、公益性捐赠支出、非常损失、盘亏损失、非流动资产毁损报废损失等。该账户借方登记企业发生的上述各种损失；贷方登记期末转入“本年利润”账户的数额；结转后期末无余额。

（九）“固定资产清理”账户

“固定资产清理”账户属于资产类账户，核算企业由于出售、报废、毁损、对外投资、非货币性资产交换、债务重组等转出的固定资产价值以及在清理过程中发生的费用和形成的清理收入等。该账户借方登记企业因出售、报废、毁损、对外投资、非货币性资产交换、债务重组等转出的固定资产的账面价值以及清理过程中应支付的相关税费及其他费用；贷方登记收回出售固定资产的价款、残料价值和变价收入，以及应由保险公司或过失人赔偿的损失等；借方余额表示固定资产清理后的净损失，属于固定资产毁损报废形成的损失应转入“营业外支出”账户，其他的应转入“资产处置损益”账户；贷方余额表示固定资产清理后的净收益，应转入“资产处置损益”账户。

（十）“所得税费用”账户

“所得税费用”账户属于费用类账户，核算企业确认的应从当期利润总额中扣除的所得税费用。该账户借方登记企业按照税法规定计算确定的当期应交所得税、递延所得税资产的应有余额小于“递延所得税资产”账户余额的差额以及递延所得税负债的应有余额大于“递延所得税负债”账户余额的差额等；贷方登记递延所得税资产的应有余额大于“递延所得税资产”账户余额的差额、递延所得税负债的应有余额小于“递延所得税负债”账户余额的差额以及年末转入“本年利润”账户的所得税金额；结转后期末无余额。该账户可以通过“当期所得税费用”“递延所得税费用”进行明细核算。

（十一）“利润分配”账户

“利润分配”账户属于所有者权益类账户，核算企业利润的分配（或亏损的弥补）和历年分配（或弥补）后的余额。该账户借方登记从“本年利润”账户转入的本年净亏损数额，本期企业按照规定提取的盈余公积、分配给股东或投资者的现金股利或利润，以及分配给股东的股票股利；贷方登记从“本年利润”账户转入的本年实现的净利润数额以及用盈余公积弥补亏损的数额。年度终了，企业应将“利润分配”账户所属其他明细账户的余额转入“未分配利润”明细账户。结转后，该账户除了“未分配利润”明细账户，其他明细账户应无余额。该账户年末余额，反映企业的未分配利润（或未弥补亏损）。

该账户应当分别以“提取法定盈余公积”“提取任意盈余公积”“应付现金股利或利润”“转作股本的股利”“盈余公积补亏”“未分配利润”等进行明细核算。

（十二）“盈余公积”账户

“盈余公积”账户属于所有者权益类账户，核算企业从净利润中提取的盈余公积。该账户贷方登记企业按规定提取的盈余公积的增加数；借方登记用盈余公积弥补亏损或转增资本的减少数；期末贷方余额，反映企业的盈余公积。该账户应当分别以“法定盈余公积”“任意盈余公积”进行明细核算。

（十三）“应付股利”账户

“应付股利”账户属于负债类账户，核算企业分配的现金股利或利润。该账户贷方登记企业根据股东大会或类似机构审议批准的利润分配方案确定支付现金股利或利润的金额；借方登记实际支付的现金股利或利润；期末贷方余额，反映企业应付未付的现金股利或利润。

三、账务处理

仍沿用A公司的资料，说明利润形成和分配业务的账务处理。

【例6-41】 12月21日，用银行存款支付本月行政管理部门电话费3 200元。

行政管理部门电话费属于管理费用，管理费用增加了3 200元，应记入“管理费用”账户的借方；同时银行存款减少，应记入“银行存款”账户的贷方。会计分录为

借：管理费用	3 200	
贷：银行存款		3 200

【例6-42】 12月22日，后勤办小李出差报销差旅费1 500元，原借款2 000元，余款退回。

原借款作为企业的一项债权已计入其他应收款，在借款人报销时应予冲销，减少其他应收款2 000元，应记入“其他应收款”账户的贷方：后勤人员的差旅费计入管理费用，管理费用增加1 500元，应记入“管理费用”账户的借方；退回的现金使库存现金增加500元，应记入“库存现金”账户的借方。会计分录为

借：管理费用　　1 500
　　库存现金　　500
　贷：其他应收款——小李　　2 000

【例6-43】12月22日，企业债权投资分期付息的国债利息收入3 000元已收到，并划入企业账户。

债权投资在持有期间的利息收入计入投资收益，投资收益增加3 000元，记入“投资收益”账户的贷方；同时，款项已划入企业账户，银行存款增加3 000元，记入“银行存款”账户的借方。会计分录为

借：银行存款　　3 000
　贷：投资收益　　3 000

【例6-44】12月25日，生产车间一台2009年2月购入的机器设备报废，原价为50 000元，已计提折旧20 000元。在清理的过程中，支付清理费用3 000元，增值税180元；机器设备的残值收入20 000元，增值税2 600元；款项均已通过银行存款收支，资产已清理完毕。

对于固定资产的毁损报废，一方面要减少固定资产账面原价，记入“固定资产”账户的贷方；另一方面按其账面净值记入“固定资产清理”账户的借方，还要将与该固定资产相关的累计折旧转销，记入“累计折旧”账户的借方；固定资产在清理过程中形成的各种收入、发生的相关清理费用，均通过“固定资产清理”账户进行核算，清理费用应记入“固定资产清理”账户的借方，清理收入应记入“固定资产清理”账户的贷方；发生的增值税应分别记入“应交税费——应交增值税（进项税额）”账户的借方和“应交税费——应交增值税（销项税额）”账户的贷方，待固定资产清理完毕时，将“固定资产清理”账户的借方余额结转至“营业外支出”账户的借方。

账户会计分录为

（1）首先，将固定资产转入清理。

借：固定资产清理　　30 000
　　累计折旧　　20 000
　贷：固定资产　　50 000

（2）核算清理过程中的收入和费用。

借：固定资产清理　　3 000
　　应交税费——应交增值税（进项税额）　　180
　贷：银行存款　　3 180

借：银行存款　　22 600
　贷：固定资产清理　　20 000
　　　应交税费——应交增值税（销项税额）　　2 600

（3）将固定资产清理的净损益结转利润。“固定资产清理”账户为借方余额13 000元

(30 000+3 000−20 000)，应将其转入“营业外支出”账户的借方。

借：营业外支出 13 000
　贷：固定资产清理 13 000

【例 6-45】12 月 29 日，企业出售一项专利权，专利权账面余额 15 000 元，累计已摊销 13 000 元，售价 4 000 元，增值税 240 元，款项收到存入银行。

专利权出售后已不再是企业的资产，因此应将企业账面上与该专利权有关的价值全部冲销，包括其账面余额、已累计摊销的价值等，无形资产账面余额的转销应记入“无形资产”账户的贷方，累计摊销的转销应记入“累计摊销”账户的借方；同时按收到的款项增加银行存款，应记入“银行存款”账户的借方；无形资产的出售属于非流动资产的处置，所以其售价与账面价值的差额为利得或损失，应记入“资产处置损益”账户。会计分录为

借：累计摊销 13 000
　　银行存款 4 240
　贷：无形资产 15 000
　　　应交税费——应交增值税（销项税额） 240
　　　资产处置损益 2 000

【例 6-46】12 月 29 日，收到客户江海公司的违约罚款 8 000 元存入银行。

收到的客户罚款为企业营业利润以外的收益，应记入“营业外收入”账户的贷方；同时款项收到存入银行，使企业的银行存款增加，应记入“银行存款”账户的借方。会计分录为

借：银行存款 8 000
　贷：营业外收入 8 000

【例 6-47】公司为副总经理级别以上人员（共 6 人）每人提供一辆小轿车免费使用，每辆小轿车的月折旧额为 3 500 元，12 月 31 日计提本月小轿车的折旧。

企业为职工提供的货币性质以及非货币性质的福利，均通过“应付职工薪酬”账户进行核算，发生时根据用途计入相关费用，同时计入应付职工薪酬。本例中轿车提供给管理人员使用，轿车的相关支出增加了管理费用，应记入“管理费用”账户的借方；同时增加了应付职工薪酬，应记入“应付职工薪酬”账户的贷方。会计分录为

借：管理费用 21 000
　贷：应付职工薪酬 21 000

对轿车计提的折旧，一方面冲减应付职工薪酬（已以实物形式支付），应记入“应付职工薪酬”账户的借方；另一方面增加企业的累计折旧，应记入“累计折旧”账户的贷方。会计分录为

借：应付职工薪酬 21 000
　贷：累计折旧 21 000

【例 6-48】12 月 31 日，将本月发生的费用化的研发支出转入管理费用。

研发支出分费用化和资本化两部分，符合资本化条件的，在研发项目达到预定可使用状态时转入无形资产；不符合资本化条件的，需在每个会计期（月）末，将“研发支出”账户归集的费用化金额转入管理费用。A 公司本月发生的所有研发支出均为费用化的支

出，应在月末从研发支出转入管理费用，记入“管理费用”账户的借方。

本月发生的研发支出为 11 000 元（1 000+10 000）（例 6-19、例 6-20）。会计分录为

借：管理费用　　11 000

　贷：研发支出　　11 000

【例 6-49】12 月 31 日，计提本月无形资产的摊销 2 400 元。

无形资产的摊销，一方面使累计摊销的金额增加，应记入“累计摊销”账户的贷方；另一方面使企业的管理费用增加，应记入“管理费用”账户的借方。会计分录为

借：管理费用　　2 400

　贷：累计摊销　　2 400

【例 6-50】12 月 31 日，将各类收入账户的发生额结转到“本年利润”账户。

月末，为正确计算损益，需将所有收入类账户的本月发生额从其借方转入“本年利润”账户的贷方。结转时，各收入类账户的发生额如下：

主营业务收入 503 600 元［252 000（例 6-30）+114 000（例 6-32）+81 600（例6-33）+56 000（例 6-36）］；

其他业务收入 2 000 元（例 6-37）；

投资收益 3 000 元（例 6-43）；

资产处置损益 2 000（例 6-45）；

营业外收入 8 000 元（例 6-46）。

会计分录为

借：主营业务收入　　503 600

　　其他业务收入　　2 000

　　资产处置损益　　2 000

　　营业外收入　　8 000

　　投资收益　　3 000

　　贷：本年利润　　518 600

【例 6-51】12 月 31 日，将本月发生的各类费用账户的发生额转入“本年利润”账户。

企业月末应将有关费用类账户的发生额从其贷方结转至“本年利润”账户的借方，以正确计算会计期间的利润实现情况。结转时，各费用类账户的发生额如下：

管理费用 72 000 元［3 000（例 6-19）+10 000（例 6-20）+400（例 6-21）+16 000（例6-22）+800（例 6-24）+2 700（例 6-25）+3 200（例 6-41）+1 500（例 6-42）+21 000（例 6-47）+11 000（例 6-48）+2 400（例 6-49）］；

销售费用 51 400 元［600（例 6-21）+800（例 6-32）+50 000（例 6-35）］；

财务费用 3 640 元（例 6-7）；

主营业务成本 282 770 元（例 6-39）；

其他业务成本 1 400 元（例 6-38）；

税金及附加 7.8 元（例 6-40）；

营业外支出 13 000 元（例 6-44）。

会计分录为

借：本年利润　　424 217.8

贷：主营业务成本 282 770
　　其他业务成本 1 400
　　税金及附加 7.8
　　管理费用 72 000
　　销售费用 51 400
　　财务费用 3 640
　　营业外支出 13 000

【例 6-52】12 月 31 日，按应纳税所得额的 25%计算应交所得税，并结转所得税费用(假定无其他纳税调整事项)。

A 公司 12 月的利润总额为 94 382.2 元（518 600−424 217.8），扣除国库券利息收入 3 000 元（按税法规定，国债的利息收入可以免税），应纳税所得额为 91 382.2 元，所得税费用为 22 845.55 元（91 382.2×25%），因为不存在其他纳税调整事项，所以 A 公司的所得税费用与应交税费——应交所得税的金额相等，都是 22 845.55 元。企业负担的所得税费用应记入“所得税费用”账户的借方；在所得税未支付之前形成企业的一项负债，应记入“应交税费”账户的贷方。会计分录为

借：所得税费用 22 845.55
　贷：应交税费——应交所得税 22 845.55

将企业负担的所得税费用转入“本年利润”账户，一方面所得税费用减少，应记入“所得税费用”账户的贷方；另一方面，所得税费用作为当期利润的冲减项目，应记入“本年利润”账户的借方。会计分录为

借：本年利润 22 845.55
　贷：所得税费用 22 845.55

【例 6-53】12 月 31 日，将“本年利润”账户的余额转入“利润分配”账户所属的“未分配利润”明细账户。

企业 1—11 月实现的净利润为 156 000 元（见表 6-1），加上 12 月的净利润 71 536.65 元（94 382.2−22 845.55），全年实现的利润为 227 536.65 元。

将本年实现的净利润转入利润分配，应记入“本年利润”账户的借方，同时记入“利润分配——未分配利润”账户的贷方。会计分录为

借：本年利润 227 536.65
　贷：利润分配——未分配利润 227 536.65

【例 6-54】企业按税后利润的 10%提取法定盈余公积，假定没有以前年度未弥补亏损。

根据《公司法》，企业在进行利润分配时应首先按一定比例提取法定盈余公积，提取法定盈余公积作为利润分配的一部分，一方面计入盈余公积，另一方面计入利润分配。本例中，企业不存在以前年度未弥补亏损，所以其法定盈余公积可以按税后利润的 10%计提，应计提法定盈余公积 22 753.67 元（227 536.65×10%）。

一方面企业提取法定盈余公积，对利润进行分配，使可供分配利润减少，应记入“利润分配”账户的借方；另一方面，由于计提法定盈余公积，使盈余公积增加，应记入“盈余公积”账户的贷方。会计分录为

借：利润分配——提取法定盈余公积　　22 753. 67
　贷：盈余公积　　22 753. 67

【例 6-55】12 月 31 日，根据股东大会决议，企业决定向投资者分配利润 5 000 元。

向投资者分配利润属于企业的利润分配行为，一方面，使企业可供分配利润减少，应记入“利润分配”账户的借方；另一方面，向投资者分配的利润在没有实际支付前，形成企业的一项负债，应记入“应付股利”账户的贷方。会计分录为

借：利润分配——应付现金股利或利润　　5 000
　贷：应付股利　　5 000

【例 6-56】年末，将“利润分配”所有明细账户的余额转入“未分配利润”明细账户。

该项经济业务一方面应记入“利润分配——未分配利润”账户的借方；另一方面，反向结转“利润分配”其他明细账户，应记入“利润分配”其他各明细账户的贷方。会计分录为

借：利润分配——未分配利润　　27 753. 67
　贷：利润分配——提取法定盈余公积　　22 753. 67
　　　　　　　——应付现金股利或利润　　5 000

【思政案例】

安达信：成于信誉　毁于贪婪

安达信会计师事务所成立于 1913 年，曾经是全球最大的会计师事务所，2002 年因安然事件被迫退出审计业务领域。

“即使是芝加哥全城之财富，也难以诱我让步。”1914 年，面对一个重要却有问题的审计客户，即便是正处于“无现金支付工资”的情况下，安达信毅然如此坚定地说，赢得了作为一个会计师应有的声望。

1915 年，安达信要求一家轮船公司在公布其资产负债表时，对一艘货轮的沉没造成的损失进行披露——尽管是发生在该公司报告年度之后，但在安达信签署其财务报表之前。这是历史上首次有事务所要求用这样的标准进行披露，以保证财务报表的准确性。这种专业化特色及一贯对客户采取严格标准，使安达信公司很快赢得公众的信赖，并迅速在美国扩张。

1947 年，安达信的学生斯帕切克掌管公司期间，继续保持了其保护公众利益的姿态，发扬光大了安达信开创的“诚信高于利润”的传统，坚持使用严格的会计标准，甚至牺牲公司利润也在所不惜，这使安达信公司成了世界上最大、最受尊敬的专业性服务机构之一，一度稳居全球“五大”会计师事务所之首。

1952 年，安达信咨询业务开始出现，外界质疑该公司为企业既提供审计业务又提供咨询服务而可能丧失公允性，公司拆分为主营会计业务的安达信和主营咨询业的安达信咨询。到了 20 世纪 90 年代，安达信咨询收入增长远远超过安达信。难抵诱惑，安达信开始鼓励自己的咨询部门承接业务，公司对咨询业务越来越重视，也曾被媒体指出：“丰厚的咨询收入使审计师丧失了挑战管理当局的勇气。”随着安达信咨询更名为埃森哲并完全脱

离安达信，公司元气大伤，在全球“五大”会计师事务所排名由第一降至最末。重建辉煌的业绩压力，让安达信进一步放松了会计师的操守。

从1993年起，安达信就因卷入多起会计丑闻而接连受到美国证监会（SEC）的调查。史上最为著名的财务丑闻当属安然事件。从安然公司成立开始长达16年时间，安达信对安然公司进行审计并为其提供内部审计和咨询服务。2001年，安然公司付给它的5 200万美元的报酬中，一半以上的收入（2 700万美元）是用来支付咨询服务的。安达信与安然公司之间拥有源远流长的利益关系。安达信的一个雇员说：“安达信休斯敦办公室的太多人得到了安然的好处，如果有人拒绝在审计报告上签字，他马上就得走人!”

利益驱使安达信帮助安然公司造假。在安达信失职的情况下，安然公司将数亿美元的债务转至附属公司或合资企业的账上，隐藏在资产负债表之外，同时又将不应记作收入的款项记作收入，虚报公司盈利。

2001年12月，安然公司宣布破产。安达信在安然丑闻事发后毁掉了相关文件和电脑记录，从而开创了美国历史上第一起大型会计师事务所受到刑事调查的案例。

2002年1月，安达信承认销毁安然公司文件。2002年3月21日，安达信开始拆分，加盟其他会计师事务所。2002年6月15日，法院认定安达信妨碍司法罪成立。安达信宣布，从2002年8月31日起，停止从事上市公司的审计业务。

（资料来源：安达信．一个CPA帝国的覆灭［J］．中国总会计师，2011，4（93），145-148.（改编））

【思政说明】

安达信的悲剧早就被掩埋在了尘土之下。审计和咨询被迫剥离的阵痛早已过去，自从2010年起，四大又走上专业服务一体化的道路，通过不断收购各类专业服务机构，为客户提供审计、咨询、税务、法务一体化的专业服务。无人能知，在未来的某一时间，等来的是最终瓜分全球专业服务市场的四大垄断机构，还是又一个安达信悲剧。

“一个审计师不但要在实质上保持独立，而且要在形式上也保持独立。”这是安达信对其新进员工都要上的一课，但是，安达信的管理层自己忘了这一点。“成于信誉，毁于贪婪”，安达信的历史清楚地表明了独立性和诚信理念在审计业务中的重要性，让我们重新审视了市场经济中诚信的重要性，而市场规则也将在不断反思这些案例的过程中得以渐进和完善。“诚信”不仅是会计师事务所的生存之本，也是整个会计业发展的根基、生存之本，更是整个社会发展进步的基石。

【自测题】

一、单项选择题

(1) 车间的办公费应作为（　）记入“制造费用”账户的借方。

A. 直接生产费用　B. 间接生产费用　C. 直接记入费用　D. 间接记入费用

(2) 企业购进材料发生的运杂费等采购费用，应记入（　）。

A. 管理费用　B. 财务费用　C. 材料采购成本　D. 材料买价

(3) 下列费用中，不应记入产品成本的有（　）。

A. 直接材料费　B. 直接人工费　C. 期间费用　D. 制造费用

(4) 下列项目中，属于营业外支出的有（　）。

A. 无法收回的应收账款　　B. 支付的广告费
C. 对外捐赠　　D. 销售多余材料的成本

(5) 实收资本是指企业实际收到的投资者投入的资本，它是企业（　　）中的主要组成部分。
A. 资产　　B. 负债　　C. 所有者权益　　D. 收入

(6) 8 月 31 日，“本年利润”账户有贷方余额 5 000 元，表示（　　）。
A. 8 月实现的净利润　　B. 8 月 31 日实现的净利润
C. 1 月 1 日至 8 月 31 日累计实现的净利润　　D. 结转利润分配数后的剩余数额

(7) 企业计算应交所得税时，应借记的科目是（　　）。
A. 利润分配　　B. 所得税费用　　C. 应交税费　　D. 税金及附加

(8) “生产成本”账户期末借方余额表示（　　）。
A. 完工产品成本　　B. 期末未完工产品的成本
C. 库存产成品成本　　D. 本月生产费用合计

(9) 企业年终结账后，（　　）账户应无余额。
A. 利润分配　　B. 本年利润　　C. 盈余公积　　D. 应交税费

(10) 某企业购入一台需要安装的设备，取得的增值税专用发票上注明的设备买价为 50 000 元，增值税额为 6 500 元，支付的运输费为 1 200 元，支付的安装费为 4 200 元，则固定资产价值为（　　）。
A. 61 900　　B. 59 700　　C. 58 500　　D. 55 400

二、多项选择题

(1) 期末结转到“本年利润”账户借方的发生额有（　　）账户。
A. 主营业务收入　　B. 主营业务成本　　C. 所得税费用　　D. 销售费用

(2) 销售产品时，与“主营业务收入”账户发生对应关系的账户有（　　）。
A. 银行存款　　B. 应收账款　　C. 预收账款　　D. 预付账款

(3) 属于营业利润构成要素的项目有（　　）。
A. 主营业务收入　　B. 其他业务收入　　C. 营业外收入　　D. 所得税费用

(4) 下列损益类账户中，期末应将其余额转入“本年利润”账户贷方的有（　　）。
A. 主营业务收入　　B. 销售费用　　C. 其他业务收入　　D. 营业外收入

(5) 借方记录减少发生额的账户有（　　）。
A. 短期借款　　B. 累计折旧　　C. 销售费用　　D. 主营业务收入

(6) 计提固定资产折旧时，与“累计折旧”对应的账户为（　　）。
A. 制造费用　　B. 管理费用　　C. 销售费用　　D. 银行存款

(7) 贷方记录减少发生额的账户有（　　）。
A. 管理费用　　B. 固定资产　　C. 销售费用　　D. 主营业务收入

(8) 企业结转生产完工验收入库产品的生产成本时，编制会计分录涉及的账户有（　　）。
A. 生产成本　　B. 制造费用　　C. 主营业务成本　　D. 库存商品

(9) 下列各项中，构成企业外购存货入账价值的有（　　）。
A. 买价　　B. 运杂费
C. 运输途中合理损耗　　D. 入库前挑选整理费

三、判断题

(1) 构成产品制造成本的是“直接材料”“直接人工”两个项目，“制造费用”属于管理费用，不构成产品成本。 ( )

(2) 固定资产在使用过程中的磨损，表明固定资产价值的减少，应记入“固定资产”账户的贷方。 ( )

(3) 材料采购费用一般直接体现在当期损益中，因此采购费用属于期间费用。 ( )

(4) 生产车间领用的用于一般耗用的原材料应记入“生产成本”账户的借方。 ( )

(5) 应付职工薪酬核算企业为获得职工提供的服务或解除劳动合同关系而给予的各种形式的报酬或补偿。 ( )

(6) 企业生产经营所需要的资金，从性质上看，一般有两种渠道：企业投资者投入的和从债权人借入的。 ( )

(7) 利得和损失都通过“资本公积”账户进行会计核算。 ( )

(8) “制造费用”账户属于费用类账户，核算企业生产车间为生产产品和提供劳务而发生的各项间接费用。 ( )

(9) “预付账款”账户属于负债类账户，核算企业按照合同规定预付的款项。 ( )

【综合实训】

综合实训 1

[目的] 练习筹资业务的核算。

[资料] 某企业 20××年 6 月发生下列经济业务。

(1) 收到投资者投入的资本金 100 000 元存入银行。

(2) 从银行取得 6 个月的借款 50 000 元，存入银行。

(3) 收到 A 公司投入的设备一台，价值 600 000 元。

(4) 收到某单位投入专利权一项，价值 200 000 元。

(5) 向银行借入 3 年期借款 100 000 元存入银行。

(6) 将资本公积 50 000 元转增资本。

(7) 计提本月短期借款利息 3 000 元。

(8) 以银行存款偿还短期借款 50 000 元，长期借款 100 000 元。

[要求] 根据以上经济业务编制会计分录。

综合实训 2

[目的] 练习供应业务的核算。

[资料] 某企业 20××年 6 月发生下列经济业务。

(1) 购买不需安装的设备一台，买价 100 000 元，运杂费 900 元，增值税 13 000 元，所有款项均以银行存款支付。

(2) 向 A 工厂购进甲材料 2 000 千克，单价 20 元，计 40 000 元，增值税 5 200 元；乙材料 1 500 千克，单价 10 元，计 15 000 元，增值税 1 950 元，全部款项以银行存款支付。

（3）用银行存款支付上述甲、乙材料的运杂费 7 000 元（按照甲、乙两种材料重量分配）。

（4）将上述购买的甲、乙两种材料验收入库。

（5）用银行存款向 B 工厂预付购买甲材料的货款 20 000 元。

（6）向 C 工厂购进丙材料 5 000 千克，单价 30 元，计 150 000 元，增值税 19 500 元，款项尚未支付。

（7）用现金支付丙材料的运费及装卸费 1 000 元。

（8）将丙材料验收入库，结转已入库材料成本。

（9）收到 B 工厂发来的已预付货款的甲材料 1 000 千克，单价 20 元，增值税额 2 600 元，材料已验收入库。

（10）用银行存款向 B 工厂补付材料款 2 600 元。

[要求] 根据以上经济业务编制会计分录。

综合实训 3

[目的] 练习生产业务的核算。

[资料] 某企业 20××年 6 月发生下列经济业务。

（1）生产 A 产品耗用甲材料 1 000 千克，单价 20 元，乙材料 2 000 千克，单价 10 元。

（2）车间用银行存款购买办公用品 500 元。

（3）生产 B 产品耗用甲材料 200 千克，单价 20 元，丙材料 500 千克，单价 30 元，车间耗用丙材料 300 千克，单价 30 元。

（4）从银行提取现金 80 000 元，备发工资。

（5）结算本月职工工资 80 000 元，其中 A 产品工人工资 30 000 元，B 产品工人工资 20 000 元，车间管理人员 10 000 元，行政管理人员 20 000 元。

（6）计提固定资产折旧 4 000 元，其中，车间计提折旧 3 000 元，管理部门计提折旧 1 000 元。

（7）归集并分配本月制造费用。（按照产品的生产工时分配，A 产品 3 000 小时，B 产品 2 000 小时）

（8）将本月生产的 A 产品全部验收入库，B 产品尚未完工。

[要求] 根据以上经济业务编制会计分录。

综合实训 4

[目的] 练习销售业务的核算。

[资料] 某公司 6 月发生下列业务。

（1）销售给甲工厂 A 产品 700 件，单价 200 元，增值税税率 13%，款项收到存入银行。

（2）向乙工厂销售 B 产品 1 000 台，单价 400 元，增值税税率 13%，款项尚未收到。

（3）销售甲材料 500 千克，单价 25 元，增值税税率 13%，款项收到存入银行。甲材料单位成本 20 元，结转已售材料的成本。

（4）收到丙公司预付购买 A 产品货款 20 000 元存入银行。

（5）收到乙工厂偿还购买B产品的货款及税款共452 000元，存入银行。

（6）向丙公司销售A产品100件，单价200元，增值税税率13%，货款已预收，不足款项又收到银行存款。

（7）结转已售A、B两种产品的生产成本。（A产品单位生产成本120元，B产品单位生产成本260元）

（8）用银行存款支付销售A产品的运费1 000元。

［要求］根据以上经济业务编制会计分录。

综合实训5

［目的］练习利润形成及分配业务的核算。

［资料］某企业20××年12月发生下列经济业务。

（1）销售A产品600件，单价200元，销售B产品500台，单价400元，增值税税率13%，款项收到存入银行。

（2）出租固定资产一台收到租金5 000元，存入银行。

（3）接受捐赠设备一台，价值100 000元。

（4）向灾区捐赠银行存款30 000元。

（5）用银行存款支付广告费10 000元。

（6）用银行存款支付管理部门水电费11 400元。

（7）计提管理部门固定资产折旧费2 000元，计提出租固定资产折旧费1 500元。

（8）计提本月银行借款利息1 000元。

（9）结转已售A、B两种产品的制造成本。其中，A产品成本72 000元，B产品成本为130 000元。

（10）月末，结转损益类账户。

（11）计算并结转本月应交所得税。（税率25%）

（12）已知1—11月累计净利润420 000元，结转全年净利润。

（13）按税后净利润的10%计提法定盈余公积金。

（14）按税后净利润的30%向投资者分配利润。

［要求］根据以上经济业务编制会计分录。

第七章　会计报表编制前的准备工作

【学习目标】

➢ **知识目标**

（1）掌握期末账项调整的主要内容，财产清查的主要方法，以及财产清查结果的账务处理。

（2）了解财产清查的分类，结账的内容和主要方法。

（3）熟悉对账的主要内容。

➢ **素养目标**

及时总结反馈，发现日常生活或工作中存在的问题，适时更正，总结过去，筹划未来。

（1）树立权利与义务对等的理念，享受权利必然要承担相应的义务。

（2）培养正确的价值观、人生观和世界观。坚信有付出才有回报，坚决抵制不劳而获的思想。

（3）培养坚持原则、守规合法的精神。坚决抵制一切贪污挪用、损公肥私等违法违规行为。

（4）培养实事求是、诚信为本的品质。按照实际情况如实记账，做到账账相符、账实相符，保证会计信息真实可靠。

【引导案例】

A公司是一家生产电脑配件的公司，2020年10月，公司销售人员和B电脑公司签订了一份销售500件配件的合同，货款总金额为50 000元，增值税税率为13%。根据合同规定，这批货物在2020年12月5日发运给B电脑公司，货款于2021年2月收到。A公司会计人员在发运货物后确认了这笔销售收入，编制会计分录如下。

借：应收账款	56 500	
贷：主营业务收入		50 000
应交税费——应交增值税（销项税额）		6 500

A公司在2020年12月末召开年底总结大会时，不同部门就本年销售业绩的确定展开了激烈的争论。有的部门认为这笔业务应该算作2021年的销售收入，因为货款尚未收回，所有已做的工作都存在风险，只有实际收到了货款，才算销售真正完成。有的部门则认为这笔业务应该算作2020年的销售收入，既然已签订合同，前期付出了大量的努力，货物也已发出，就应该算作2020年的销售业绩，从而计算2020年应得的奖金。

此外，总经理在审查全年各月度财务报表时，发现12月的管理费用和销售费用相比其他月份明显偏高，咨询会计人员，会计人员解释是因为12月企业支付了2021年办公设备的保险费和2021年上半年的电视台广告费，分别记入了12月的管理费用和销售费用。

思考：会计人员就以上问题的处理是否符合我国企业会计准则的规定？企业的销售业绩和费用列支应如何处理更加合理。

第一节　账项调整

一、期末账项调整概述

（一）账项调整的含义

账项调整是指按照权责发生制的要求，对预收收入、应计收入、预付费用、应计费用和估计项目等事项进行调整，以确定应该属于本期的收入和费用的一种专门方法。账项调整是将外部交易和事项全部记录完成之后，在编制财务报告之前需要做的一项重要工作。

（二）账项调整的原因

会计核算需要遵循持续经营假设和会计分期假设，企业需要定期编制并提供财务报告，以满足企业内外部信息需求者的要求。定期报告需要严格区分本期与非本期的界限，因此需要对归属于本期与非本期的会计事项进行调整。

账项调整是为了使企业分期报告的利润更加接近实际，全面、真实地反映企业的财务状况和经营成果。日常账簿记录是根据反映交易或事项发生的原始凭证来记录的，而有些交易或事项由于本期没有收到或支付款项，没有取得原始凭证，因此就没有在账簿中加以记录。如果按照权责发生制的要求记录，就需要对相关的没有取得原始凭证的事项进行调整，以正确确认归属于各期的收入和费用。账项调整的目的是严格区分本期收入与非本期收入、本期费用与非本期费用，并将相关的收入与费用进行配比，计算出本期利润，为信息使用者提供真实、可靠的会计信息。

（三）账项调整的依据

账项调整的依据是权责发生制。权责发生制是指以经济业务发生的权利和义务的归属期为依据来确认收入和费用。权责发生制和收付实现制都是会计确认和报告的基础。前者按照权利与义务，以应收应付作为确认标准；后者以实收实付作为确认标准。为了如实反映企业的财务状况和经营成果，企业会计核算应以权责发生制为基础。在权责发生制下，现金收付期间与收入和费用确认的归属期可能不同，需要按照权利与义务的关系进行调整，收入和费用还需要进行配比确认。

配比原则是由权责发生制原则衍生出来的一项原则。企业的费用是为了取得收入而发生的耗费，企业收入的取得必然会发生某些耗费，因此应归属于本期的费用就应由本期所实现的收入来负担，即相关费用和相关收入必须相互配合和相互比较以确认计算盈亏。

（四）账项调整的事项

一般来说，期末账项调整的内容主要包括应计项目、递延项目和其他项目。会计通过编制调整分录的方式进行账项调整。调整分录是根据权责发生制对已计入资产或负债的会计事项和尚未记录的会计事项进行调整而编制的会计分录。

二、应计项目

应计项目是指收入已实现或者费用已发生，但是相关款项在以后会计期间才能收到或者支出，即归属期间早于收支期间。期末账项调整时，一方面确认收入或费用，另一方面确认应收的资产或应计的负债。应计项目包括应计收入和应计费用两类。

（一）应计收入

应计收入是指本期收入已实现，获得收取款项的权利，但是款项需在以后会计期间方能实际收到。应计收入的特点是收入赚取在前，现金取得在后，如企业期末应收而未收的租金收入、利息收入等。企业应在会计期末，将这部分收入调整入账，一方面增加当期收入，另一方面增加相应债权。

【例 7-1】 A 公司 20××年 4 月 30 日应收本月银行存款利息收入 120 元，利息收入将于第二季度末结算，则该公司 4 月末应做以下调整分录。

借：应收利息　　120

　贷：财务费用——利息收入　　120

将来实际收到 4 月份的利息收入时，编制会计分录。

借：银行存款　　120

　贷：应收利息　　120

【例 7-2】 A 公司于 20××年 7 月 1 日将一批包装物出租给 B 公司，每月租金 100 元，7 月底尚未收到租金，则该公司应在 7 月末做以下调整分录。

借：其他应收款——B 公司　　100

　贷：其他业务收入　　100

将来企业实际收到 7 月份的租金收入时，编制会计分录。

借：银行存款　　100

　贷：其他应收款　　100

（二）应计费用

应计费用是指本期费用已发生或者耗费，承担支付款项的责任和义务，但是款项在以后会计期间才进行实际支付。应计费用的特点是费用发生在前，现金支付在后，如企业期末应付而未付的工资费用、利息费用、租金费用、税收费用等。应计费用的调整，一方面要确认增加当期费用，另一方面要增加相关负债。

【例 7-3】 A 公司于 20××年 8 月 1 日租入一处闲置的仓库，租期为 3 个月，每月租金 2 400 元，8 月底尚未支付租金，则该公司应在 8 月底做以下调整分录。

借：管理费用　　2 400

　贷：其他应付款　　2 400

当企业以后会计期间实际支付 8 月份的租金时，编制会计分录。

借：其他应付款　　2 400

　贷：银行存款　　2 400

【例 7-4】 A 公司于 20××年 9 月 1 日，向银行借入 3 个月的短期借款 120 万元，年利率 10%，按照借款合同规定，于到期日 11 月 30 日一次还本付息。相关业务处理如下。

A 公司 9 月 1 日借入款项开始使用，在 9 月 30 日形成应付未付的利息 10 000 元，则该公司在9月底应做以下调整分录。

借：财务费用　　10 000
　贷：应付利息　　10 000

同样，10月底应做以下调整分录。

借：财务费用　　10 000
　贷：应付利息　　10 000

11月30日偿还本金和利息时，编制会计分录。

借：短期借款　　1 200 000
　　财务费用　　10 000
　　应付利息　　20 000
　贷：银行存款　　1 230 000

三、递延项目

递延项目是指本期已收到或者支出款项，但是相关收入尚未实现，费用尚未发生，需在以后会计期间才能实现相关收入或发生相关耗费，因此，收入和费用需递延至以后会计期间予以确认。递延项目包括预收收入和预付费用两类。

（一）预收收入

预收收入是指款项本期已经收到并入账，但商品或劳务尚未提供，企业尚未实现的收入。预收收入的特点是现金收取在前，收入确认在后，调整的目的是将负债转化为收入。企业在收到款项时应将其确认为一项负债，当产品交付或劳务提供时，将已赚取的部分从负债账户调整到收入账户，确认收入，而将未实现的部分递延到以后会计期间。

【例7-5】 A公司在20××年11月末将一间闲置的房屋出租给B公司使用，并预收一年的租金60 000元存入银行。

20××年11月末预收租金时，编制会计分录。

借：银行存款　　60 000
　贷：预收账款　　60 000

12月末将当月已实现的租金收入5 000元（60 000/12）调整入账；编制会计分录。

借：预收账款　　5 000
　贷：其他业务收入　　5 000

以后连续12个月，A公司应于每月末编制相同会计分录，摊销预收账款，确认每月实现的租金收入。

（二）预付费用

预付费用是指已经预先支付，但本期尚未受益的费用。预付费用的特点是现金支付在前，费用发生在后，调整的目的是将资产转化为费用。企业支付的费用如果在当期受益，则构成当期的费用；如果受益期较长，则需将该笔费用在各受益期分别摊销，这样费用在支出时构成企业的一项资产，在摊销时分期转化为不同会计期间的费用。为反映预付费用的发生或摊销情况，实务中需设置“长期待摊费用”等账户。

【例7-6】 A公司20××年1月初采用经营租赁的方式租入一台机器设备，并于租赁当日对机器设备进行了技术改良，用银行存款支付相关改良费用12 000元。合同规定该设备租赁期限为2年，企业采用直线法对改良费用进行摊销。

企业在进行设备改良时的全部支出，因其受益期为2年，所以应在发生时计入长期待摊费用，然后在受益期内分别摊销。

20××年1月初的会计分录为。

借：长期待摊费用　　12 000

　贷：银行存款　　12 000

1月末，因为已享有一个月的改良收益，所以应摊销相应部分的改良支出500元（12 000÷2÷12）。

借：制造费用　　500

　贷：长期待摊费用　　500

四、其他项目

其他项目的调整主要是对暂时无法取得客观凭据而只能靠主观估计和判断确定其数额的项目进行调整，主要包括资产减值准备的计提、折旧计提、无形资产摊销等。

由于资产使用方式的改变或外界环境的变化等，资产在未来出售或使用过程中给企业带来的经济利益的价值可能会减少，即会发生减值。在会计期末，企业应对资产是否存在减值的迹象进行判断，如果发生减值则需将价值减少的部分调整入账，计入当期的成本费用。

另外，资产在正常使用过程中，可能会随着时间的流逝或使用过程中的磨损，其价值相应地下降。在资产负债表日，企业同样应根据权责发生制原则对这部分价值减少予以确认，将其调整计入当期费用，如生产过程中对机器设备折旧的计提、对无形资产的摊销等。

【例7-7】 20××年12月31日，A公司对应收账款的预计可收回情况进行分析判断，发现应收C公司的20 000元货款可能无法收回。

为反映资产的减值情况，企业需设置“信用减值损失”账户，核算企业计提债权类金融资产减值准备所形成的损失；对于可能无法收回的应收账款，企业还应设置“坏账准备”账户进行相应核算。

借：信用减值损失　　20 000

　贷：坏账准备　　20 000

第二节 财产清查

一、财产清查的含义和分类

为保障企业财产物资的安全完整，完善企业各项财产物资管理制度，使企业财产物资的账簿记录与实有数相符，保证向信息使用者提供真实的会计信息，企业需对其财产物资进行清查。

财产清查是指通过对各项财产物资的实地盘点、款项查询和核对，查明其某一时点的实有数额，检查其实存数与账存数是否相符的专门方法。

财产清查按不同的标准可以进行不同的分类，常见的分类方法有以下两种。

（1）按清查的对象和范围分类。财产清查按清查的对象和范围可分为全面清查和局部清查。

全面清查是指对一个单位全部的财产物资，包括货币资金、实物资产和债权债务等进行彻底盘点与核对。其特点是清查范围大、投入人力多、耗费时间长。一般在年终决算前、单位撤销合并或改变隶属关系前、企业更换主要负责人或由于改制进行资产评估时需要进行全面清查。

局部清查是指根据管理需要或有关规定对企业部分财产物资进行的清查。与全面清查相比，局部清查投入的人力较少，需要的时间较短。一般来说，对于贵重的物资、流动性较强的物资、货币资金、债权债务等应经常进行清查，如库存现金应于每日终了进行清查，银行存款至少应于每月终了进行清查；更换财产物资的保管员时一般也会进行局部清查。

（2）按清查的时间分类。财产清查按清查的时间可分为定期清查和不定期清查。

定期清查是指按照事先计划或管理制度规定的时间安排对财产所进行的清查。这种清查可以是全面清查，也可以是局部清查；定期清查一般在年末、季末、月末结账前进行。

不定期清查是指事先没有安排计划，而是根据需要进行的临时性清查。这种清查可以是局部清查，也可以是全面清查。一般在更换财产物资的保管员、发生自然灾害或意外损失以及有关财政、审计、银行等部门对本单位进行会计检查时进行。

二、财产清查的作用

通过财产清查，可以发现各项财产物资账面记录与实有数额不符的情况及原因，并及时调整账面记录，完善财产物资的管理制度等，从而保证财产物资的安全完整及账簿资料的真实可靠。一般来说，财产清查的作用主要表现在以下几个方面。

（1）保证财产物资的安全完整。通过财产清查，可以查明账实不符的原因，发现财产物资管理工作中存在的问题并及时予以更正，完善财产物资保管的岗位责任制，避免人为原因造成的财产物资的损失浪费、霉烂变质等，堵塞漏洞，确保各项财产物资的安全完整。

（2）保证会计核算资料的真实可靠。通过财产清查可以确定各项财产物资的实有数额，并与账存数相比，查明其账实是否相符以及产生差异的原因，及时对账簿记录进行调整，以做到账实相符，保证账簿记录的真实性，为编制财务报告奠定基础。

（3）提高财产物资的使用效率。通过财产清查可以查明各项财产物资的储备和利用情况，根据不同情况采取相应措施：对于储备不足或不配套的财产物资，应及时加以补充，确保生产经营的需要；对于超储、积压或呆滞的财产物资，则应及时处理，防止盲目采购，充分挖掘各项财产物资的潜力，加速资金周转，促进财产物资的有效使用。

（4）确保财经纪律和结算制度的贯彻执行。通过财产清查可以查明各项债权债务的结算情况，及时催收债权、结算债务，确保结算制度和财经纪律的贯彻执行，保证企业对外经济往来的正常进行；通过财产清查可以查明各项财产物资的收发、保管手续和制度的执行情况，促使单位进一步完善各项规章制度，提高企业管理水平。

三、财产清查的内容及方法

财产清查的内容包括实物清查、货币资金清查和往来款项清查等，清查的对象不同，清查方法也会不同。

（一）实物清查

实物清查是对原材料、库存商品、固定资产等实物资产的数量和质量进行的清查。

1. 实物资产账面价值的确定方法

实物资产账面价值的确定有永续盘存制和实地盘存制两种方法。

（1）永续盘存制。永续盘存制也称账面盘存制，是指对各种财产物资的增减变化，平时根据会计凭证在账簿上予以连续登记，并随时结算出账面结存数额的一种方法。其账面期末余额的计算公式为：

账面期末余额 = 账面期初余额 + 本期增加额 - 本期减少额

采用这种盘存制度，可以及时反映和掌握各种资产的收入、发出和结存的数量和金额，随时了解资产的变动情况，有利于加强对资产的控制和管理，但登记账簿的工作量较大。

永续盘存制下发出存货单位成本的确定方法有先进先出法、加权平均法、移动加权平均法、个别计价法等。下面结合例子，说明不同计价方法下财产物资账面价值的确定方法。

第一，先进先出法。先进先出法假定先购进的存货先耗用或销售，并根据这种存货流转次序对发出存货和期末存货进行计价。

先进先出法能够随时结转成本，期末财产物资成本比较接近现行的市场价值，但在财产物资收发频繁或单价经常变动的情况下，计价工作量较大。

【例 7-8】 A 公司 20××年 8 月甲材料的购销存情况如下：期初库存 600 千克，单价 100 元/千克，金额 60 000 元；

8 月 3 日，第一批购进 500 千克，单价 105 元/千克，金额 52 500 元；

8 月 5 日，生产领用 400 千克；

8 月 10 日，第二批购进 800 千克，单价 108 元/千克，金额 86 400 元；

8 月 20 日，生产领用 1 000 千克；

8 月 25 日，第三批购进 300 千克，单价 115 元/千克，金额 34 500 元；

8 月 28 日，销售 200 千克。

分别用先进先出法、加权平均法和移动加权平均法确定发出存货和期末存货的成本。

先进先出法下存货成本的计算见表 7-1。

表 7-1 先进先出法下的存货成本 单位：元

20××年		凭证编号	摘要	收入			发出			结存		
月	日			数量	单价	金额	数量	单价	金额	数量	单价	金额
8	1	略	月初结存							600	100	60 000

续表 7-1

20××年		凭证编号	摘要	收入			发出			结存		
月	日			数量	单价	金额	数量	单价	金额	数量	单价	金额
	3		购进	500	105	52 500				600 500	100 105	60 000 52 500
	5		生产领用				400	100	40 000	200 500	100 105	20 000 52 500
	10		购进	800	108	86 400				200 500 800	100 105 108	20 000 52 500 86 400
	20		生产领用				200 500 300	100 105 108	20 000 52 500 32 400	500	108	54 000
	25		购进	300	115	34 500				500 300	108 115	54 000 34 500
	28		销售				200	108	21 600	300 300	108 115	32 400 34 500
	31		合计	16 000		173 400	1 600		166 500	600		66 900

第二，加权平均法。加权平均法是指本月销售或耗用的存货，平时只登记数量，不登记单价和金额，月末按一次计算的加权平均单价，计算期末存货和本期耗用或销售的存货成本的方法。

加权平均法日常核算工作量小，计算方法简单，对财产物资成本的分摊较折中，但平时无法提供发出或结存物资的数量和金额，不利于财产物资的日常管理。

加权平均法下存货成本的计算如下：

$$存货加权平均单价 = \frac{期初存货成本 + 本期入库存货成本}{期初存货数量 + 本期入库存货数量}$$

$$= \frac{60\ 000 + 52\ 500 + 86\ 400 + 34\ 500}{600 + 500 + 800 + 300} = 106.09(元)$$

发出存货成本 = 本月发出存货数量 × 存货加权平均单价 = 1 600 × 106.09 = 169 744(元)

期末存货成本 = 期末存货数量 × 存货加权平均单价 = 600 × 106.09 = 63 654(元)

第三，移动加权平均法。移动加权平均法是指每次收货后立即根据存货库存数量和总成本，计算出新的平均单位成本，并对发出存货和此次出库后存货的结余金额进行计价的方法。

移动加权平均法在财产物资发出时可随时结转成本，便于加强日常管理，且减轻了期末核算的工作量，确定的财产物资成本较为客观，但日常核算工作量较大。

移动加权平均法下存货成本的计算如下：

$$移动加权平均单价=\frac{原有存货成本+本次入库存货成本}{原有存货数量+本次入库存货数量}$$

本次发出存货成本 = 本次发出存货数量 × 本次存货发出前移动加权平均单价

期末存货成本 = 期末存货数量 × 期末前最后一次进货后存货移动加权平均单价

$$第一次进货后的加权平均单价=\frac{60\ 000+52\ 500}{600+500}=102.272\ 7(元)$$

第一次发出存货成本 = 400 × 102.272 7 = 40 909.08(元)

当期结存存货成本 = 700 × 102.272 7 = 71 590.89(元)

$$第二次进货后的加权平均单价=\frac{71\ 590.89+86\ 400}{700+800}=105.327\ 3(元)$$

第二次发出存货的成本 = 1 000 × 105.327 3 = 105 327.3(元)

当期结存存货成本 = 500 × 105.327 3 = 52 663.65(元)

$$第三次进货后的加权平均单价=\frac{52\ 663.65+34\ 500}{500+300}=108.954\ 6(元)$$

第三次发出存货的成本 = 200 × 108.954 6 = 21 790.92(元)

期末结存存货的成本 = 600 × 108.954 6 = 65 372.76(元)

第四，个别计价法。个别计价法是指按照各种财产物资的购进或生产批别，逐一辨认其发出和期末结存成本的方法。

个别计价法确定的财产物资成本较为真实准确，且可以随时结转成本，但实务操作工作量繁重，困难较大，管理层容易通过选择不同单价的财产物资来操纵利润。个别计价法下发出及结存存货成本的确定此处从略。

（2）实地盘存制。实地盘存制也称以存计销制或盘存计销，是指对各种财产物资的增减变化，平时只在账簿上登记其增加数，而不登记其减少数，期末通过实地盘点确定财产物资的结存数后，倒算出本期减少数并登记入账的一种方法。其计算公式为：

期末资产结存金额 = 期末盘点数量 × 单价

本期资产减少金额 = 期初账面结存金额 + 本期增加金额 − 期末资产结存金额

采用实地盘存制度，操作简单、工作量小，但对各项财产物资的减少没有严格的控制手续，不便于进行会计监督。倒算出的各项财产物资的减少数中成分复杂，除去正常耗用以外，可能还有毁损和丢失的情况。所以，除非特殊原因，一般情况下不宜采用。

2. 实物资产的清查方法

常用的实物资产的清查方法有实地盘点法、技术推算法、抽样盘点法等。

（1）实地盘点法是指通过点数、过磅、量尺等方式，确定财产物资实有数量的方法。该方法适用范围较广且易于操作，大部分实物资产均可采用。

（2）技术推算法是指通过技术推算（如量方、计尺等）测定财产物资实有数量的方法。该方法适用于大堆存放、物体笨重、价值低廉、不便于逐一盘点的实物资产。从本质上讲，它是实地盘点法的一种补充方法。

（3）抽样盘点法是指采用抽样检查确定各有关财产物资实存数的方法。这种方法一般适用于单位价值较低、数量较多的资产。具体可分为随机抽样、机械抽样和分层抽样等方法。

3. 实物资产清查的注意事项

对实物资产进行盘点时，实物保管人员必须在场，并与清查人员一起参与盘点，以明确经济责任。盘点时，有关人员要认真核实，及时记录，对清查中发现的异常情况，如腐烂、破损、过期失效等致使不能使用或销售的实物资产，应详细注明并提出处理意见。

盘点结果应由有关人员如实填制盘存单，并由盘点人和实物保管人签字或盖章。盘存单是用来记录实物盘点结果，反映实物资产实存数额的原始凭证，其格式见表 7-2。

表 7-2　盘存单

单位名称：　　　　盘点时间：

财产类别：　　　　存放地点：　　　　编号：

编号	名称	计量单位	数量	单价	金额	备注

盘点人（签章）：　　　　保管人（签章）：

为了查明各种实物资产的实存数与账存数是否一致，应根据盘存单和会计账簿记录，编制实存账存对比表，以便确定各种账实不符资产的具体盈亏数额。实存账存对比表又称盘点盈亏报告单，是用来反映实物资产实存数与账存数之间的差异并作为调整账簿记录依据的原始凭证，其格式见表 7-3。清查人员应以该表为基础核准各种资产的盈亏情况，分析查明账实不符的性质和原因，明确经济责任，按规定程序报请有关部门领导予以审批处理，并针对清查中发现的资产管理方面的问题，提出改进措施，促使各项资产管理制度健全和完善。

表 7-3　实存账存对比表

单位名称：　　　　年　月　日

<table>
<tr><th rowspan="3">编号</th><th rowspan="3">类别及名称</th><th rowspan="3">计量单位</th><th rowspan="3">单价</th><th colspan="2">实存</th><th colspan="2">账存</th><th colspan="4">对比结果</th><th rowspan="3">备注</th></tr>
<tr><th rowspan="2">数量</th><th rowspan="2">金额</th><th rowspan="2">数量</th><th rowspan="2">金额</th><th colspan="2">盘盈</th><th colspan="2">盘亏</th></tr>
<tr><th>数量</th><th>金额</th><th>数量</th><th>金额</th></tr>
<tr><td></td><td></td><td></td><td></td><td></td><td></td><td></td><td></td><td></td><td></td><td></td><td></td><td></td></tr>
<tr><td></td><td></td><td></td><td></td><td></td><td></td><td></td><td></td><td></td><td></td><td></td><td></td><td></td></tr>
<tr><td></td><td></td><td></td><td></td><td></td><td></td><td></td><td></td><td></td><td></td><td></td><td></td><td></td></tr>
<tr><td></td><td></td><td></td><td></td><td></td><td></td><td></td><td></td><td></td><td></td><td></td><td></td><td></td></tr>
<tr><td></td><td></td><td></td><td></td><td></td><td></td><td></td><td></td><td></td><td></td><td></td><td></td><td></td></tr>
<tr><td></td><td></td><td></td><td></td><td></td><td></td><td></td><td></td><td></td><td></td><td></td><td></td><td></td></tr>
<tr><td></td><td></td><td></td><td></td><td></td><td></td><td></td><td></td><td></td><td></td><td></td><td></td><td></td></tr>
</table>

单位负责人（签章）：　　　　填表人（签章）：

在清查实物资产时，对于委托外单位加工、保管的材料、商品以及在途的材料、商品等，可采用询证方法与有关单位核对查实。

（二）货币资金清查

货币资金清查包括库存现金的清查和银行存款的清查。

1. 库存现金的清查

库存现金清查是指通过实地盘点的方法，确定库存现金的实存数，再与库存现金日记账的账面余额核对，以查明盈亏情况。在进行库存现金清查时，为明确经济责任，出纳人员必须在场。在清查过程中不能用白条抵库，即不能用不具有法律效力的借条、收据等抵充库存现金。盘点库存现金后，应根据盘点的结果及时与库存现金日记账核对，并填制库存现金盘点报告表。库存现金盘点报告表也是重要的原始凭证，它既起到盘存的作用，又起到实存账存对比表的作用。库存现金盘点报告表应由盘点人员和出纳人员共同签章方能生效，其格式见表 7-4。

表 7-4 库存现金盘点报告表

单位名称：　　　　　　　　　　　　年　　月　　日

实存金额	账存金额	实存与账存对比		备注
		盘盈	盘亏	

负责人（签章）：　　　　　　　　盘点人（签章）：　　　　　　　　出纳人员（签章）：

2. 银行存款的清查

银行存款的清查采用与开户银行核对账目的方法进行，即将本单位的银行存款日记账与开户银行转来的对账单逐笔进行核对，以查明银行存款的收入、支出和结余是否正确。双方账目如果不一致，可能由以下两种原因引起：一是企业或银行在登记账簿时出现错误；二是存在未达账项。

未达账项是指企业与银行取得凭证的时间不同导致记账时间不一致，产生的一方已取得结算凭证且已登记入账，而另一方尚未取得结算凭证尚未入账的款项。未达账项有以下四种：

（1）企业已收款入账，银行尚未入账；

（2）企业已付款入账，银行尚未入账；

（3）银行已收款入账，企业尚未入账；

（4）银行已付款入账，企业尚未入账。

在（1）和（4）两种情况下，企业银行存款日记账的账面余额会大于银行对账单的账面余额；而在（2）和（3）两种情况下，企业银行存款日记账的账面余额会小于银行对账单的账面余额。因此，在与银行对账时，应首先查明是否存在未达账项，若存在未达账项，则应编制银行存款余额调节表对有关账项进行调整。银行存款余额调节表是在企业银行存款日记账和银行对账单余额的基础上，分别加减未达账项，确定调节后的余额。该调节方法的计算公式如下：

企业银行存款日记账余额+银行已收企业未收金额−银行已付企业未付金额=银行对账

单金额+企业已收银行未收金额-企业已付银行未付金额

若双方调整后的余额相等，一般表明双方记账正确，反之则说明一方或双方记账有误，需要进一步查明原因。此种情况下，则应由一方或双方按规定的错账更正方法予以更正。

【例 7-9】 A 企业 20××年 12 月 31 日银行存款日记账余额为 36 800 元，开户银行转来的银行对账单余额为 76 000 元，经逐笔核对，发现有以下未达账项。

（1）企业 12 月 29 日送存银行转账支票一张，金额 2 000 元，银行尚未入账。

（2）企业委托银行代收销货款 38 200 元，银行已于 12 月 29 日收妥入账，企业尚未接到收款通知单。

（3）企业 12 月 30 日开出一张支票支付 5 000 元广告费用，银行尚未收到支票。

（4）银行于 12 月 31 日代企业支付水电费 2 000 元已登记入账，企业尚未接到付款通知单。

根据上述未达账项，编制银行存款余额调节表，见表 7-5。

表 7-5　银行存款余额调节表

20××年 12 月 31 日　　单位：元

项目	金额	项目	金额
银行存款日记账余额	36 800	银行对账单余额	76 000
加：银行已收入账企业尚未入账	38 200	加：企业已收入账银行尚未入账	2 000
减：银行已付入账企业尚未入账	2 000	减：企业已付入账银行尚未入账	5 000
调节后余额	73 000	调节后余额	73 000

需要指出的是，银行存款余额调节表是用来试算和调节单位与银行之间账款是否相符的表格，只起对账的作用，并不能据此编制凭证和调整账簿记录。对于其中涉及的未达账项，必须在收到有关结算凭证后方可登记入账。另外，上述银行存款清查的方法也适用于银行借款的清查。

（三）往来款项清查

往来款项清查又称债权债务清查。各种结算往来款项一般采取询证核对法进行清查，即通过同经济往来单位核对账目的方法清查。清查单位编制往来款项对账单（一式两份，其中一份作为回执联）送往各经济往来单位。对方经过核对相符后，在回联单上盖公章退回，表示已核对；如果经核对数字不符，对方应在回执单上注明情况，或另抄对账单退回本单位，进一步查明原因后，再行核对，直到相符为止。往来款项对账单的格式见表 7-6。

表 7-6　往来款项对账单

往来款项对账单（对账联）

××单位：

贵单位于××年××月××日购入我单位产品××，货款××元，尚有××元款项未付，请核对后将回执联寄回。

（清查）单位（盖章）

年　月　日

续表 7-6

往来款项对账单（回执联）

××（清查）单位：

贵单位寄来的“往来款项对账单”已收到，经核对相符无误（如不符，则注明具体内容）。

××单位（盖章）
年 月 日

往来款项清查结束，应编制往来款项清查表，填制各种应收、应付款项的余额，其格式见表 7-7。对于经核对不符的款项，应积极查明原因，妥善处理。

表 7-7 往来款项清查表

年 月 日

明细分类账		清查结果		核对不符原因分析			备注
名称	账面余额	核对相符金额	核对不符金额	未达账项金额	有争议金额	其他原因	

四、财产清查结果的账务处理

对于财产清查中出现的盘点盈亏，企业应及时调整账簿记录，并按有关规定报经批准后进行账务处理。财产清查结果的账务处理分两步进行，首先根据盘点盈亏情况调整账簿记录，然后在有关部门批准之后，再将其转入相关收入或费用账户。

为核算和监督财产清查结果的账务处理情况，企业需设置“待处理财产损溢”账户，其贷方登记发生的待处理财产的盘盈金额，以及经批准处理的财产物资的盘亏和毁损的转销数；借方登记发生的待处理财产的盘亏或毁损金额，以及经批准后盘盈的转销数。为了分别反映和监督企业流动资产和固定资产的盈亏情况，该账户可按盘盈、盘亏的资产种类和项目进行明细核算。对企业的待处理财产损溢，应查明原因，在期末结账前处理完毕，处理后该科目应无余额。“待处理财产损溢”账户结构如图 7-1 所示。

借方	待处理财产损溢 贷方
清查时的盘亏、毁损数 经批准后转销的盘盈数	清查时发现的盘盈数 经批准后转销的盘亏、毁损数

图 7-1 “待处理财产损溢”账户结构

（一）库存现金清查结果的账务处理

库存现金清查过程中发现的长款（溢余）或短款（盘亏），除设法查明原因外，还应根据库存现金盘点报告表以及有关批准文件进行批准前后的账务处理。

当库存现金溢余时，应借记“库存现金”账户，贷记“待处理财产损溢——待处理流动资产损溢”账户，库存现金短缺时做相反的账务处理。经批准后，对于盘亏的金额应分别原因进行处理：由责任人或保险公司赔偿的部分，转入“其他应收款”账户；无法查明原因的库存现金短缺转入“管理费用”账户。对于盘盈的金额，属于应付其他单位或个人的长款转入“其他应付款”账户；确实无法查明原因的库存现金长款，记入“营业外收入”账户。

【例7-10】 A公司在财产清查中发现库存现金短款1 020元，经查，其中的600元是出纳人员造成的；另外的420元原因不明，经批准后计入管理费用。

批准前

借：待处理财产损溢——待处理流动资产损溢　　1 020

　贷：库存现金　　1 020

批准后

借：管理费用　　420

　　其他应收款——××出纳　　600

　贷：待处理财产损溢——待处理流动资产损溢　　1 020

（二）实物资产清查结果的账务处理

对于实物资产的清查结果，也应先根据实存账存对比表将盘点盈亏记入“待处理财产损溢”及其明细账户，待批准后视情况不同进行相应的账务处理。

对于流动资产的盘亏，若属于管理不善、收发计量不准确或自然损耗产生的定额内合理损耗等情况，按规定计入管理费用。属于超定额损耗的部分，能确定过失人的，应由过失人赔偿，属于保险公司责任范围的，应向保险公司索赔，可获得赔偿的部分记入“其他应收款”账户；属于非常损失造成的存货毁损，扣除保险公司赔款和残料价值后的金额，计入营业外支出。盘盈的流动资产，经批准后冲减管理费用。

盘亏的固定资产，在批准前应将其账面价值借记“待处理财产损溢——待处理固定资产损溢”账户，按已计提的折旧借记“累计折旧”账户，按已计提的减值准备借记“固定资产减值准备”账户，按其账面原价贷记“固定资产”账户；经批准后，应由过失人或保险公司负责赔偿的部分，借记“其他应收款——××赔偿人或保险公司”账户，将“待处理财产损溢——待处理固定资产损溢”账户扣除上述金额后的余额，借记“营业外支出——固定资产盘亏”账户。盘盈的固定资产，在批准处理前应按同类或类似固定资产的市场价格，减去按固定资产新旧程度估计的价值折耗后的余额借记“固定资产”账户，贷记“待处理财产损溢——待处理固定资产损溢”账户；待查明原因经批准之后，借记“待处理财产损溢——待处理固定资产损溢”账户，同时作为前期差错调整“以前年度损益调整”账户；对固定资产盘盈引起的所得税调整事项也应进行相应处理，并需将其净影响金额转入“利润分配——未分配利润”账户。涉及增值税、所得税和盈余公积的，还要按相关规定处理。

【例7-11】 A公司在财产清查中，发现盘亏甲材料20吨，每吨3 000元。经查，其中的600元属于定额内合理损耗，其他部分为非正常损失，其中，应由保管人员赔偿5 000元，保险公司同意赔偿50 000元，材料残值200元作为原材料入库。假定不考虑相关的增值税，进行批准前后的账务处理。

批准前：

借：待处理财产损溢——待处理流动资产损溢　　60 000

　贷：原材料——甲材料　　60 000

批准后：

借：原材料——甲材料　200

　　其他应收款——××保管人员　5 000

　　　　　　　——××保险公司　50 000

　　管理费用　600

　　营业外支出　4 200

　贷：待处理财产损溢——待处理流动资产损溢　60 000

【例 7-12】A 公司在财产清查中，发现盘亏机器设备一台，该设备账面原价 60 000 元，已计提折旧 40 000 元。经查，该项固定资产盘亏是意外事故引起的，应由过失人赔偿 500 元，保险公司同意赔付 10 000 元，其余部分作为营业外支出。进行批准前后的账务处理。

批准前

借：待处理财产损溢——待处理固定资产损溢　20 000

　　累计折旧　40 000

　贷：固定资产　60 000

批准后

借：其他应收款——××过失人　500

　　　　　　　——××保险公司　10 000

　　营业外支出　9 500

　贷：待处理财产损溢——待处理固定资产损溢　20 000

【例 7-13】A 公司在财产清查中，发现盘盈机器设备一台，同类设备的市场价格为 30 000 元，估计设备有八成新。进行批准前后的账务处理。

批准前

借：固定资产　24 000

　贷：待处理财产损溢——待处理固定资产损溢　24 000

批准后

借：待处理财产损溢——待处理固定资产损溢　24 000

　贷：以前年度损益调整——固定资产盘盈　24 000

盘盈固定资产涉及的所得税费用及留存收益的调整在其他教材中会有详述，这里不再介绍。

（三）往来款项清查结果的账务处理

在财产清查中查明的确实无法收回的应收款项和确实无法支付的应付款项，不通过“待处理财产损溢”账户，而是通过“坏账准备”或“营业外收入”账户进行核算。

第三节　对账和结账

一、对账

在期末账项调整和财产清查工作结束之后，企业还需要进行账目的核对，在核对无误的基础上结账之后，方能根据账簿记录编制财务报告。

对账就是核对账簿记录。对账是会计核算的一项主要内容，是保证账证、账账、账实相符的基本方法。对账工作主要包括账证核对、账账核对、账实核对三个方面的内容。

（一）账证核对

账证核对是指将各种账簿（总分类账、明细分类账、日记账等）记录与有关会计凭证（记账凭证及其所附的原始凭证）相核对，检查两者的时间、凭证内容、金额、凭证编号等是否一致。

这种核对一般采用抽查法，在平时编制记账凭证和记账工作中随时进行，以及时发现错误并进行纠正。但若在月末发现总分类账试算不平衡、账账不符或账实不符等情况，仍应核对账证是否相符，且主要通过抽查与账账不符或账实不符有关的凭证进行。

（二）账账核对

账账核对是指在账证核对的基础上，核对不同会计账簿之间的账簿记录是否相符，以做到账账相符。

账账核对具体包括：（1）总分类账中各账户的借方发生额合计数与贷方发生额合计数、期末的借方余额合计数与贷方余额合计数核对相符；（2）总分类账中各账户的本期借、贷方发生额和期末余额与所属各明细分类账户的本期借、贷方发生额合计数和期末余额合计数核对相符；（3）总分类账中的库存现金、银行存款账户的本期借、贷方发生额和期末余额，与库存现金日记账和银行存款日记账的本期借、贷方发生额和期末余额核对相符；（4）会计部门的各种财产物资明细分类账的收入、发出、结存数应与财产物资保管和使用部门的有关明细分类账的相应数据记录核对相符。

（三）账实核对

账实核对是指在账账核对的基础上，将各种账簿记录余额与各项财产物资、货币资金及往来款项的实存数进行核对，做到账实相符。

账实核对主要包括：（1）库存现金日记账的账面余额与库存现金实际库存数相核对；（2）银行存款日记账的账面余额与开户银行对账单相核对；（3）存货、固定资产等财产物资明细分类账的账面结存数与实存数相核对；（4）各种债权、债务明细分类账的账面余额与有关债权人、债务人的账面记录相核对。

二、结账

结账是在将本期内所发生的经济业务全部登记入账的基础上，按照规定的方法对该期内账簿记录进行小结，结算出本期发生额合计数和余额，并将期末余额结转下期或者转入下年新账。各单位的经济活动是连续不断进行的，为了总结一定时期的经济活动情况和财务状况，考核经营成果，编制会计报表，各单位必须在会计期末进行结账，但不得为赶制会计报表而提前结账，不得把本期发生的经济业务延至下期登记，更不得先编制会计报表后结账。年度结账日为公历年度每年的 12 月 31 日；月度、季度、半年度结账日分别为公历年度每月、每季、每半年的最后一天。

（一）结账的内容

（1）做好结账前的准备工作。注意检查本期所发生的经济业务是否已经全部记入有关的账簿，如果发现有漏记、错记，应当及时补记或更正；按照权责发生制的原则，检查应调整的账项是否已进行调整并登记入账。

（2）结转收入和费用类账户。将当期实现的销售收入和发生的费用及时结转记入“本年利润”账户；通过清查盘点发现的财物溢缺应按有关规定在“待处理财产损溢”及相关的账户中进行反映等。

（3）计算结清本期发生额和期末余额。在本期全部经济业务已登记入账的基础上，计算资产、负债和所有者权益类账户的总分类账户和各明细分类账户及日记账的本期发生额和期末余额，并及时结转至下期。企业应按规定的时间及时结账，结账时间既不能提前也不得延后。

（二）结账的方法

（1）月结。办理月结，应在各账户本月份最后一笔经济业务下面通栏划一条单红线，在红线下结算出本期发生额和余额，如无余额，应在余额栏内注明“平”字或“-0-”符号，并在“摘要”栏内注明“本月合计”或“×月份发生额及余额”字样，然后在下面再通栏划一条单红线，表示完成月结。

（2）季结。办理季结，应在各账户本季度最后一个月的月结下面通栏划一条单红线，在红线下结算出本季度的发生额和季末余额，如无余额，应在余额栏内注明“平”字或“-0-”符号，并在“摘要”栏内注明“本季合计”或“第×季度发生额及余额”字样，然后在下面再通栏划一条单红线，表示完成季结。

（3）年结。办理年结，应在12月月结或第四季度季结下面通栏划双红线，在红线下结算出本年发生额和年末余额，如无余额，应在余额栏内注明“平”字或“-0-”符号，并在“摘要”栏内注明“本年合计”或“年度发生额及余额”字样，然后在下面再通栏划双红线。年度终了，要把各账户的余额结转到下一会计年度，并在“摘要”栏内注明“结转下年”字样，在下一会计年度新账的第一行“摘要”栏内注明“上年转入”或“年初余额”字样。

月度结账和年度结账的具体方法以“应收账款”账户为例加以说明，见表7-8。

表7-8　应收账款总分类账

账户名称：应收账款　　　　单位：元

20××年		凭证号数	摘要	借方	贷方	借或贷	余额
月	日						
1	1	略	上年结转			借	120 000
	8		收到欠款		10 000	借	110 000
			⋮	⋮	⋮	⋮	⋮
	22		赊销产品	11 700		借	150 000
	25		收到欠款		60 000	借	75 100
	31		本月合计	35 100	80 000	借	75 100

续表 7-8

20××年		凭证号数	摘要	借方	贷方	借或贷	余额
月	日						
2	1		月初余额			借	75 100
	8		赊销产品	46 800		借	121 900
			⋮	⋮	⋮	⋮	⋮
12	31		本月合计	60 000	100 000	借	200 000
12	31		本年合计	1 560 000	1 480 000	借	200 000
12	31		结转下年		200 000	平	-0-

【思政案例】

会计出纳一肩挑——“蚁贪”十年成“鲸吞”

北京某物业管理公司原出纳王惠为满足自己购物、旅游的消费需求，从 2005 年起将手伸向公司的钱款，而该公司每年对财务工作进行的例行检查都没有发现任何问题。直到 2014 年 6 月，王惠走进检察院投案自首，才使这桩隐藏十年的犯罪行为曝光。

经警方侦查，王惠在担任物业公司会计期间，利用职务之便多次侵占公司钱款。她对警方供称，经常拿公司的钱用，已经记不清有过多少次、拿了多少钱。公司领导获悉后急忙派人到银行对账，这才发现公司的货币资金实际余额与账面差额达到 278 万余元，这些公款都被王惠在十年的时间里一点点挪进了个人口袋。

王惠刚走上财务岗位时对工作还是认真负责的，但该公司对银行对账单的核对流于形式。发现公司财务管理上存在漏洞后，王惠没有提出改进意见而是加以利用，琢磨侵占公款的方式，以满足自己在美容、购物、旅游方面的欲望。

2011 年，案发公司进行了人事调整，任命王惠为会计，出纳工作则安排唐某接手。按照该公司新的财务管理制度，会计王惠负责记账，出纳唐某负责现金，实行账钱分管。为了防止侵占公款的事情败露，王惠让规定成为一纸空文，根本不让唐某插手现金管理事务。唐某去银行取现金都是王惠交给她支票，支票数额由王惠填写，唐某取回现金后交给王惠保管。王惠仍然身兼二职，出纳唐某只是她的助手。因此，表面上看王惠的职务发生了变化，但公司的实际财务管理方式没有任何改变。

直到 2014 年 6 月初，公司上级单位决定对该公司进行改制，改制工作的一项重要内容是对公司账目进行大清理。王惠获悉后，知道自己十年侵占公司财产的行为会在这次大清理中暴露，她左思右想，无奈之下选择投案自首。

2015 年 1 月 22 日上午，北京市西城区法院开庭审理王惠职务侵占案。庭审进入尾声时，由王惠做最后陈述。她啜泣着说：“我总感到自己的工资不够花，就想到了公司的钱。公司管理有漏洞，财务这摊事全交给我一个人，这诱惑太大了，我就有了花公司钱的念头。最初动用公司的钱总想着以后能还上，可我完全控制不住自己，缺钱就拿，侵占的数额越来越大，根本还不上。都是追求享乐和虚荣心使我走上犯罪道路，我很后悔……”

（资料来源：检察日报）

【思政说明】

“多领少记，做平账面”，这种侵占公款的方式并不复杂。王惠每次到银行取现金都比账面数额多一些，多出来的部分现金归自己占有，然后把账面做平，保持现金数与账面数一致，以应付财务检查。对于公司库存现金、银行存款的账实不符情况，只要正常执行财产清查程序，由其他人员对货币资金进行核对，就很容易被发现。案发公司却十年一无所觉，主要有两个方面原因。一是公司管理混乱，财产清查流于形式，没有发挥应有的作用。一个人管钱、管账、管对账，没有遵循不相容职务相分离的内部牵制要求，为违法犯罪提供了滋生的土壤。二是个人贪图享受，缺少正确的人生观、价值观，无法抵制制度漏洞形成的巨大诱惑。导致王惠像是“蚂蚁搬家”，一点点拿，分次渐进，延续多年，积小成大，可谓典型的“蚁贪”。比起腐败案件中常见的“鲸吞”，“蚁贪”每次金额看上去比较小，实际危害却与之不分伯仲。

公司应加强财务管理、人员管理，完善规章制度建设并狠抓制度落实，开展经常性的教育宣传工作，保持警钟长鸣。会计人员更需要树立正确的人生观、价值观，自觉做到知法守法、抵制利益诱惑。

【自测题】

一、单项选择题

（1）某企业在遭受洪灾后，对其受损的财产物资进行的清查，属于（　　）。

A. 局部清查和定期清查　　B. 全面清查和定期清查

C. 局部清查和不定期清查　　D. 全面清查和不定期清查

（2）下列属于账证核对的是（　　）。

A. 总分类账和有关记账凭证之间的核对

B. 银行存款日记账账面余额与银行对账单之间的核对

C. 总分类账与明细分类账之间的核对

D. 明细分类账之间的核对

（3）财产清查时，债权债务采用的清查方法是（　　）。

A. 抽查检验法　　B. 技术推算法　　C. 核对账目法　　D. 实地盘点法

（4）下列企业会计处理方法符合权责发生制基础的业务有（　　）。

A. 当月收到甲公司上月所欠货款 100 000 元，确认本月收入 100 000 元

B. 当月支付上月欠交的修理费 50 000 元，确认本月费用 50 000 元

C. 当月赊销产品给乙公司 351 000 元，确认本月收入 351 000 元

D. 当月预收货款 30 000 元，确认本月收入 30 000 元

（5）下列关于企业库存现金清查说法错误的是（　　）。

A. 库存现金清查通过实地盘点进行

B. 对于现金清查结果，应编制现金盘点表，并由出纳人员和盘点人员签字盖章

C. 对于超过规定的库存限额的库存现金应及时送存银行

D. 清查小组清查时，出纳人员可以不在场

(6) 某企业 2020 年 7 月 31 日银行存款日记账余额为 40 000 元，同日收到银行开来的对账单，余额为 38 900 元，经逐笔核对，双方均无错账，发现有以下未达账项：

1）企业开出转账支票一张 600 元，银行尚未入账；

2）银行代付水电费 260 元，企业尚未入账；

3）企业存入转账支票一张 400 元，银行尚未入账；

4）企业存入销货现金 1 200 元，银行尚未入账；

5）银行支付给企业存款利息 160 元，企业尚未入账。

经调节后的余额应为（　　）。

A. 39 900 元　　B. 37 900 元　　C. 41 000 元　　D. 38 800 元

(7) 对银行已入账而企业未入账的未达账项，企业应当（　　）。

A. 根据银行对账单金额入账

B. 根据“银行存款余额调节表”和“银行对账单”自制原始凭证入账

C. 在编制“银行存款余额调节表”时入账

D. 在收到银行的有关凭证时入账

(8) 下列不属于账实核对的是（　　）。

A. 现金日记账的账面余额与现金实存数核对相符

B. 银行存款日记账的账面余额与银行对账单核对相符

C. 会计部门的财产物资明细账与财产物资保管部门的财产物资明细账核对相符

D. 各种债权债务等往来款项明细账的余额应与有关单位或个人核对相符

(9) 对财产清查结果进行账务处理的主要目的是保证（　　）。

A. 账表相符　　B. 账实相符　　C. 账证相符　　D. 账账相符

(10) 我国企业会计准则规定，企业的会计核算应当以（　　）为基础。

A. 永续盘存制　　B. 实地盘存制　　C. 权责发生制　　D. 收付实现制

二、多项选择题

(1) 对账的主要内容有（　　）。

A. 账证核对　　B. 账账核对　　C. 表实核对　　D. 账实核对

(2) 在实地盘存制下，（　　）。

A. 账面记录存货的增加数　　B. 必须定期实地盘点结存数

C. 账面记录存货的减少数　　D. 账面平时不记录存货减少数

(3) 财产物资的盘存制度有（　　）。

A. 权责发生制　　B. 收付实现制　　C. 实地盘存制　　D. 永续盘存制

(4) 财产清查中应采用实地盘点法进行清查的资产主要有（　　）。

A. 库存现金　　B. 银行存款　　C. 库存商品　　D. 固定资产

(5) 未达账项有以下几种情况（　　）。

A. 银行已记存款增加，企业尚未记账

B. 银行已记存款减少，企业尚未记账

C. 企业已记存款增加，银行尚未记账

D. 企业已记存款减少，银行尚未记账

(6)“待处理财产损溢”科目贷方登记（　　）。

A. 批准前待处理财产物资盘盈数

B. 批准前待处理财产物资盘亏及毁损数

C. 结转已批准处理财产物资盘盈数

D. 结转已批准处理财产物资的盘亏及毁损数

（7）不定期清查主要是在（　　）情况下进行。

A. 更换现金、财产的保管人员　　B. 发生自然灾害和意外损失

C. 进行临时性清产核资时　　D. 年末

（8）以下哪些情况需要进行全面清查。（　　）

A. 年终决算　　B. 企业合并　　C. 企业撤销　　D. 开展清产核资

（9）核对账目法适用于（　　）的清查。

A. 固定资产　　B. 库存现金　　C. 银行存款　　D. 应付账款

（10）以下哪些账户期末结账后无余额。（　　）

A. 固定资产　　B. 长期待摊费用　　C. 生产成本　　D. 主营业务成本

三、判断题

（1）会计期间就是会计年度，会计期间从每年的 1 月 1 日开始至 12 月 31 日止。（　　）

（2）某企业在财产清查中，发现短缺设备一台，账面原值 30 000 元，已计提折旧 10 000 元，在报经批准处理前应记入“待处理财产损溢”账户的借方。（　　）

（3）银行存款日记账余额与银行对账单余额不相等，说明企业和银行其中一方记账肯定有错误。（　　）

（4）按照权责发生制，企业购买机器设备应计入本月费用。（　　）

（5）在永续盘存制下，企业可以随时从账面得到库存商品和销售商品的数量，因此无须进行实地盘点。（　　）

（6）银行存款余额调节表不仅可以核对账目，还可以作为调整银行存款账面余额的原始凭证。（　　）

（7）“累计折旧”是资产类账户，它是“固定资产”账户的调整账户。（　　）

（8）实地盘存制是指平时根据会计凭证在账簿中登记各种财产的增加数和减少数，在期末时再通过盘点实物，来确定各种财产的数量，并据以确定账实是否相符的一种盘存制度。（　　）

（9）财产清查按照清查的时间可分为定期清查和不定期清查。（　　）

（10）现金清查时，出纳人员必须在场。（　　）

【综合实训】

综合实训 1

［目的］练习掌握实物资产清查结果的账务处理方法。

［资料］假定某公司某年 10 月发生如下交易或事项。

（1）在对存货的清查中发现盘盈钢材 20 千克。经查明是收发材料时量具不准确造成的，实际成本为 100 元。经批准冲减企业的管理费用。

（2）在对存货的清查中发现盘亏 N 产品 10 千克，实际成本为 1 000 元。经查明属于

定额内的合理损耗。经批准增加企业的管理费用。

（3）在对存货的清查中发现盘亏甲材料一批，实际成本为1 100元。经查明属于过失人造成的材料毁损，应由过失人赔偿800元，残料验收入库作价100元。扣除过失人赔偿和残料价值后其余200元经批准计入企业的管理费用。

（4）在对存货的清查中发现盘亏B材料一批，实际成本为8 000元。经查明属于非常事故造成的材料毁损。经批准计入企业的营业外支出。

（5）在对固定资产的清查中发现盘亏设备一台，其账面原价为100 000元，累计折旧为80 000元。经批准转作企业的营业外支出。

[要求] 根据资料确定应填制的专用记账凭证，并编制会计分录。

综合实训2

[目的] 练习银行存款余额调节表的编制。

[资料] 甲公司20××年10月银行存款日记账20日至月末的所记经济业务如下：

（1）20日开出支票#09478，支付购入材料的贷款1 400元；

（2）21日存入销货款转账支票2 400元；

（3）24日开出支票#09479，支付购料运杂费700元；

（4）26日开出支票#09480，支付下一季度的房租1 600元；

（5）27日收到销货转账支票9 700元；

（6）30日开出支票#09481，支付日常零星费用200元；

（7）30日收到应收账款3 000元，已存入银行；

（8）31日开出支票支取现金6 000元，支票号为#09482；

（9）31日银行存款日记账金额30 736元。

银行对账单所列20日至月末经济业务如下：

（1）20日结算银行存款利息792元；

（2）22日收到企业开出支票#09478，金额1 400元；

（3）24日收到销售款转账支票2 400元；

（4）26日银行为企业代付水电费1 320元；

（5）27日收到企业开出支票#09479，金额为700元；

（6）30日代收外地企业汇来汇款1 400元；

（7）30日支付付款600元；

（8）31日收到外地汇款，已收妥入账35 000元；

（9）31日银行对账单余额为61 108元。

[要求] 编制期末银行存款余额调节表。

综合实训3

[目的] 练习财产清查结果的账务处理。

[资料] 某公司20××年8月财产清查的结果如下。

（1）甲材料账面余额为4 800千克，单价为5元/千克，共计24 000元。实存为4 790千克，盘亏10千克，经查系材料定额内损耗。

（2）乙材料盘盈 90 千克，单价为 6 元/千克，经查系材料收发过程中计量误差累计所致。

（3）丙材料毁损 18 000 元，废料估价 450 元已验收入库，经查是自然灾害所致。

（4）丁材料盘亏 5 千克，单价 16 元/千克，经查系保管人员责任心不强所致，经批准责令其赔偿，款项尚未收到。

（5）盘盈机器设备一台，重置价值为 9 700 元，经鉴定为七成新。

（6）盘亏机器设备一台，设备账面原值为 65 000 元，已计提折旧 40 000 元，该设备未计提固定资产减值准备。

［要求］进行清查及批准后的账务处理，并思考其中是否涉及增值税的问题，若涉及，该如何进行处理。

第八章　财务报告

【学习目标】

➤ **知识目标**

(1) 了解财务会计报告的作用、种类和编制要求。

(2) 掌握资产负债表、利润表的结构及编制方法。

(3) 熟悉报表附注披露的主要内容。

➤ **素养目标**

综合运用所学知识，学习编制人生报表，并通过报表分析，做出相关的判断和决策。

(1) 培养会计职业的责任意识。财务报表是会计工作的最终产品，是利益相关者了解企业经营信息的主要载体，会计信息具有社会属性和经济后果。

(2) 培养诚信为本、操守为重、坚持准则、不做假账的会计精神。提供真实准确的财务报表，坚决对虚假信息说“不”，实现会计信息的资源配置功能。

(3) 弘扬科技兴国的爱国情怀，激发学生学习热情，为中华民族伟大复兴的中国梦的早日实现贡献力量。

【引导案例】

公司成立后的第一个会计年末，有关人员就会计报表送给哪些人争论不休。董事长讲：公司是由出资人创办的，与其他有关方面和部门无关，会计报表只报送投资者即可；总经理说：会计报表报送给投资人我没有意见，但由于公司的日常生产经营活动是在我的指挥下进行的，会计报表必须报送一份给我；公司内部审计部门讲：内部审计对内向管理当局提供服务，需要对会计资料进行审计，以保证会计信息的真实性，以便于管理者使用正确的信息决策，保护企业的资产安全，因此会计部门必须向内部审计部门提供会计报表。到底会计报表应报送给谁？真可谓“公说公有理，婆说婆有理”，莫衷一是。最后董事长问财务部经理：你怎么看这个问题？财务部经理说：这个问题很简单，就是要分析与公司有利益关系的方面包括哪些？只要是与公司有关，人家就有权利获得一定的会计信息，我们就有必要向他们提供会计报表。大家同意财务部经理的看法。

通过以上案例资料，要思考：在现代社会中，需要会计信息的使用者包括哪些人，他们需要什么会计信息，利用这些会计信息能够达到什么目的？

由此可见，将企业日常核算资料进行加工、整理，以提供总括、综合、清晰反映某一会计主体财务状况、经营成果及现金流量情况的财务会计报告，满足会计信息使用者提供经济决策等的需要就显得尤为重要。

第一节　财务报告概述

财务报告是日常会计循环的最后一个环节，是企业向信息使用者提供信息最主要的途径和方式。

一、财务报告的含义

财务报告又称财务会计报告，是指企业对外提供的反映企业某一特定日期的财务状况和某一会计期间的经营成果、现金流量等会计信息的文件。企业编制的财务报告，对于改善企业外部有关方面的经济决策环境和加强企业内部经营管理具有重要作用。

《中华人民共和国公司法》规定，公司应当在每一会计年度终了时编制财务报告，并依法经会计师事务所审计。财务报告应当依照法律、行政法规和国务院财政部门的规定制作。

二、财务报告的作用

具体来说，财务报告的作用主要表现在以下几个方面。

（1）向企业利益相关者提供相关的会计信息。企业提供的财务报告中含有丰富的会计信息，如资产、负债、所有者权益、收入、费用、利润等各种会计指标，这些指标对于企业利益相关者，特别是投资者、债权人从整体上了解企业的财务状况和经营成果发挥着其他书面文件不可替代的作用，是利益相关者进行科学决策的主要依据。

（2）为实施内部控制和会计监督提供依据。财务报告提供的经济指标，为企业所有者、经营者、债权人和政府职能部门对企业进行控制和监督提供依据。所有者可利用财务报告的有关信息对企业实施控制及监督；经营者可利用财务报告检查经营成果的实现情况；债权人可利用财务报告监督企业借入资金的使用情况，掌握企业偿债能力；政府可利用企业财务报告提供的信息进行宏观经济管理，制定合理的经济政策。

（3）有利于评价企业业绩。财务报告有利于企业所有者和管理者评价经营业绩，改善经营管理，寻找提高经济效益的途径和方法。通过财务报告所提供的指标，不仅有利于各方进行科学、合理的决策，同时也有利于评价企业经营的业绩，并在此基础上找出问题，分析原因，促进企业生产经营管理的改善，找到提高企业经济效益的途径和方法。

三、财务报告的构成

企业的财务报告包括财务报表及其附注和其他应当在财务报告中披露的相关信息和资料。

（1）财务报表。财务报表是企业财务报告的重要组成部分，主要包括资产负债表、利润表和现金流量表等。其中，资产负债表反映的是企业在某一特定日期的资产、负债和所有者权益，从总体上反映企业的财务状况；利润表反映企业某一会计期间的收入、费用和利润（或亏损），从总体上反映企业的经营成果；现金流量表反映企业某一会计期间的现金流入和现金流出，从某一方面反映企业的财务状况。

（2）财务报表附注。是指每一份财务报表所附的、对财务报表中列示项目的详细情况等所做的进一步说明。附注是财务报表的重要组成部分。

(3) 其他相关信息。其他应当在财务报告中披露的相关信息和资料，如编报财务报表企业的基本情况、财务报表的编制基础、遵循企业会计准则的声明、重要会计政策等。此外，企业可以根据有关法律法规的规定和外部使用者的信息需求，在财务报表之外披露其承担的社会责任、对社区的贡献、可持续发展能力等信息。这些信息与信息使用者的经济决策也是相关的，尽管属于非财务信息，无法包括在财务报表中，但是如果有规定或者使用者有需求的，企业应当在财务报告中予以披露，有时企业也可以自愿选择在财务报告中披露。

四、财务报告的分类

财务报告可按不同的标准进行分类，常见的财务报告分类主要有以下几种。

(一) 按财务报告反映的经济内容分类

财务报告按反映经济内容的不同，可分为资产负债表、利润表、所有者权益变动表、现金流量表和附注等。

(二) 按财务报告报送对象分类

财务报告按报送对象不同，可分为对外报表和对内报表。对外报表是会计主体按照有关法规编制的对外公开报送的财务报表，如资产负债表、利润表、所有者权益变动表、现金流量表等。对内报表是会计主体根据自身需要编制的财务报表，这些财务报表往往仅限于会计主体内部使用，如销售分析表、成本分析表、经营费用表等。

(三) 按财务报告编制时间分类

财务报告按编制时间不同，可分为中期财务报告和年度财务报告。中期财务报告是以短于一个完整会计年度的报告期间为基础编制的财务报告，包括月报、季报和半年报。中期财务报告至少应当包括资产负债表、利润表、现金流量表和附注。其中，中期资产负债表、利润表、现金流量表应当是完整报表，其格式和内容应当与年度财务报告相一致。与年度财务报告相比，中期财务报告中的附注披露可适当简略。年度财务报告简称年报，是企业的年度决算报表，主要包括资产负债表、利润表、现金流量表、所有者权益变动表以及附注，而且这五部分同等重要。

(四) 按财务报表编制的主体分类

财务报告按编制主体不同，可分为个别财务报表和合并财务报表。个别财务报表是反映企业自身的财务状况、经营成果和现金流量的财务报表。合并财务报表是以企业集团为会计主体，根据母公司和所属子公司的个别财务报表，由母公司编制的综合反映企业集团财务状况、经营成果及现金流量的财务报表。

五、财务报告编制和列报的基本要求

为充分发挥财务报告的作用，保证财务报告的信息质量，企业在编制和列报财务报告时，应按照企业会计准则的规定，遵循以下基本要求。

(1) 遵循各项会计准则进行确认和计量。企业应当根据实际发生的交易或事项，遵循各项具体会计准则的规定进行确认和计量，并在此基础上编制财务报表。还应在附注中对遵循企业会计准则编制财务报表的情况做出声明。

（2）以企业的持续经营作为列报基础。持续经营是会计的基本前提，是会计确认、计量及编制财务报表的基础。我国《企业会计准则》规范的是企业持续经营基础上的财务报表列报。如果企业已正式决定在当期或将在下一个会计期间进行清算或停止营业，表明其处于非持续经营状态，导致以持续经营为基础编制财务报表不再合理，则应当采用其他基础编制财务报表。例如，破产企业的资产采用可变现净值计量、负债按其预计的结算金额计量等。在非持续经营的情况下，企业应在附注中声明报表未以持续经营基础列报、披露的原因等。

（3）遵循重要性要求进行财务报表项目的列报。在合理预期下，财务报表某项目的省略或错报会影响使用者据此做出经济决策的，则该项目具有重要性。重要性应根据企业所处的具体环境，从项目的性质和金额两方面予以判断。性质或功能不同的项目，应当在财务报表中单独列报，但不具有重要性的项目除外。性质或功能类似的项目，其所属类别具有重要性的，应按其类别在财务报表中单独列报。某些项目的重要程度不足以在资产负债表、利润表、现金流量表或所有者权益变动表中单独列示，但对附注却具有重要性，则应在附注中单独披露。

（4）遵循列报的一致性要求并列报比较信息。一致性要求企业财务报表项目的列报应当在各个会计期间保持一致，不得随意变更。列报项目的名称、分类和排列顺序等都应保持一致。但是，当会计准则要求改变或企业经营业务的性质发生重大变化，如果变更财务报表项目的列报能够提供更可靠、更相关的会计信息，也可以做相应改变。列报比较信息要求企业在列报当期财务报告时，至少应当提供所有列报项目上一可比会计期间的比较数据，以及与理解当期财务报表相关的说明。列报比较信息的目的是为财务报告使用者提供对比数据，反映企业财务状况、经营成果和现金流量的变动趋势，更有利于财务报告使用者进行经济决策分析。

（5）遵循财务报表项目金额间不得相互抵销列报要求。财务报表项日应当以总额列报，资产和负债、收入和费用不能相互抵销，即不得以净额列报。这是因为，如果以上项目相互抵销列报，所提供的信息就不完整，信息的可比性也会大大降低。例如，如果将企业的应收款项（资产）和预收款项（负债）相互抵销列报，就掩盖了交易的经济实质，财务报告使用者很难根据金额间相互抵销后的信息做出正确判断。“应收账款”和“预收账款”需要根据明细账户的余额方向进行分析填列。但企业会计准则另有规定的以下两种情况不属于抵销列报：1）资产项目按扣除减值准备以后的净值列示；2）非日常活动形成的利得和损失按其余额列示。例如，非流动资产处置形成的利得和损失，应按照非流动资产处置收入扣除该资产的账面金额和相关费用后的余额列示。

（6）遵循财务报表表首的列报要求。财务报表一般分为表首、正表两部分。在表首部分，企业应当概括说明下列基本信息。1）披露编报企业的名称。如果企业名称在当期发生了变更，应明确标明。2）标明报表的列报时限。对资产负债表须列示资产负债表日（某一特定日期）；对于利润表、现金流量表和所有者（股东）权益变动表须列示报表涵盖的会计期间。3）披露货币名称和单位。按照我国现行《企业会计准则》规定，企业应当以人民币作为记账本位币列报，并标明金额单位，如元、万元等。4）财务报表是合并财务报表的，应当予以说明。

（7）遵循报告期间规定的要求。企业至少应当编制年度财务报表。根据《会计法》规定，会计年度自公历1月1日起至12月31日止。有些企业可能是在年度中间设立的，存在年度财务报表涵盖的期间短于一年的情况，企业应当披露年度财务报表的实际涵盖期间及短于一年的原因，并说明由此而引起的财务报表项目与比较数据不具可比性这一事实。

第二节 资产负债表

一、资产负债表的含义和作用

（一）资产负债表的含义

资产负债表是总括反映企业在某一特定日期全部资产、负债和所有者权益状况的报表。

资产负债表是根据“资产=负债+所有者权益”这一会计基本等式，依照流动资产和非流动资产、流动负债和非流动负债大类列示，并按照一定要求编制的，是一张时点的、静态的财务报表。

（二）资产负债表的作用

（1）提供企业某一特定日期的资产总额及其结构信息。资产总额及其结构信息表明企业拥有和控制的经济资源总量及其分布情况，财务报告使用者可以从中了解企业在某一特定日期掌控的资产总量及其结构，是会计信息使用者分析企业经营能力的重要资料。

（2）提供企业某一特定日期的负债总额及其结构信息。负债总额及其结构信息表明企业未来需要多少资产或劳务清偿债务和分布情况及清偿时间，是财务报告使用者分析企业的负债状况及债务清偿能力的重要资料。

（3）提供企业某一特定日期的所有者权益总额及其结构信息。所有者权益总额及其结构信息表明所有者投入资本和盈余公积等在所有者权益中所占的比重，是财务报告使用者判断企业资本保值增值情况的主要资料。

（4）提供进行财务分析的有关数据资料。通过资产负债表提供的有关数据，可以计算资产负债率、流动比率和速动比率等财务分析指标，财务报告使用者可据以评价企业的偿债能力和资金周转能力等。例如，可以将资产负债表中的资产总额与负债总额进行比较，分析企业目前的偿债能力；也可以根据二者的对比确定企业的资产负债率，并将其与该企业其他年度的资产负债率进行比较，分析企业资产负债率的升降情况和变动趋势等。

二、资产负债表的格式和内容

（一）资产负债表的格式

资产负债表正表的列报格式一般有两种：报告式资产负债表和账户式资产负债表。

（1）报告式资产负债表。报告式资产负债表是按照资产、负债和所有者权益的顺序上下排列的，上半部分列示资产，下半部分列示负债和所有者权益。

报告式资产负债表便于按顺序阅读，也便于根据需要将各部分内容进行组合排列，但是，在内容较多的情况下，报表会显得过长，不便于存放，而且不便于左右对照和数字的平衡检验。按照我国企业会计准则的规定，企业编报的资产负债表不采用报告式。

报告式资产负债表的格式见表 8-1。

表 8-1　报告式资产负债表（简表）

编制单位：　　　　年　月　日　　　　单位：元

项目	金额
一、资产	
流动资产	
债权投资	
长期股权投资	
投资性房地产	
固定资产	
无形资产	
商誉	
其他非流动资产	
资产合计	
二、负债	
流动负债	
非流动负债	
负债合计	
三、所有者权益	
实收资本	
资本公积	
其他综合收益	
盈余公积	
未分配利润	
所有者权益合计	

（2）账户式资产负债表。账户式资产负债表是左右结构，左边列示资产，右边列示负债和所有者权益。资产方，一般按资产的流动性大小排列；负债方和所有者权益方，一般按要求清偿时间的先后顺序排列。账户式资产负债表中资产各项目的合计等于负债和所有者权益各项目的合计，即资产负债表左方和右方平衡。因此，通过账户式资产负债表，可以反映资产、负债、所有者权益之间的内在关系，即“资产＝负债+所有者权益”。

为了便于报表使用者通过比较不同时点资产负债表的数据，掌握企业财务状况的变动情况及发展趋势，资产负债表各项目需分别以“年初余额”和“期末余额”两栏填列。

账户式资产负债表的具体格式见表 8-2。

表 8-2　账户式资产负债表　　　　会企 01 表

编制单位：　　　　年　月　日　　　　单位：元

资产	期末余额	年初余额	负债和所有者权益（或股东权益）	期末余额	年初余额
流动资产：			流动负债：		

续表 8-2

资产	期末余额	年初余额	负债和所有者权益（或股东权益）	期末余额	年初余额
货币资金			短期借款		
交易性金融资产			交易性金融负债		
衍生金融资产			衍生金融负债		
应收票据			应付票据		
应收账款			应付账款		
预付款项			预收款项		
其他应收款			应付职工薪酬		
存货			应交税费		
合同资产			其他应付款		
持有待售资产			持有待售负债		
一年内到期的非流动资产			一年内到期的非流动负债		
其他流动资产			其他流动负债		
流动资产合计			流动负债合计		
非流动资产：			非流动负债：		
债权投资			长期借款		
其他债权投资			应付债券		
长期应收款			长期应付款		
长期股权投资			预计负债		
其他权益工具投资			递延所得税负债		
其他非流动金融资产			其他非流动负债		
投资性房地产			非流动负债合计		
固定资产			负债合计		
在建工程			所有者权益（或股东权益）：		
生产性生物资产			实收资本（或股本）		
无形资产			其他权益工具		
开发支出			资本公积		
商誉			减：库存股		
长期待摊费用			其他综合收益		

续表 8-2

资产	期末余额	年初余额	负债和所有者权益（或股东权益）	期末余额	年初余额
递延所得税资产			盈余公积		
其他非流动资产			未分配利润		
非流动资产合计			所有者权益（或股东权益）合计		
资产总计			负债和所有者权益（或股东权益）总计		

（二）资产负债表的内容

资产负债表主要反映以下三个方面的财务状况。

（1）资产的结构状况。即企业在一定日期的资产总额及其分布情况。这方面的信息反映在资产负债表的左方，具体项目分流动资产和非流动资产两个部分顺序排列。

（2）负债的结构状况。即企业在一定日期的负债总额及其构成情况。这方面的信息反映在资产负债表右方的上半部分，具体项目分别按流动负债和非流动负债两个部分顺序排列。

（3）所有者权益的结构状况。即企业在一定日期的所有者权益总额及其构成情况。这方面的信息反映在资产负债表右方的下半部分，分别按所有者权益的组成内容实收资本、资本公积、盈余公积和未分配利润等顺序排列。

三、资产负债表的填制

（一）年初余额栏的填报方法

资产负债表年初余额栏内的各项数字，应根据上年末资产负债表期末余额栏内所列数字填列。如果上年度资产负债表规定的各项目的名称和内容同本年度不一致，应对上年末资产负债表各项目的名称和数字按照本年度的规定进行调整，填入表中的年初余额栏内。

（二）资产负债表中主要项目的具体填列方法

（1）“货币资金”项目，反映资产负债表日企业持有的货币资金余额。该项目应根据“库存现金”“银行存款”“其他货币资金”科目的余额之和填列。

（2）“交易性金融资产”项目，反映资产负债表日企业分类为以公允价值计量且其变动计入当期损益的金融资产，以及企业持有的直接指定为以公允价值计量且其变动计入当期损益的金融资产的期末账面价值。该项目应根据“交易性金融资产”科目的相关明细科目期末余额分析填列。

（3）“应收票据”项目，反映资产负债表日以摊余成本计量的，企业因销售商品、提供服务等收到的商业汇票，包括银行承兑汇票和商业承兑汇票。该项目应根据“应收票据”科目的期末余额，减去“坏账准备”科目中相关坏账准备期末余额后的金额分析填列。

(4)“应收账款”项目，反映资产负债表日以摊余成本计量的，企业因销售商品、提供服务等经营活动应收取的款项。该项目应根据“应收账款”科目的期末余额，减去“坏账准备”科目中相关坏账准备期末余额后的金额分析填列。

(5)“预付款项”项目，反映企业按照合同规定预付的款项在资产负债表日的净额。该项目应根据“预付账款”“应付账款”总账科目所属明细科目的借方余额之和，减去相应的“坏账准备”所属明细科目的贷方余额计算填列。

(6)“其他应收款”项目，反映资产负债表日企业持有的应收利息、应收股利和其他应收款净额。如果企业单独设立“应收利息”和“应收股利”科目，则该项目应根据“应收利息”“应收股利”“其他应收款”科目的期末余额合计数，减去“坏账准备”科目中相关坏账准备期末余额后的金额填列。

(7)“存货”项目，反映资产负债表日企业持有的在库、在途和在加工中的各项存货的账面价值。该项目主要应根据原材料、生产成本、库存商品、低值易耗品等科目的期末余额合计数，减去“存货跌价准备”科目的期末余额后的金额填列。

(8)“一年内到期的非流动资产”项目，反映资产负债表日企业持有的将于一年内到期的非流动资产的期末账面价值。该项目应根据“债权投资”“其他债权投资”“长期应收款”科目所属明细科目余额中将于一年内到期的长期债权的数额之和计算填列。

(9)“其他流动资产”项目，反映资产负债表日企业持有的除以上各流动资产项目之外的其他流动资产净额。

(10)“长期应收款”项目，反映资产负债表日企业持有的长期应收款净额。该项目应根据“长期应收款”科目相关明细科目的期末余额中的非流动部分，减去相应的“坏账准备”所属明细科目的贷方余额计算填列。

(11)“长期股权投资”项目，反映资产负债表日企业持有的采用成本法和权益法核算的长期股权投资净额。该项目应根据“长期股权投资”科目的期末余额，减去：“长期股权投资减值准备”科目的贷方余额计算填列。

(12)“固定资产”项目，反映资产负债表日企业固定资产的期末账面价值和企业尚未清理完毕的固定资产清理净损益。该项目应根据“固定资产”科目的期末余额，减去“累计折旧”和“固定资产减值准备”科目的期末余额后的金额，以及“固定资产清理”科目的期末余额填列。

(13)“在建工程”项目，反映资产负债表日企业尚未达到预定可使用状态的在建工程的期末账面价值和企业为在建工程准备的各种物资的期末账面价值。该项目应根据“在建工程”科目的期末余额，减去“在建工程减值准备”科目的期末余额后的金额，以及“工程物资”科目的期末余额，减去“工程物资减值准备”科目的期末余额后的金额填列。

(14)“无形资产”项目，反映资产负债表日企业无形资产的期末账面价值。该项目应根据“无形资产”科目的期末余额，减去“累计摊销”和“无形资产减值准备”科目的期末余额后的金额填列。

(15)“开发支出”项目，反映资产负债表日企业已经发生的研发支出中的资本化支出的余额。该项目应根据“研发支出”科目所属的“资本化支出”明细科目的期末余额填列。

(16)“长期待摊费用”项目，反映资产负债表日企业已经发生但应由本期和以后各期负担的、分摊期限在一年以上的长期待摊费用的期末余额。该项目应根据“长期待摊费用”科目的期末余额分析填列。

(17)“短期借款”项目，反映资产负债表日企业承担的向银行或其他金融机构等借入的期限在一年以下（含一年）的各种借款的期末账面价值。该项目应根据“短期借款”科目的期末余额填列。

(18)“应付票据”项目，反映资产负债表日以摊余成本计量的，企业因购买材料、商品和接受服务等开出、承兑的商业汇票，包括银行承兑汇票和商业承兑汇票。该项目应根据“应付票据”科目的期末余额填列。

(19)“应付账款”项目，反映资产负债表日以摊余成本计量的，企业因购买材料、商品和接受服务等经营活动应支付的款项。该项目应根据“应付账款”和“预付账款”科目所属的相关明细科目的期末贷方余额合计数填列。

(20)“预收款项”项目，反映企业按照合同规定预收的款项在资产负债表日的账面价值。该项日应根据“预收账款”“应收账款”科目的相关明细科目的期末贷方余额填列。

(21)“应付职工薪酬”项目，反映资产负债表日企业承担的应付职工薪酬的余额。该项目应根据“应付职工薪酬”科目的期末余额分析填列。

(22)“应交税费”项目，反映资产负债表日企业承担的应交未交税费的余额。该项目应根据“应交税费”科目的期末余额分析填列。

(23)“其他应付款”项目，反映资产负债表日企业承担的应付利息、应付股利以及其他应付款的余额。如果企业单独设立“应付利息”和“应付股利”科目，则该项目应根据“应付利息”“应付股利”“其他应付款”科目的期末余额合计数填列。如果企业不单独设立“应付利息”和“应付股利”科目，则该项目应根据“其他应付款”科目的期末余额填列。

(24)“一年内到期的非流动负债”项目，反映资产负债表日企业持有的将于一年内到期的非流动负债的期末账面价值。该项目应根据“长期借款”“应付债券”“长期应付款”科目所属明细科目余额中将于一年内到期的数额之和计算填列。

(25)“长期借款”项目，反映资产负债表日企业承担的向银行或其他金融机构等借入的期限在一年以上（不含一年）的各种借款的期末账面价值中的非流动部分。该项目应根据“长期借款”科目的相关明细科目的期末余额分析填列。

(26)“实收资本（或股本）”项目，反映企业接受投资者投入的实收资本在资产负债表日的余额。该项目应该根据“实收资本（或股本）”科目的期末余额填列。

(27)“资本公积”项目，反映企业收到投资者出资额超出其在注册资本或股本中所占份额的部分在资产负债表日的余额。该项目应该根据“资本公积”科目的期末余额填列。

(28)“其他综合收益”项目，反映企业根据会计准则规定未在当期损益中确认的各项利得和损失在资产负债表日的余额。该项目应该根据“其他综合收益”科目的期末余额填列。

(29)“盈余公积”项目，反映企业从净利润中提取的盈余公积在资产负债表日的余额。该项目应该根据“盈余公积”科目的期末余额填列。

(30)“未分配利润”项目，反映企业在资产负债表日累计未分配利润或未弥补亏损的余额。该项目应该根据“本年利润”科目以及“利润分配”总账科目下的“未分配利润”明细科目的期末余额分析填列。

(三) 期末余额栏的填报方法总结

资产负债表期末余额栏内的各项数字，一般应根据资产、负债和所有者权益类科目的期末余额分析填列。主要包括以下方式。

(1) 直接根据总账账户的余额填列。资产负债表中很多项目都采用这种方法填列。如资产类的“交易性金融资产”“递延所得税资产”等；负债和所有者权益类的“短期借款”“交易性金融负债”“应付职工薪酬”“实收资本”“盈余公积”等项目均采用这种方法。

(2) 根据多个总账账户的余额合计填列。“货币资金”项目，需根据“库存现金”“银行存款”“其他货币资金”三个总账科目的期末借方余额的合计数填列。

(3) 根据总账有关账户余额减去其备抵科目余额后的净额填列。如“固定资产”“无形资产”等项目，应根据相关账户的期末余额扣减相应的累计折旧/摊销填列，已计提减值准备的，还应扣减相应的减值准备，反映资产的账面价值。

(4) 根据总账账户和明细账账户的余额分析计算填列。如长期待摊费用中将在一年内(含一年) 摊销的部分，在资产负债表“一年内到期的非流动资产”项目填列。因此，“长期待摊费用”项目应根据“长期待摊费用”账户的期末余额减去将于一年内(含一年) 摊销的数额后的金额填列。

(5) 综合运用上述填列方法分析填列。如资产类的“应收账款”“存货”等项目，需综合运用上述方法计算填列。

“应收账款”项目，应根据“应收账款”和“预收账款”账户所属各明细账户的期末借方余额合计数，减去“坏账准备”账户中有关应收账款计提的坏账准备期末余额后的金额填列。如果“应收账款”账户所属明细账户期末有贷方余额，则应在资产负债表“预收款项”项目内填列。

“存货”项目，反映企业期末在库、在途和在加工中的各种存货的可变现净值。该项目需根据“在途物资”(“材料采购”)、“原材料”“低值易耗品”“库存商品”“材料成本差异”“委托加工物资”“生产成本”等账户的期末余额合计，减去“存货跌价准备”账户期末余额后的金额填列。

【例 8-1】 假定甲公司 20××年有关总分类账户的年初余额和 12 月 31 日的余额见表 8-3。根据所给资料编制该企业 20××年 12 月的资产负债表。

表 8-3 甲公司 20××年总分类账年初与年末余额表 单位：元

账户名称	年初余额		期末余额	
	借方	贷方	借方	贷方
库存现金	4 000		3 500	
银行存款	860 000		1 200 000	

续表 8-3

账户名称	年初余额		期末余额	
	借方	贷方	借方	贷方
应收票据				
应收账款	334 000		117 000	
预付账款			175 500	
其他应收款	65 000		80 000	
原材料	33 000		48 000	
库存商品	168 000		246 000	
生产成本	140 000		180 000	
长期股权投资			260 000	
固定资产	6 500 000		7 600 000	
累计折旧		2 100 000		3 511 000
短期借款				120 000
应付票据				
应付账款		88 000		99 000
预收账款		36 000		
应付职工薪酬		192 000		264 000
应交税费		35 800		69 200
其他应付款		8 600		12 000
长期借款		200 000		250 000
实收资本		3 600 000		3 600 000
资本公积		1 280 000		1 280 000
盈余公积		348 000		415 000
利润分配		215 600		289 800
合计	8 104 000	8 104 000	9 910 000	9 910 000

根据上述资料，编制甲公司20××年12月的资产负债表，见表8-4。

表 8-4 资产负债表

编制单位：甲公司　　20××年12月31日　　单位：元

资产	期末余额	年初余额	负债和所有者权益（或股东权益）	期末余额	年初余额
流动资产			流动负债		

续表 8-4

资产	期末余额	年初余额	负债和所有者权益（或股东权益）	期末余额	年初余额
货币资金	1 203 500	864 000	短期借款	120 000	
交易性金融资产			交易性金融负债		
衍生金融工具			衍生金融负债		
应收票据			应付票据		
应收账款	117 000	334 000	应付账款	99 000	88 000
预付款项	175 500		预收款项		36 000
其他应收款	80 000	65 000	应付职工薪酬	264 000	192 000
存货	474 000	341 000	应交税费	69 200	35 800
其他流动资产			其他应付款	12 000	8 600
流动资产合计	2 050 000	1 604 000	流动负债合计	564 200	360 400
非流动资产：			非流动负债：		
长期股权投资	260 000		长期借款	250 000	200 000
固定资产	4 089 000	4 400 000	应付债券		
无形资产			非流动负债合计	250 000	200 000
开发支出			负债合计	814 200	560 400
商誉			所有者权益（或股东权益）		
长期待摊费用			实收资本（或股本）	3 600 000	3 600 000
其他非流动资产			资本公积	1 280 000	1 280 000
非流动资产合计	4 349 000	4 400 000	盈余公积	415 000	348 000
			未分配利润	289 800	215 600
			所有者权益（或股东权益）合计	5 584 800	5 443 600
资产总计	6 399 000	6 004 000	负债和所有者权益（或股东权益）总计	6 399 000	6 004 000

第三节 利 润 表

一、利润表的含义和作用

（一）利润表的含义

利润表是用来反映企业在某一会计期间的经营成果的财务报表。该表是根据“收入-

费用=利润”的会计等式，按营业利润、利润总额、净利润、综合收益总额的顺序编制而成的，是一个时期的动态报表。编制利润表的目的是反映企业的生产经营和收益情况，表明企业的经营成果；同时，反映企业经营业绩的主要来源和构成，为报表使用者据以判断净利润的质量和风险、预测净利润的持续性、做出正确决策提供相关信息。

（二）利润表的作用

（1）反映企业一定会计期间营业收入的实现情况以及不同收入的构成情况。企业营业收入、投资收益、资产处置收益、其他收益以及营业外收入的多少等信息均可以在利润表中得到反映和体现。

（2）反映企业一定会计期间的费用耗费情况。利润表可提供营业成本与税金及附加的多少，期间费用的构成及其金额，资产减值损失、营业外支出以及所得税费用的耗费等信息。

（3）反映企业经营活动的成果和综合收益。利润表既可反映经营环节利润的实现情况，也可反映利润总额及净利润的实现情况，有助于投资者分析判断资本的保值增值状况。综合收益体现了财务报表确认思想上的“资产负债观”，不仅包括披露项目而且包括非披露项目，既反映已实现收益，又反映未实现但按准则规定已确认的潜在收益。

（4）提供财务分析的基本资料。将利润表中的信息与资产负债表中的信息相结合，可得到企业偿债能力和盈利能力的基本信息，便于报表使用者判断企业的未来发展趋势，做出经济决策。

二、利润表的格式和内容

（一）利润表的格式

利润表的格式有多步式和单步式两种。

（1）多步式利润表。采用这种格式的利润表时，是在表中对当期的收入、费用等项目按性质加以归类，并按利润形成的主要环节列示一些中间性利润指标，即可分步计算出当期的净利润（或净亏损）。我国财务报表列报准则规定，企业应当采用多步式利润表，将不同性质的收入和费用类别进行对比，从而得出一些中间性的利润指标数据，便于财务报告使用者理解企业经营成果的不同来源。多步式利润表的具体格式见表 8-5。

表 8-5 利润表（多步式）

会企 02 表

编制单位： 年 月 单位：元

项目	本期金额	上期金额
一、营业收入		
减：营业成本		
税金及附加		
销售费用		
管理费用		
研发费用		

续表 8-5

项目	本期金额	上期金额
财务费用		
其中：利息费用		
利息收入		
资产减值损失		
信用减值损失		
加：其他收益		
投资收益（损失以“-”号填列）		
其中：对联营企业和合营企业的投资收益		
公允价值变动收益（损失以“-”号填列）		
资产处置收益（损失以“-”号填列）		
二、营业利润（亏损以“-”号填列）		
加：营业外收入		
减：营业外支出		
三、利润总额（亏损总额以“-”号填列）		
减：所得税费用		
四、净利润（净亏损以“-”号填列）		
（一）持续经营净利润（净亏损以“-”号填列）		
（二）终止经营净利润（净亏损以“-”号填列）		
五、其他综合收益		
（一）不能重分类进损益的其他综合收益		
（二）将重分类进损益的其他综合收益		
六、综合收益总额		
七、每股收益		
（一）基本每股收益		
（二）稀释每股收益		

（2）单步式利润表。采用这种格式的利润表时，是在表中将收入与费用项目自上而下顺序排列：先列示企业在当期所有收入项目的发生额，并计算出其合计数；再列示所有费用项目的发生额，并计算出其合计数；之后从收入合计数中减去费用合计数，经过一次性比较即可计算出当期的净利润（或净亏损）。这种格式的利润表列示方法比较简单，但不

便于财务报告使用者理解企业经营成果的不同来源。

（二）利润表的内容

多步式利润表主要反映以下三个利润指标。

（1）营业利润。营业利润是根据企业一定会计期间的营业收入与营业成本等之间的关系计算确认的。其中，营业收入是指企业所确认的一定会计期间的主营业务收入和其他业务收入之和；营业成本是企业确认的与以上收入相关的主营业务成本和其他业务成本之和。主营业务和其他业务都属于企业在日常活动中发生的业务，这些业务实现的收入与发生的相关费用之间有着密切的配比关系和因果关系。营业利润是以营业收入为基数，减去与之相关的营业成本，减税金及附加、销售费用、管理费用、财务费用等，再加投资收益（或减投资损失）等计算得到的，是企业利润的主要构成部分。

（2）利润总额。利润总额是在营业利润的基础上加营业外收入，减营业外支出的结果。与企业的主营业务和其他业务实现的收入和发生的费用不同，营业外收入和营业外支出是企业在非日常活动中发生的，并且两者之间也不存在相互配比关系和因果关系。按照我国现行《企业会计准则》的规定，营业外收入和营业外支出应直接计入企业的利润总额。利润总额是企业计算缴纳所得税费用的基础，一般称为税前利润。

（3）净利润。净利润一般是从利润总额中减所得税费用以后得到的，因此净利润也称税后利润。所得税费用一般是以利润总额为基础计算确定，并在当期的利润总额中予以减除。

三、利润表的填制

（一）上期金额栏的填报方法

利润表上期金额栏内的各项数字应根据上年该期利润表本期金额栏内所列数字填列。如果上年该期利润表规定的各项目的名称和内容同本期不一致，应对上年该期利润表各项目的名称和数字按本期的规定进行调整，填入利润表的上期金额栏内。

（二）本期金额栏的填报方法

利润表本期金额栏内的各项数字一般应根据损益类科目的发生额分析填列。下面具体说明各项目的填报方法。

（1）“营业收入”项目，反映企业经营主要业务和其他业务所确认的收入总额。该项目应根据“主营业务收入”和“其他业务收入”科目的发生额分析填列。

（2）“营业成本”项目，反映企业经营主要业务和其他业务所发生的成本总额。该项目应根据“主营业务成本”和“其他业务成本”科目的发生额分析填列。

（3）“税金及附加”项目，反映企业经营活动发生的消费税、城市维护建设税、资源税和教育费附加等相关税费。该项目应根据“税金及附加”科目的发生额分析填列。

（4）“销售费用”项目，反映企业销售商品和材料、提供劳务的过程中发生的各种费用。该项目应根据“销售费用”科目的发生额分析填列。

（5）“管理费用”项目，反映企业确认的为组织和管理企业生产经营所发生的管理费用。该项目应根据“管理费用”科目的发生额分析填列。

（6）“研发费用”项目，反映企业进行研究与开发过程中发生的费用化支出，以及计入管理费用的自行开发无形资产的摊销。该项目应根据“管理费用”科目所属的“研发费用”明细科目的发生额，以及“管理费用”科目下的“无形资产摊销”明细科目的发生额分析填列。

(7)“财务费用”项目，反映企业确认的为筹集生产经营所需资金等而发生的筹资费用。该项目应根据“财务费用”科目的发生额分析填列。

(8)“其他收益”项目，反映企业确认的计入其他收益的政府补助等。该项目应根据“其他收益”科目的发生额分析填列。

(9)“投资收益”项目，反映企业确认的投资收益或投资损失。该项目应根据“投资收益”科目的发生额分析填列；如为投资损失，以“-”号填列。

(10)“公允价值变动收益”项目，反映企业确认的计入当期损益的公允价值变动收益或损失。该项目应根据“公允价值变动损益”科目的发生额分析填列；如为公允价值变动损失，以“-”号填列。

(11)“资产处置收益”项目，反映企业出售固定资产、在建工程、生产性生物资产、无形资产等产生的处置利得或损失。该项目应根据“资产处置损益”科目的发生额分析填列；如为处置损失，以“-”号填列。

(12)“信用减值损失”项目，反映企业计提的各项金融工具减值准备所确认的信用损失。该项目应根据“信用减值损失”科目的发生额分析填列。

(13)“资产减值损失”项目，反映企业确认的除信用减值损失之外的资产减值损失。该项目应根据“资产减值损失”科目的发生额分析填列。

(14)“营业外收入”项目，反映企业发生的营业利润以外的收益，主要包括与企业日常活动无关的政府补助、盘盈利得、捐赠利得等。该项目应根据“营业外收入”科目的发生额分析填列。

(15)“营业外支出”项目，反映企业发生的营业利润以外的支出，主要包括公益性捐赠支出、非常损失、盘亏损失、非流动资产毁损报废损失等。该项目应根据“营业外支出”科目的发生额分析填列。

(16)“所得税费用”项目，反映企业确认的应从当期利润总额中扣除的所得税费用，包括当期所得税费用和递延所得税费用。该项目应根据“所得税费用”科目的发生额分析填列。

(17)“持续经营净利润”项目，反映净利润中与持续经营相关的净利润；如为净亏损，以“-”号填列。

(18)“终止经营净利润”项目，反映净利润中与终止经营相关的净利润；如为净亏损，以“-”号填列。

(19)“基本每股收益”项目，应当按照归属于普通股股东的当期净利润，除以发行在外的普通股的加权平均数计算。

(20)“稀释每股收益”项目。如果企业存在稀释性潜在普通股，应当分别调整归属于普通股股东的当期净利润和发行在外的普通股的加权平均数，并据以计算稀释每股收益。

【例 8-2】 假定甲公司 20××年 12 月有关收入类和费用类账户的全部发生额资料见表 8-6，要求根据所给资料编制该公司 20××年 12 月的利润表。

表 8-6 甲公司 20××年 12 月收入类和费用类账户的发生额 单位：元

账户名称	本期发生额	
	借方	贷方
主营业务收入		2 560 000
其他业务收入		240 000
投资收益	108 000	
营业外收入		129 000
主营业务成本	1 780 000	
其他业务成本	184 000	
税金及附加	125 000	
销售费用	86 000	
管理费用	158 000	
财务费用	21 400	
营业外支出	84 600	
所得税费用	95 500	

根据所给资料，编制该公司 20××年 12 月的利润表，见表 8-7。

表 8-7 利润表

编制单位：甲公司　　20××年 12 月　　单位：元

项目	本期金额	上期金额
一、营业收入	2 800 000	
减：营业成本	1 964 000	
税金及附加	125 000	
销售费用	86 000	
管理费用	158 000	
研发费用		
财务费用	21 400	
资产减值损失		
信用减值损失		
加：其他收益		
投资收益（损失以“−”号填列）	−108 000	

续表 8-7

项目	本期金额	上期金额
公允价值变动收益（损失以“-”号填列）		
资产处置收益（损失以“-”号填列）		
二、营业利润（亏损以“-”号填列）	337 600	
加：营业外收入	129 000	
减：营业外支出	84 600	
三、利润总额（亏损总额以“-”号填列）	382 000	
减：所得税费用	95 500	
四、净利润（净亏损以“-”号填列）	286 500	
（一）持续经营净利润（净亏损以“-”号填列）	286 500	
（二）终止经营净利润（净亏损以“-”号填列）		

第四节 财务报表附注

一、财务报表附注的概念和作用

财务报表附注是财务报表不可或缺的组成部分，是对在资产负债表、利润表、现金流量表和所有者权益变动表等报表中列示项目的文字描述或明细资料，以及对未能在这些报表中列示项目的说明等。

财务报表中的数字是经过分类与汇总后的结果，是对企业发生的经济业务高度简化和浓缩的数字。但是，如果没有对形成这些数字所使用的会计政策以及理解这些数字所必需的信息的披露，财务报表的效用就不可能得到充分发挥。因此，附注与资产负债表、利润表、现金流量表、所有者权益变动表等报表具有同等的重要性，是财务报表的重要组成部分。报表使用者为了解企业的财务状况、经营成果和现金流量，应当全面阅读附注。

二、财务报表附注披露的基本要求

附注披露的基本要求表现在以下三个方面。

（1）附注披露的信息应将定量和定性信息相结合。只有将定量和定性信息相结合，才能从量和质两个角度对企业经济事项完整地加以反映，满足信息使用者的决策需求。

（2）附注应有顺序地披露信息。附注应当按照一定的结构进行系统合理的排列和分类，有顺序地披露信息。由于附注的内容繁多，因此更应按逻辑顺序排列，分类披露，条理清晰，具有一定的组织结构，以便信息使用者理解和掌握，同时更好地实现财务报表的可比性。

（3）附注信息应与报表项目相互参照。附注中的相关信息应当与资产负债表、利润表、现金流量表和所有者权益变动表等报表列示的项目相互参照，帮助信息使用者联系相关联的信息，从整体上更好地理解财务报表。

三、财务报表附注披露的内容

附注应当按照如下顺序披露有关内容。

（1）企业的基本情况。企业的基本情况包括：1）企业注册地、组织形式和总部地址；2）企业的业务性质和主要经营活动，如企业所处的行业、所提供的主要产品或服务、客户的性质、销售策略、监管环境的性质等；3）母公司以及集团最终母公司的名称；4）财务报告的批准报出者和财务报告批准报出日，或者以签字人及其签字日期为准；5）营业期限有限的企业，还应当披露有关营业期限的信息。

（2）财务报表的编制基础。企业应当披露财务报表的编制基础。

（3）遵循企业会计准则的声明。企业应当声明编制的财务报表符合企业会计准则的要求，真实、完整地反映了企业的财务状况、经营成果和现金流量等有关信息，以此明确企业编制财务报表所依据的制度基础。

（4）重要会计政策和会计估计。企业应当披露采用的重要会计政策和会计估计，不重要的会计政策和会计估计可以不披露。重要会计政策的说明包括财务报表项目的计量基础和运用会计政策过程中所做的重要判断等。重要会计估计的说明包括可能导致下一个会计期间内资产、负债账面价值重大调整的会计估计的确定依据等。财务报表列报准则强调企业应结合自身实际情况披露其主要会计政策的确定依据、财务报表项目的计量基础以及会计估计中所采用的关键假设和不确定因素的确定依据。

（5）会计政策和会计估计变更以及差错更正的说明。企业应当披露会计政策和会计估计变更以及差错更正的有关情况，当会计政策和会计估计发生变动或差错时，应在财务报表附注中说明其变更的内容和理由、影响数额及累计影响数额不能确定的原因等。

（6）重要报表项目的说明。企业应当尽可能以列表形式披露重要报表项目的构成或当期增减变动情况，对已在资产负债表、利润表、现金流量表和所有者权益变动表中列示的重要项目做进一步说明。对重要报表项目的详细说明，应当按照资产负债表、利润表、现金流量表、所有者权益变动表的顺序以及报表项目列示的顺序，以文字和数字描述相结合的方式进行披露，并与报表项目相互参照。企业应当在附注中披露费用按照性质分类的利润表补充资料，可将费用分为耗用的原材料、职工薪酬费用、折旧费用、摊销费用等。

（7）或有和承诺事项、资产负债表日后事项和关联方关系及其交易等需要说明的其他事项。企业应当披露的或有和承诺事项有：预计负债的种类、形成原因以及经济利益流出不确定性的说明；或有负债的种类、形成原因及经济利益流出不确定性的说明；或有负债预计产生的财务影响，以及获得补偿的可能性，无法预计的应当说明原因；或有资产形成的原因、预计产生的财务影响；预期对企业造成重大不利影响的未决诉讼、未决仲裁的性质以及没有披露这些信息的事实和原因。企业应披露每项重要的资产负债表日后非调整事项的性质、内容及其对财务状况和经营成果的影响。无法做出估计的，应当说明原因。企业还应按照《企业会计准则第36号——关联方披露》的规定，披露关联方关系及其交易的相关信息。

（8）有助于财务报表使用者评价企业管理资本的目标、政策和程序的信息。

(9) 其他信息。企业应当在附注中披露其他综合收益、终止经营、股利分配等相关信息。

【思政案例】

会计诚信与国家兴衰

2008 年 9 月，雷曼兄弟银行的倒塌，引起全球百年来最大金融危机。由美国破产法庭委托有关律师、检察官完成的调查报告显示，雷曼兄弟采取的手段是通过那些估值过高的次级抵押债券和信用违约掉期产品交易，伪造会计记录，粉饰资产负债表，造成净杠杆比率健康的假象，不断延迟危机爆发。倒闭之前，雷曼高层不断对市场表示，将会提供更加透明的资产负债表给公众，且信誓旦旦称，公司正在想方设法降低杠杆。当时，被欺骗者中，就包括精明的分析师。2008 年 10 月，布什政府介入，对银行实施救助并为金融体系提供支撑，对美国银行体系注资 3 500 亿美元，避免了金融体系的崩塌。2009 年，奥巴马成为美国总统，呼吁推动美国进入会计诚信新时代。

6 年之后，因不良会计记录影响导致遭受金融危机冲击的，已经不限于银行机构，对于全球大经济体来说，在会计核算和诚信记录方面各自面临更大的风险。从希腊、葡萄牙、西班牙和意大利的银行记录和主权债务问题，到世界范围内的政府救助，对于资产负债表和各类报告中的负债水平和养老责任，其可信程度越发令人怀疑，导致人们对审计师和公共监管的信心也在不断削弱。

会计发展的历史证明，会计核算是企业和国家建立的根基。好的会计核算行为能够增加信息可信度，对政府的稳定和社会经济的运行起着十分重要的作用，而糟糕的会计核算以及随之而来的诚信缺失，则会导致资本市场乱象丛生，引发经济犯罪和社会形势动荡。

从人们知道如何恰当地进行会计核算至今，已经有近千年的历史，历数那些成功的政权和社会，不仅仅需要具备坚实的会计核算基础和浓厚的经商氛围，还需要努力构建良好的道德文化框架，才能妥善应对现实：人类往往习惯于忽略、扭曲以及难以达到诚信核算的要求。

（资料来源：雅各布·索尔．账簿与权力，[M]．北京：中信出版社，2020.）

【思政说明】

人类社会与会计诚信问题已经奋斗了好几个世纪，但仍然难以开展有效的审计，难以让公司做到诚信负责。市场交易日益复杂活跃，会计信息增长迅猛，面对海量的数据，我们目前仍然处于这种窘况：会计改革的速度，远远赶不上人们从中找到漏洞的速度。

会计诚信不只是一个概念，也不仅仅是会计所遵循的职业道德，它离不开整个社会诚信的构建，涉及社会文化的方方面面。会计诚信也不只是一个人、一个公司的问题，而是会影响到社会经济健康运行与国家发展之兴衰。

践行社会主义核心价值观，把国家、社会、公民的价值要求融为一体，提高个人的爱国、敬业、诚信、友善修养，自觉把小我融入大我，不断追求国家的富强、民主、文明、和谐和社会的自由、平等、公正、法治，将社会主义核心价值观内化为精神追求、外化为自觉行动。实现国之富强，可以从会计诚信做起！

【自测题】

一、单项选择题

(1) 会计核算的最终成果是（　　）。

A. 会计凭证　B. 总分类账　C. 财务报告　D. 明细分类账

(2) 按照规定，企业的财务报告一般应于（　　）报出。

A. 年度终了后　B. 年度终了后1个月内

C. 月份终了后3个月内　D. 年度终了后4个月内

(3) 根据我国现行会计制度的规定，下列不属于财务报告组成部分的是（　　）。

A. 会计报表　B. 会计报表附注

C. 财务分析报告　D. 财务情况说明书

(4) 资产负债表中，负债及所有者权益项目一般按（　　）顺序排列。

A. 项目的重要性程度　B. 项目的金额大小

C. 项目的支付性大小　D. 项目的求偿权先后

(5) 20××年6月30日，甲公司有关账户期末余额及相关经济业务如下："库存现金"账户借方余额2 000元，"银行存款"账户借方余额350 000元，"其他货币资金"账户借方余额500 000元。甲公司20××年6月30日资产负债表"货币资金"项目"期末余额"栏的金额是（　　）元。

A. 852 000　B. 2 000　C. 352 000　D. 502 000

(6) 甲公司年末"应收账款"所属明细科目的借方余额为1 000 000元，"预收账款"科目贷方余额为1 500 000元，其中，明细账的借方余额为150 000元，贷方余额为1 650 000元。"应收账款"对应的"坏账准备"期末余额为80 000元，该企业年末资产负债表中"应收账款"项目的金额为（　　）元。

A. 1 650 000　B. 1500 000　C. 1 150 000　D. 1 070 000

(7) 甲公司期末"固定资产"账户借方余额为2 000 000元，"累计折旧"账户贷方余额为800 000元。"固定资产减值准备"账户贷方余额为300 000元，"固定资产清理"账户借方余额为20 000元，则该企业资产负债表中"固定资产"项目的期末余额应是（　　）元。

A. 2 020 000　B. 1 200 000　C. 920 000　D. 900 000

(8) 利润表中，与计算"营业利润"有关的项目是（　　）。

A. 所得税费用　B. 投资收益　C. 营业外收入　D. 营业外支出

(9) 利润表项目的"本期金额"，填制依据是（　　）。

A. 损益类账户的本期发生额　B. 损益类账户的期末余额

C. 收入类账户的贷方余额　D. 收入类账户的借方余额

(10) 全部损益类账户的本月发生额如下：营业收入8 000 000元，营业成本5 000 000元，税金及附加860 000元，销售费用500 000，管理费用400 000元，财务费用100 000元，营业外收入50 000元，所得税费用440 000元，则利润表中"营业利润"项目的本月数为（　　）元。

A. 3 000 000　B. 1 140 000　C. 2 040 000　D. 1 600 000

二、多项选择题

(1) 财务报告可以提供（　　）信息。

A. 财务状况　B. 现金流量　C. 经营成果　D. 劳动生产率

(2) 下列关于财务报表的说法正确的有（　　）。

A. 按编报期间的不同，可以分为中期财务报表和年度财务报表

B. 年度财务报表即为企业的年度决算报表

C. 中期财务报表的附注披露可适当简略

D. 对外财务报表有统一的格式和指标体系

(3) 下列各项可以通过资产负债表反映的有（　　）。

A. 某一时点的财务状况　B. 某一时点的偿债能力

C. 某一期间的经营成果　D. 某一期间的获利能力

(4) 下列属于资产负债表“流动资产”项目的有（　　）。

A. 应收账款　B. 预收款项　C. 应付账款　D. 预付款项

(5) 在资产负债表的编制过程中，需要根据账户余额减去其备抵项目后的净额填列的有（　　）。

A. 固定资产　B. 无形资产　C. 交易性金融资产　D. 存货

(6) 编制资产负债表时，下列（　　）项目，其对应账户出现借方余额时以负数填列。

A. 应付职工薪酬　B. 应交税费　C. 固定资产　D. 未分配利润

(7) 下列等式正确的有（　　）。

A. 营业收入=主营业务收入+其他业务收入

B. 营业利润=营业收入-营业成本-税金及附加-销售费用-管理费用-财务费用-资产减值损失±公允价值变动收益（损失）±投资收益（损失）

C. 利润总额=营业利润+投资收益+营业外收入-营业外支出

D. 净利润=利润总额-所得税费用

(8) 利润表中的“营业收入”项目填列的依据有（　　）。

A.“营业外收入”发生额　B.“主营业务收入”发生额

C.“其他业务收入”发生额　D.“投资收益”发生额

三、判断题

(1) 财务报告包括财务报表及附注和其他应当在财务报告中披露的相关信息和资料。（　　）

(2) 财务报告分为年度财务报告和中期财务报告。中期财务报告一般包括月度报告、季度报告、半年度报告等。（　　）

(3) 如果期末赶编财务报表，则可以将本期发生的经济业务延至下期登账。（　　）

(4) 资产负债表是反映企业某一特定日期经营成果的静态会计报表。（　　）

(5) 资产负债表的格式主要有账户式和报告式两种，我国采用的是报告式，因此才出现财务报告这个名词。（　　）

(6) 资产负债表中的“长期待摊费用”项目应根据“长期待摊费用”科目的余额直接填列。（　　）

(7) 资产负债表中“货币资金”项目应根据“银行存款”账户的期末余额填列。（　　）

(8) 利润表是反映企业在一定会计期间经营成果的报表，属于静态报表。 (　　)
(9) 我国企业利润表要求采用单步式。 (　　)
(10) 利润表中“本期金额”栏的数字，应根据各损益类账户本期发生额填列。 (　　)

【综合实训】

综合实训 1

[目的] 练习资产负债表的编制。

[资料] 甲公司 20××年 12 月 31 日总分类账户和有关明细分类账户余额见表 8-8。

表 8-8 总分类账户和有关明细分类账户余额 单位：元

账户名称	借方余额	账户名称	贷方余额
库存现金	600	应付账款	2 400
银行存款	3 000	——A 公司	2 800（贷方余额）
应收账款	5 000	——D 公司	400（借方余额）
——B 公司	6 000（借方余额）	应付职工薪酬	9 800
——C 公司	1 000（贷方余额）	应交税费	5 530
其他应收款	800	其他应付款	800
在途物资	18 000	长期借款	30 000
原材料	51 000	实收资本	400 000
库存商品	3 000	盈余公积	91 470
生产成本	7 000	本年利润	2 000
固定资产	519 000	利润分配	1 000
无形资产	4 600	累计折旧	71 000
长期待摊费用	2 000		
合计	614 000	合计	614 000

[要求] 根据上述资料编制甲公司 20××年 12 月 31 日的资产负债表。

综合实训 2

[目的] 练习利润表的编制。

[资料] 乙公司 20××年 12 月损益类账户结账前的发生额见表 8-9。

表 8-9 损益类账户结账前的发生额 单位：元

账户名称	本期借方发生额	本期贷方发生额
主营业务收入	60 000	300 000

续表 8-9

账户名称	本期借方发生额	本期贷方发生额
其他业务收入		8 000
主营业务成本	200 500	9 000
税金及附加	10 100	
销售费用	3 000	
管理费用	6 000	
财务费用	1 800	
资产减值损失	1 000	
投资收益		1 000
营业外收入		2 000
营业外支出	4 300	
所得税费用	8 250	

[要求] 根据上述资料编制乙公司 20××年 12 月末的结账会计分录及本月利润表。

第九章　会计账务处理程序

【学习目标】

➢ 知识目标

(1) 了解合理利用会计账务处理程序的意义以及会计账务处理程序的种类。

(2) 了解不同会计账务处理程序的特点和适用范围。

(3) 掌握记账凭证账务处理程序和科目汇总凭证账务处理程序的实际应用。

➢ 素养目标

做一个懂法、守法、用法的公民。形成遵纪守法的良好品质，善于运用法律维护国家、公众和个人的合法权益。

(1) 培养爱岗敬业、诚实守信的职业品质。热爱会计工作，忠于职守，具有强烈的事业心和责任感，诚信为本，操守为重。

(2) 培养坚持准则、不做假账的职业精神。对会计工作要有敬畏之心，坚守底线意识与红线意识，坚持准则，坚决对假账说“不”。

(3) 培养法制意识。会计工作一定要严格遵循会计法律法规，合法合规开展工作，一定要懂法、守法。

(4) 培养正确的价值观、金钱观。要坚持原则，廉洁自律，坚决维护国家利益、社会公众利益和正常的经济秩序。

【引导案例】

某小型商贸公司平时的经济活动大多是购货、销货和费用支出。因业务量较少，出纳、会计都由小王担任，采用手工记账。小王每天根据取得的原始凭证填制收款凭证、付款凭证和转账凭证，然后根据收、付款凭证逐笔登记现金和银行存款日记账，根据记账凭证逐笔登记库存商品和应收账款、应付账款明细账，根据记账凭证逐笔登记总分类账，期末根据明细账和总账编制资产负债表和利润表。随着企业的发展，规模逐渐扩大，业务种类和数量增多，小王感觉有点忙不过来，平时几乎没有时间登记总账，总是快到月末时突击登记，经常加班，而且由于总账使用订本式，业务又不确定，导致有的账户预留的账页不够，有的账户预留的账页过多，有时候不到一个月就需要换一本总账。小王有些一筹莫展。

思考：你认为小王应该如何改进记账方法，从而提高工作效率呢？另外，你认为该公司的会计工作安排是否存在问题，为什么？

第一节　会计账务处理程序概述

在对日常经济业务的逐层加工、汇总、综合的过程中，填制会计凭证是核算资料的收集及初步分类，登记账簿是核算资料的分类整理，编制报表是核算资料的再加工。凭证填制、账簿登记以及财务报告的编制之间具有一定的联系。编制报表的资料来自账簿，报表的内容、对账簿的种类、格式和记录内容又有一定的制约作用；同样，凭证是登记账簿的依据，账簿的种类、格式又决定着凭证的种类和格式等。凭证、账簿、报表三者之间存在相互联系、相互制约的关系，三者之间以及各种凭证之间、账簿之间、报表之间的配合决定了会计核算资料的全面性、综合性和及时性。每一个单位都应当根据实际情况，设计会计凭证、账簿、财务报表及其传递程序，即会计核算的组织程序。

一、会计账务处理程序的含义和分类

（一）会计账务处理程序的含义

会计账务处理程序也称会计核算组织程序，是指以账簿组织为核心，把会计凭证、账簿、报表、记账程序和记账方法有机结合起来的技术组织方式。账簿组织是指会计凭证和账簿的种类、格式、登记内容以及各种凭证与账簿之间的相互联系；记账程序和记账方法是指从审核、整理原始凭证开始，通过编制记账凭证、登记各种账簿，到编制报表为止的整个工作步骤和方法。

（二）会计账务处理程序的分类

企业根据自身经营特点和业务规模，会选择不同账务处理程序。各类账务处理程序的主要区别在于登记总分类账的直接依据和方法。目前我国主要采用的账务处理程序有以下三种。

（1）记账凭证账务处理程序。登记总账的依据是记账凭证，直接根据记账凭证逐笔登记总分类账。

（2）科目汇总表账务处理程序。登记总账的依据是科目汇总表，首先根据记账凭证编制科目汇总表，然后根据科目汇总表登记总分类账。

（3）汇总记账凭证账务处理程序。登记总账的依据是汇总记账凭证，首先根据记账凭证编制汇总记账凭证，然后根据汇总记账凭证登记总分类账。

除这三种主要账务处理程序外，还有日记总账账务处理程序、多栏式日记账账务处理程序等。下面将着重介绍前两种最常用的账务处理程序。

二、会计账务处理程序的意义

会计核算组织程序对提高会计核算工作质量有重大的意义。

（1）有利于会计工作程序的规范化，确定合理的凭证、账簿与报表之间的联系方式，保证会计信息加工过程的严密性，提高会计信息的质量。

（2）有利于保证会计记录的完整性、正确性，通过凭证、账簿及报表之间的牵制作用，增强会计信息的可靠性。

（3）有利于减少不必要的会计核算环节，通过井然有序的会计核算组织程序，提高会计工作效率，保证会计信息的及时性。

三、会计账务处理程序的要求

不同的账务处理程序具有不同的特点，繁简程度、信息成本和提供的信息详细程度也有所区别。在实际工作中，由于各单位的业务性质、组织规模、经济业务复杂程度各不相同，对账务处理程序也会有不同的要求。因此，各单位应本着科学、适用的原则，根据自身的实际情况和具体条件，在保证会计信息质量、满足使用者需求的基础上，设计适当的账务处理程序。科学、合理的账务处理程序应符合以下基本要求。

（1）能适合企业自身特点，与企业的经营规模、业务性质和繁简程度以及管理要求相适应，有助于分工协作和内部控制，满足企业会计核算工作的实际需要。

（2）能正确、及时、完整地提供有关本单位财务状况、经营成果和现金流量等信息，满足信息使用者的需求，有助于信息使用者做出正确的经济决策。

（3）能提高会计工作效率，在保证信息质量的基础上，力求简化会计核算工作，节省人力、物力和财力，降低会计信息成本，提高会计工作效率。

第二节 记账凭证账务处理程序

记账凭证核算组织程序是最基本的一种会计核算组织程序，是其他会计核算组织程序的基础，其他核算形式都是由此演变而来的。

一、记账凭证核算组织程序的概念和特点

记账凭证核算组织程序是指直接根据各种记账凭证逐笔登记总分类账的一种会计核算组织程序。这种会计核算组织程序的会计信息从凭证到账簿环节不经过任何载体。

记账凭证核算组织程序的特点是：根据记账凭证逐笔登记总分类账。其优点是：记账程序简单明了，易于理解和掌握；总分类账记录详细，来龙去脉清晰，便于用账、查账。其缺点表现为：登记总分类账的工作量较大，不便于对会计工作进行分工。但是在会计电算化日益发展的今天，逐笔登账所带来的工作量大的问题已不复存在，因而被大多数企业所采用。

二、记账凭证核算组织程序的具体内容

（一）凭证与账簿设置

在记账凭证核算组织程序下，记账凭证一般采用收款凭证、付款凭证、转账凭证三种格式，也可以采用通用格式的记账凭证。

在这种核算组织程序下应设置的账簿有库存现金日记账、银行存款日记账、总分类账和明细分类账。各种日记账和总分类账的格式一般采用三栏式；明细分类账的格式可根据实际情况，分别采用三栏式、多栏式、数量金额式等不同形式。

（二）账务处理程序

记账凭证核算组织程序的基本流程如图 9-1 所示。

采用记账凭证核算组织程序，其基本流程可以分为以下六步。

①根据原始凭证或汇总原始凭证编制记账凭证。

②根据收款凭证、付款凭证和所附原始凭证，逐笔登记库存现金日记账和银行存款日记账。

③根据原始凭证、汇总原始凭证和记账凭证，逐笔登记明细分类账。

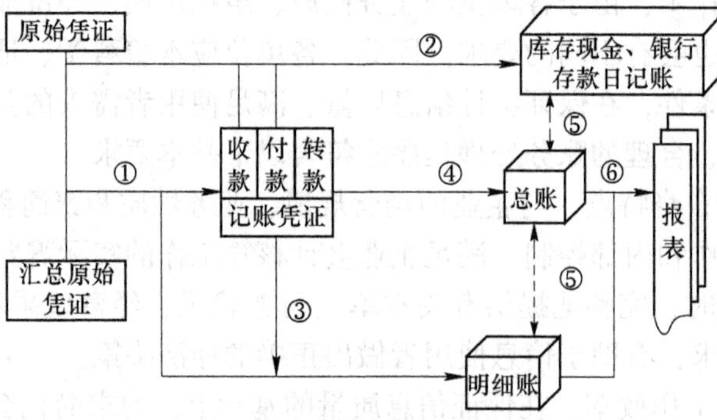

图 9-1 记账凭证核算组织程序的基本流程

④根据各种记账凭证，逐笔登记总分类账。

⑤月末，将库存现金日记账、银行存款日记账和明细分类账的余额与总分类账有关账户的余额核对，以保证账账相符，为正确编制财务报表做准备。

⑥月末，根据明细分类账和总分类账编制财务报表。

第三节 科目汇总凭证账务处理程序

一、科目汇总表核算组织程序的概念和特点

科目汇总表核算组织程序又称记账凭证汇总表核算组织程序，是定期将所有记账凭证汇总编制成科目汇总表，再根据科目汇总表登记总分类账的账务处理程序。

科目汇总表核算组织程序的优点是：由于总分类账根据定期编制的科目汇总表登记，大大减少了登记总分类账的工作量；另外，科目汇总表本身可以进行试算平衡，从而可以保证总账记录的正确性；最后，此种形式核算手续简便，易学易懂。

科目汇总表核算组织程序的缺点是：科目汇总表的汇总工作比较复杂，而且不能反映账户的对应关系；根据科目汇总表登记总账，不便于分析和检查经济业务的来龙去脉，不便于查对账目。

二、科目汇总表的编制

科目汇总表是根据记账凭证，按照相同的会计科目定期归类、汇总编制的表格。

科目汇总表的具体编制方法是：根据记账凭证，将相同的会计科目进行归类，定期（如 3 天、5 天或 10 天等）汇总出每一个会计科目的借方发生额合计和贷方发生额合计，并填写在科目汇总表的有关栏目内；最后将全部会计科目的借方发生额和贷方发生额分别合计，其合计数应该相等。

科目汇总表一般有两种分类方法：第一，按汇总内容分类可分为全部汇总和分类汇总。全部汇总是将一定时期内的各种记账凭证汇总在一张科目汇总表内；分类汇总是将一定时期内的各种记账凭证按照不同字号分别汇总在若干张科目汇总表内，如按收款凭证、付款凭证和转账凭证分别汇总编制成三张科目汇总表。第二，按汇总次数分类可分为一次

汇总和多次汇总。一次汇总是将一定时期的记账凭证一次汇总在一张科目汇总表内，每月可汇总若干张，其格式见表 9-1；多次汇总是将每个月的记账凭证分期汇总在一张科目汇总表内，如按旬汇总，其格式见表 9-2。

表 9-1 科目汇总表（1）

年 月 日 汇字第 号

会计科目	本期发生额		记账凭证起讫号数	总账页数
	借方	贷方		
合计				

会计主管： 记账： 出纳： 审核： 填制：

表 9-2 科目汇总表（2）

年 月 日 汇字第 号

会计科目	1—10 日		11—20 日		21—31 日		发生额合计		总账页数
	借方	贷方	借方	贷方	借方	贷方	借方	贷方	
合计									

会计主管： 记账： 出纳： 审核： 填制：

三、科目汇总表核算组织程序的具体内容

（一）凭证与账簿设置

在科目汇总表核算组织程序下，记账凭证和账簿的设置基本上与记账凭证核算组织程序相同。记账凭证一般采用收款凭证、付款凭证、转账凭证三种格式，也可以采用通用格式的记账凭证，同时设置科目汇总表。应设置的账簿有库存现金日记账、银行存款日记账、总分类账和明细分类账，各种账簿的格式与记账凭证会计核算组织程序相同。

（二）账务处理程序

科目汇总表核算组织程序的账务处理流程如图 9-2 所示。

采用科目汇总表核算组织程序，其基本流程可以分为以下七步。

①根据原始凭证或汇总原始凭证编制记账凭证。

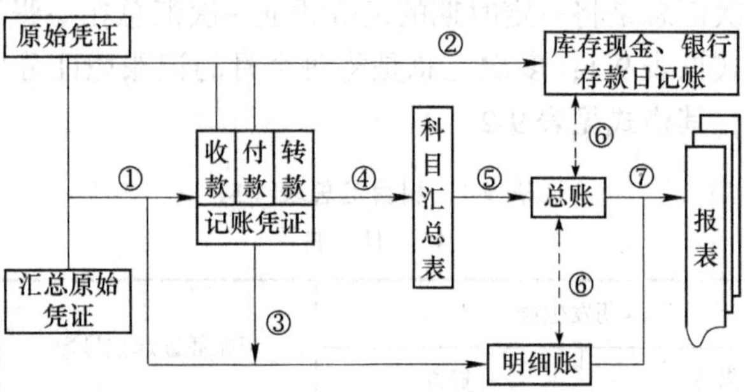

图 9-2　科目汇总表核算组织程序的账务处理流程

②根据收款凭证、付款凭证和所附原始凭证，逐笔登记库存现金日记账和银行存款日记账。

③根据原始凭证、汇总原始凭证和记账凭证，逐笔登记明细分类账。

④根据记账凭证，定期编制科目汇总表；在归类汇总每一科目的借贷方发生额后，加计本期发生额合计数，如果借方发生额合计数与贷方发生额合计数相等，说明记账凭证和科目汇总表的编制基本正确，可以根据科目汇总表登记总分类账。

⑤根据科目汇总表，登记总分类账。总分类账的登记日期依科目汇总表的编制时间而定，汇总编制科目汇总表后，即可根据科目汇总表登记一次总分类账。若按月分旬编制科目汇总表，可每汇总一次就登记一次总分类账，也可按全月合计数于月末一次登记总分类账。

⑥月末，将库存现金日记账、银行存款日记账和明细分类账的余额与总分类账有关账户的余额核对，以保证账账相符，为正确编制财务报表做准备。

⑦月末，根据明细分类账和总分类账编制财务报表。

第四节　汇总记账凭证账务处理程序

一、汇总记账凭证核算组织程序的概念和特点

汇总记账凭证核算组织程序，是指定期将所有记账凭证汇总编制成汇总记账凭证，然后根据汇总记账凭证登记总分类账的核算组织程序。

汇总记账凭证核算组织程序的优点是：这种核算组织程序可以将日常发生的大量记账凭证分散在平时整理，通过汇总归类，月末一次登入总分类账，减轻登记总账的工作量，为及时编制财务报表提供方便；汇总记账凭证是按照科目对应关系归类、汇总编制的，能够明确地反映账户之间的对应关系，便于经常分析检查经济活动的发生情况。

汇总记账凭证核算组织程序的缺点是：汇总记账凭证的编制工作比较复杂，工作量较大；另外，汇总记账凭证按每一贷方科目归类汇总，不考虑经济业务的性质，不利于会计核算工作的分工。

二、汇总记账凭证的编制

汇总记账凭证是将记账凭证按照账户的对应关系，定期归类汇总编制的一种记账凭

证。汇总记账凭证分为三种：汇总收款凭证、汇总付款凭证和汇总转账凭证。

（一）汇总收款凭证的编制

汇总收款凭证是根据一定时期的全部收款凭证，按月汇总编制而成的。汇总收款凭证按借方科目“库存现金”和“银行存款”设置，按其相对应的贷方科目加以归类，定期汇总，按月编制。月末，结算出汇总收款凭证中各贷方科目的合计数，作为登记总分类账的依据。收款凭证科目的借方只有“库存现金”和“银行存款”，以借方为主体，按贷方科目归类汇总编制汇总收款凭证的张数会较少。按月编制汇总收款凭证时只需编制一张库存现金汇总收款凭证和一张银行存款汇总收款凭证就可以囊括全部收款凭证。库存现金汇总收款凭证的格式见表 9-3。

表 9-3　汇总收款凭证

借方科目：库存现金　　　　年　月　日　　　　汇收第　号

贷方科目	金额				总账页数	
	1—10 日收款凭证 第　号~第　号	11—20 日收款凭证 第　号~第　号	21—31 日收款凭证 第　号~第　号	合计	借方	贷方
合计						

会计主管：　　记账：　　出纳：　　审核：　　填制：

（二）汇总付款凭证的编制

汇总付款凭证是根据一定时期的全部付款凭证，按月汇总编制而成的。汇总付款凭证按贷方科目“库存现金”和“银行存款”设置，按其相对应的借方科目加以归类，定期汇总，按月编制。月末，结算出汇总付款凭证中各借方科目的合计数，作为登记总分类账的依据。付款凭证科目的贷方只有“库存现金”和“银行存款”，以贷方为主体，按借方科目归类汇总编制汇总付款凭证的张数会较少。按月编制汇总付款凭证时只需编制一张库存现金汇总付款凭证和一张银行存款汇总付款凭证就可以囊括全部付款凭证。银行存款汇总付款凭证的格式见表 9-4。

表 9-4　汇总付款凭证

贷方科目：银行存款　　　　年　月　日　　　　汇付第　号

借方科目	金额				总账页数	
	1—10 日付款凭证 第　号~第　号	11—20 日付款凭证 第　号~第　号	21—31 日付款凭证 第　号~第　号	合计	借方	贷方

续表 9-4

借方科目	金额				总账页数	
	1—10 日付款凭证 第 号~第 号	11—20 日付款凭证 第 号~第 号	21—31 日付款凭证 第 号~第 号	合计	借方	贷方
合计						

会计主管： 记账： 出纳： 审核： 填制：

（三）汇总转账凭证的编制

汇总转账凭证是根据一定时期的转账凭证，按月汇总编制而成的。转账凭证的借、贷方科目均无规律性，为避免混乱，规定汇总转账凭证一律按转账凭证的贷方科目分别设置，按与设置科目对应的借方科目加以归类，定期汇总，按月编制。月末，结算出各汇总转账凭证中各借方科目的合计数，作为登记总分类账的依据。

汇总转账凭证的格式见表 9-5。

表 9-5 汇总转账凭证

贷方科目：库存现金 年 月 日 汇转第 号

借方科目	金额				总账页数	
	1—10 日转账凭证 第 号~第 号	11—20 日转账凭证 第 号~第 号	21—31 日转账凭证 第 号~第 号	合计	借方	贷方
合计						

会计主管： 记账： 出纳： 审核： 填制：

为便于编制汇总记账凭证，要求收款凭证按一个借方科目与一个或几个贷方科目相对应编制，付款凭证按一个贷方科目与一个或几个借方科目相对应编制，转账凭证按一个贷方科目与一个或几个借方科目相对应编制。

三、汇总记账凭证核算组织程序下的凭证和账簿设置

汇总记账凭证核算组织程序下，记账凭证和账簿的种类、格式的设置基本上与记账凭证核算组织程序相同，只是需要多设置汇总收款凭证、汇总付款凭证和汇总转账凭证。

四、汇总记账凭证核算组织程序的基本程序

汇总记账凭证核算组织程序的基本流程如图 9-3 所示。

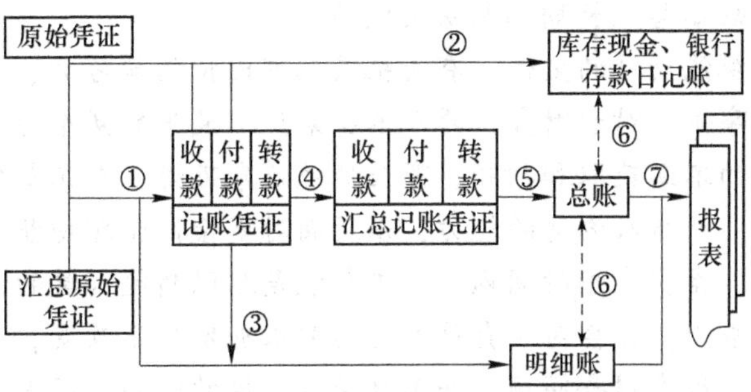

图 9-3　汇总记账凭证核算组织程序的基本流程

采用汇总记账凭证核算组织程序，其基本流程分为七步。

①根据原始凭证或汇总原始凭证编制记账凭证。

②根据收款凭证、付款凭证和所附原始凭证，逐笔登记库存现金日记账和银行存款日记账。

③根据原始凭证、汇总原始凭证和记账凭证，逐笔登记明细分类账。

④根据记账凭证，定期编制汇总记账凭证。

⑤根据汇总记账凭证，登记总分类账。为使总分类账的内容与各种汇总记账凭证一致，总分类账所采用的借、贷、余三栏式中的借、贷两栏应设有“对方科目”专栏。月末，根据汇总收款凭证的合计数，登记在“库存现金”“银行存款”等总分类账户的借方，以及有关账户的贷方；根据汇总付款凭证的合计数，登记在“库存现金”“银行存款”等总分类账户的贷方，以及有关账户的借方；根据汇总转账凭证的合计数，记入有关总分类账户的借方和设置汇总凭证账户的贷方。

⑥月末，将库存现金日记账、银行存款日记账和明细分类账的余额与总分类账有关账户的余额核对。

⑦月末，根据明细分类账和总分类账编制财务报表。

【思政案例】

财务机器人来了，你准备好了吗

2017 年 5 月，德勤率先推出财务机器人产品，同属国际四大会计师事务所的毕马威、普华永道、安永也相继推出自己的财务机器人以及财务机器人解决方案，财务机器人越来越多地应用于各种单位的财务领域。财务机器人，简单来说就是一种计算机控制软件，能够代替人执行基于一定规则的重复性指令，可跨软件、跨平台、多窗口操作，是机器人流程自动化（RPA）系列产品的一种。

在实际操作过程中，财务机器人可以实现应付账款、应收账款、固定资产、差旅及费用、现金管理、总账、账务管理等各层面的简单会计分录、重复性的记账和报销工作。其运算速度快，24 小时不间断工作，大大提高财务工作效率。目前 RPA 的应用，并没有改变会计基本理论和处理程序，而面对非常规事项，仍然需要会计人员进行异常的非结构化处理，需要根据自然、政治、经济环境的变化，再造财务处理的新模式、新流程和新规则，这是财务机器人短期甚至长期都无法实现的。

人类作为具有主观能动性的主体，有着机器无可比拟的学习力、创造力，人类还可以做人工智能做不到的事情。对于财务机器人本身来说，最难的两个地方在于，一是与人的沟通；二是对新信息的不断获取和判断，商业环境瞬息万变，人工智能很难不断根据新的问题做出准确的判断。而与人沟通的能力，以及面对复杂商业环境挑选最有用的信息进行分析做出决策的能力，至少在短时间内，人工智能是难以超越人类的。

而随着新技术的应用，社会对于会计本身的要求也发生了改变，复合型人才的作用和重要性凸显。实际上，很多财务问题，并不只是专业性的问题，而是人的问题、管理的问题、文化的问题等，这也是管理会计在中国迅速崛起的原因。

（资料来源：百度百科）

【思政说明】

会计从手工算账记账到会计电算化，再到ERP，又发展到RPA，人工智能确实是一个不可逆的趋势。但是人类作为会计规则的制定者，永远都不会被机器所替代。财务机器人可以实现数据和报表处理，但是只有通过人的思考分析，解读出数据背后的信息，才能够转化成为对企业行之有效的决策信息，比如计划预测、内部控制、投资分析等，这种多层次、多维度的思考能力，是财务人区别于机器人的关键。会计人员只要在工作中永远进步，不断提升自己复杂事件的完成能力，被淘汰的永远都不会是你。

【自测题】

一、单项选择题

(1) 各种会计核算程序最主要的区别是（　　）。

A. 账簿组织不同　　B. 记账程序不同

C. 登记总账的依据和方法不同　　D. 记账方法不同

(2) 科目汇总表的汇总范围是（　　）。

A. 全部科目的借方余额　　B. 全部科目的贷方余额

C. 全部科目的借、贷方发生额　　D. 部分科目的借、贷方发生额

(3) 汇总记账凭证会计核算组织程序适用于（　　）的企业。

A. 规模较大、经济业务较多　　B. 规模较小、经济业务不多

C. 规模较大、经济业务不多　　D. 规模较小、经济业务较多

(4) 科目汇总表会计核算组织程序的主要缺点是（　　）。

A. 登记总账的工作量太大　　B. 编制科目汇总表的工作量太大

C. 不利于人员的分工　　D. 看不出科目之间的对应关系

(5)（　　）是直接根据记账凭证逐笔登记总分类账的。

A. 记账凭证会计核算组织程序　　B. 科目汇总表会计核算组织程序

C. 汇总记账凭证会计核算组织程序　　D. 多栏式日记账会计核算组织程序

(6) 使用会计科目少、业务量小的单位可以采用（　　）。

A. 记账凭证会计核算组织程序　　B. 科目汇总表会计核算组织程序

C. 汇总记账凭证会计核算组织程序　　D. 多栏式日记账会计核算组织程序

(7) 汇总记账凭证会计核算组织程序的特点是根据（　　）登记总账。

A. 记账凭证　　B. 汇总记账凭证　　C. 科目汇总表　　D. 原始凭证

（8）下列各项中，不属于科目汇总表核算组织程序优点的是（　　）。

A. 可以保证总账记录的正确性

B. 大大减少了登记总分类账的工作量

C. 总分类账记录详细，来龙去脉清晰，便于用账、查账

D. 核算手续简便，易学易懂

二、多项选择题

（1）为了便于编制汇总转账凭证，平时编制转账凭证时，应使科目保持（　　）的对应关系。

A. 一借多贷　　B. 一借一贷　　C. 多借多贷　　D. 多借一贷

（2）在各种会计核算形式中，共同的账务处理程序包括（　　）。

A. 均应编制原始凭证　　B. 均应编制记账凭证

C. 均应编制汇总记账凭证　　D. 均应设置总账

（3）在各种会计核算组织程序中，能够减少登记总账工作量的核算组织程序有（　　）。

A. 记账凭证会计核算组织程序　　B. 科目汇总表会计核算组织程序

C. 汇总记账凭证会计核算组织程序　　D. 多栏式日记账会计核算组织程序

（4）在不同的会计核算组织程序下，登记总账的依据可以是（　　）。

A. 记账凭证　　B. 汇总记账凭证

C. 科目汇总表　　D. 原始凭证汇总表

（5）科目汇总表会计核算组织程序的优点有（　　）。

A. 反映内容详细　　B. 简化登记总账的工作

C. 便于试算平衡　　D. 能反映账户的对应关系

三、判断题

（1）科目汇总表会计核算组织程序下，总分类账均应依据科目汇总表登记。（　　）

（2）在汇总记账凭证会计核算组织程序下，要求编制的记账凭证必须是一借一贷。（　　）

（3）在记账凭证会计核算组织程序下，总账可以根据记账凭证逐笔登记，也可以定期汇总登记。（　　）

（4）不论哪种会计核算组织程序，在编制会计报表之前，都要进行对账工作。（　　）

（5）科目汇总表汇总了有关科目的借、贷方发生额和余额。（　　）

（6）科目汇总表不仅是登记总账的依据，而且根据科目汇总表可以了解企业资金运动的来龙去脉。（　　）

（7）在各种会计核算组织程序中，原始凭证都不能直接用来登记总账和明细账。（　　）

（8）明细分类账的登记依据只能是记账凭证。（　　）

【综合实训】

综合实训1

［目的］练习记账凭证账务处理程序。

[资料]

(1) 甲公司20××年12月1日总分类账户和有关明细分类账户资料见表9-6。

表9-6 总分类账户和有关明细分类账户资料 单位：元

账户名称	借方余额	账户名称	贷方余额
库存现金	1 600	短期借款	85 300
银行存款	158 400	应付账款	6 400
应收账款	4 000	其他应付款	600
原材料	131 500	应交税费	5 500
库存商品	150 000	实收资本	1 000 000
固定资产	1 016 000	资本公积	27 000
利润分配	349 200	盈余公积	58 900
		本年利润	462 000
		累计折旧	165 000
合计	1 810 700	合计	1 810 700

“原材料”账户余额131 500元，其中：

甲材料期初结存7 000千克，每千克13元，计91 000元；

乙材料期初结存4 500千克，每千克9元，计40 500元。

“库存商品”账户余额150 000元，其中：

A产品期初结存400件，每件成本250元，计100 000元；

B产品期初结存250件，每件成本200元，计50 000元。

“应收账款”4 000元，系华园公司所欠购货款。

“应付账款”6 400元，系新北公司欠购货款。

(2) 甲公司20××年12月发生下列经济业务。

1) 采购员小陈出差预借差旅费500元，出纳员付给现金。

2) 收到乙公司所欠购货款4 000元，存入银行。

3) 销售A产品150件，每件售价500元，销售B产品50件，每件售价480元，增值税税率为13%，款项已收到并存入开户银行。

4) 签发转账支票一张，缴纳上月的税金5 500元。

5) 职工报销市内交通费140元，出纳员付给现金。

6) 向银行借入6个月期的贷款50 000元，存入银行。

7) 采购员出差归来报销差旅费420元，余款80元交回现金。

8) 从丙公司购入甲材料1 300千克，单价13元；同时购进乙材料850千克，单价10元，增值税税率为13%。款项均通过银行付讫，材料尚未验收入库。

9) 开出转账支票，支付上述所购两种材料的运输费2 000元，增值税税率为9%，取得增值税专用发票（采购费用均按材料重量比例分配）。

10）上述材料运到并验收入库，按实际采购成本转账。

11）销售 A 产品 250 件，每件售价 500 元，销售 B 产品 100 件，每件售价 480 元，增值税税率为 13%，收到购货单位签发并承兑的商业汇票一张。

12）根据本月发料凭证汇总表，仓库发出材料的用途及金额见表 9-7。

表 9-7　发料凭证汇总　　单位：元

材料用途	甲材料	乙材料	合计
生产 A 产品耗用	3 000	2 000	5 000
生产 B 产品耗用	2 500	1 300	3 800
车间一般耗用		440	440
合计	5 500	3 740	9 240

13）从银行提取现金 6 840 元，以备发放工资。

14）以库存现金发放职工工资。

15）分配本月工资费用，用途如下。

A 产品生产工人工资 2 280 元，B 产品生产工人工资 2 280 元，车间管理人员工资 912 元，行政管理部门人员工资 1 368 元。

16）签发转账支票一张，支付本月水电费 1 020 元，其中，厂部行政管理部门负担 500 元，车间负担 520 元。

17）计提本月固定资产折旧费 1 660 元，其中生产车间固定资产计提折旧 1 220 元，行政管理部门固定资产计提折旧 440 元。

18）将本月发生的制造费用按照生产工时比例分配计入 A、B 两种产品成本中，本月 A 产品和 B 产品的工时均为 2 000 小时。

19）本月生产的 A 产品 200 件全部完工验收入库，结转 A 产品的实际生产成本。B 产品尚在加工过程中。

20）以银行存款支付本月短期借款利息 650 元。

21）本月销售 A 产品的单位生产成本 250 元，销售 B 产品的单位生产成本 200 元。

22）签发转账支票一张，支付广告费 2 800 元。

23）本月应缴纳城市维护建设税 2 935 元，教育费附加 1 258 元。

24）将本月实现的主营业务收入转入“本年利润”账户。

25）将本月发生的主营业务成本、税金及附加、销售费用、管理费用、财务费用转入“本年利润”账户。

26）根据本月实现的利润总额，按 25%的所得税税率计算出本月应交所得税。

27）将本月所得税费用转入“本年利润”账户。

28）将全年实现的净利润转入“利润分配”账户。

[要求]

(1) 开设三栏式库存现金日记账和银行存款日记账；开设各有关总分类账和原材料、生产成本、库存商品明细账，登记有关账户的期初余额。

（2）根据12月发生的经济业务，分别填制库存现金、银行存款收付款凭证、转账凭证，并据以登记总分类账和有关日记账、明细账。

（3）月末，计算各账户的本期发生额及期末余额并进行试算平衡。

（4）编制资产负债表和利润表。

综合实训2

［目的］练习科目汇总表账务处理程序。

［资料］见本章综合实训1的资料内容。

［要求］

（1）根据本章所编制的记账凭证，将各个科目全月汇总一次编制科目汇总表。

（2）根据科目汇总表登记总分类账。

（3）月末，计算总分类账户的期末余额。

参考文献

[1] 徐泓．基础会计学［M］．4版．北京：机械工业出版社，2018.
[2] 许延明，李雄飞，王颖驰．基础会计学［M］．2版．北京：清华大学出版社，2018.
[3] 于家臻．会计基础［M］．2版．北京：电子工业出版社，2015.
[4] 张捷．基础会计［M］．5版．北京：中国人民大学出版社，2018.
[5] 张薇，邓英飞，江晓珍．会计学原理［M］．北京：清华大学出版社，2018.
[6] 张志康．会计学原理［M］．3版．大连：东北财经大学出版社，2017.
[7] 王艳茹，刘泉军．基础会计［M］．5版．北京：中国人民大学出版社，2022.
[8] 陈国辉，陈文铭．基础会计［M］．5版．大连：东北财经大学出版社，2018.
[9] 周晴，李强，丛爱红．基础会计：微课版［M］．北京：清华大学出版社，2022.
[10] 陈国辉，迟旭升．基础会计［M］．6版．大连：东北财经大学出版社，2018.
[11] 陈金龙．会计学［M］．4版．北京：机械工业出版社，2017.
[12] 陈信元，戴欣苗，陈振婷，等．会计学［M］．5版．上海：上海财经大学出版社，2018.
[13] 程淮中．会计基础与实务［M］．2版．北京：人民邮电出版社，2017.
[14] 崔智敏，范瑾．会计学基础［M］．5版．北京：中国人民大学出版社，2015.
[15] 郭继秋，孙艳春．初级会计学［M］．2版．北京：清华大学出版社，2017.
[16] 刘英明，张捷．基础会计［M］．7版．北京：中国人民大学出版社，2021.
[17] 郭松克．会计学原理［M］．北京：北京大学出版社，2014.
[18] 郝振平．会计学原理［M］．北京：清华大学出版社，2013.
[19] 李瑞芬．会计学原理［M］．3版．大连：东北财经大学出版社，2016.
[20] 柳延峥，乐长征．会计学基础［M］．5版．大连：东北财经大学出版社，2016.
[21] 卢佳友，郑海元．会计学原理［M］．2版．北京：清华大学出版社，2018.
[22] 陆正飞，黄慧馨，李琦．会计学［M］．3版．北京：北京大学出版社，2016.
[23] 中国注册会计师协会．经济法［M］．北京：中国财政经济出版社，2018.
[24] 国家税务总局．中华人民共和国税收基本法规（2018年版）［M］．北京：中国税务出版社，2018.
[25] 中华人民共和国财政部，关于修订印发2018年度一般企业财务报表格的通知，财会（2018）15号，2018，6.
[26] 中华人民共和国财政部．企业会计准则（合订本）．北京：经济科学出版社，2017.

